晚清关税制度与对外贸易的关系研究

胡公启　著

中国财经出版传媒集团
中国财政经济出版社

教育部本科教学工程“财政学专业综合改革试点”
（项目编号：ZG0340）资助项目

前　言

国与国之间关系的核心是利益，而贸易利益是国家利益的重要组成部分。获取对外贸易利益就要降低国际间贸易成本，关税作为对外贸易成本的一部分，对一国外贸易规模和结构产生重要影响。历史上，关税调整引发贸易摩擦，贸易摩擦引发战争的事例时常发生，如法荷战争、美国独立战争、美国南北战争等。因此，研究关税制度与对外贸易的关系对处理国与国之间的贸易关系，维护国家权益，充分利用国外市场具有重要的参考意义。

对外贸易的影响因素众多，而关税及关税制度对对外贸易有最为直接的影响。第一次鸦片战争之后，晚清政府失去关税自主权，西方国家通过协定关税获取贸易利益，而协定关税也成为西方列强扩大并占领中国市场的最直接手段。为了向晚清的中国倾销工业品和掠夺原材料，西方列强通过制定极低的进口关税（值百抽五）并不断扩大免税的范围，使西方工业品冲击以家庭手工业为主体的中国自然经济，中国逐步沦为半殖民地的过程也是中国自然经济解体的过程，进而，中国被迫纳入世界经济体系。普通中国百姓在国内剥削和国外侵略赔款的双重压榨下，生活愈加贫困，此伏彼起的农民反抗严重地动摇了封建统治的基础。西方列强的利益却通过关税制度的变迁得到巩固。在掌握中国关税主动权的前提下，西方列强通过商品输出和资本输出，一步步剥夺中国的就业机会，毒化中国发展环境，造成人民的日益贫困和国家的日渐衰弱。研究晚清关税制度的变迁及中西贸易，能够对晚清的政治、经济、国际关系产生更加深刻的了解，同时，也对关税制度与对外贸易对一国的重要性形成更为清晰的认识。

本书以晚清关税制度与对外贸易的关系为主题，以晚清发生的四次重大中外战争为主线，将晚清划分为第一次鸦片战争前期、两次鸦片战争之间、第二次鸦片战争之后、甲午中日战争之后及八国联军侵华之后五个阶段，全面分析各个阶段关税制度的变化、对外贸易规模的变化及关税制度与对外贸易规模之间的内在联系，提出了关税制度的变迁与对外贸易的变化互为因果的结论。不同于多数著作以协定关税来说明晚清关税主权的丧失，本书则通过定量分析进口关税税率与进口额、出口关税税率与出口额之间的反常关系，说明外籍税务司治下的中国海关对关税尤其是进口关税没有做到应收尽收，揭示其为西方资本主义服务的本质，证实了关税主权丧失的客观事实，也说明晚清关税的殖民性质。

本书主要采取比较分析法，分析了晚清五个历史阶段主要出口商品在当期总出口额中所占比重，以此说明对外贸易结构的变化；主要进口商品在五个历史阶段占当期进口额的比重变化，以此来表明国外不同商品在中国市场竞争力的变化；五个历史阶段进出口关税税率及减免税范围的比较，以此说明协定关税下关税主权丧失的过程；中国与同期的印度、日本、英国、美国等进口关税税率的比较，以此说明中国关税水平在当时世界各国所处的位置以及中国传统出口优势产品丝茶出口占比逐步下降的原因等，通过这些比较，全面分析关税税率与对外贸易额、对外贸易额与关税收入之间的关系。此外，为了使论证更有说服力，本书还大量列举图表，不同图表之间也是一种比较分析的过程。比较分析使各个变量之间随着时间的演进过程更为清晰，把变量之间的关系分析得更为透彻。

在研究变量之间的关系时，忽略其他变量的影响，来分析给定变量之间的关系，这是静态分析，静态分析不考虑时间维度。在某一时点，关税与对外贸易规模必定相关，因为作为交易费用重要组成部分的关税，直接决定了对外贸易的成本，从而影响对外贸易规模，这是基于静态分析所得出的结论。但加入时间维度，关税水平与对外贸易额并非严格的线性关系，因为在晚清 72 年中，影响双边贸易的因素很多，而关税只是这众多影响因素的组成部分。本书试图找出这些因素并加以阐释，从而对定量分析的结论以合理的解释，这个过程本身也是动态分析。静态分析看时点，而动态分析则看趋势，二者结合起来，既能了解变量之间短期的关系，也能更好把握变量之间长期发展趋势。

本书分析了各个历史时期关税制度的变迁对对外贸易的影响，也阐明了对外贸易规模和政策的变化对关税收入及关税政策变迁的作用。对外贸易是双向的，而关税政策的影响也是双向的，中国关税政策的变迁影响中国的对外贸易，而中国主要贸易伙伴的关税政策调整同样对中国对外贸易产生影响，书中以晚清主要贸易伙伴英国、美国、日本及英属殖民地印度为例，分析这些国家的关税制度变迁对清朝对外贸易的影响，中国的主要出口产品丝茶和主要进口商品棉制品对外贸易额的变化都与这些贸易伙伴关税政策息息相关。最后，本书给出了关税制度与对外贸易关系的启示，包括：把握关税主权，捍卫国家利益；扩大开放，促进国际分工与合作；促进民心相通，达到贸易畅通；坚持互惠贸易，抛弃零和博弈；维持贸易平衡，合理化解分歧；优化税制结构，保持税收中性。

对外贸易范畴甚广，本书紧扣与关税有关的对外贸易这个中心，凡是与关税无关的对外贸易，本书涉及甚少，比如晚清时期的朝贡贸易、苦力贸易、贵金属贸易、帆船贸易等，这些对外贸易也形成商品或要素的跨国流动，严格意义上也属于对外贸易的范畴，由于海关对这些贸易不征收关税，故书中没有论述。此外，在资本主义发展的不同阶段，关税体现的作用也不同。在自由竞争的资本主义阶段，商品输出和原材料输入是资本家获取利益的主要手段，此时关税的作用突出。而在帝国主义阶段，商品输出转向资本输出，关税的重要性对资本家而言趋于下降。这也是晚清时期关税制度变迁前快后慢的重要原因。

目　录

Contents

引 言

中国的对外贸易源远流长。在悠久的历史中，贸易规模和贸易范围的不断扩大带来贸易管理制度的日益完善，关税制度是对外贸易管理制度的重要组成部分，也对对外贸易带来极其深刻的影响。

首先，对外贸易规模和范围日益扩大。早在西汉时期，汉武帝两次派遣张骞出使西域，打通了欧亚之间的贸易通道，开辟了著名的“丝绸之路”①。丝绸之路首先形成于陆路；魏晋以后，海上丝绸之路形成。但在隋唐以前，海上丝绸之路只是陆上丝绸之路的一种补充。但到隋唐时期，由于西域战火不断，陆上丝绸之路被战争阻断，代之而兴的便是海上丝绸之路。

在唐代，伴随着造船、航海技术的发展，中国通往东南亚、马六甲海峡、印度洋、红海以及非洲大陆的航路纷纷开通并延伸，海上丝绸之路最终替代陆上丝绸之路，成为我国对外贸易的主要通道，而广州也逐步成为海外贸易第一大港。

元朝在经济上采用重商主义政策，鼓励海外贸易，同中国贸易的国家和地区已扩大到亚、非、欧、美各大洲，并制定了堪称中国历史上第一部系统性较强的外贸管理法则。当时的元大都，西方人称汗八里（今北京），成为东方国际贸易无可争议的中心。意大利著名的旅行家马可·波罗在《马可·波罗游记》中曾以一章的篇幅介绍元大都国际贸易的盛况：“凡世界上最为珍奇宝贵的东西，都能在这座城市找到，……这里出售的商品数量，比其他

---

① 德国地理学家李希霍芬（Ferdinand von Richthofen，1833～1905年）在他的著作《中国，亲身旅行的成果和以之为根据的研究》一书中，把公元前114年至公元127年近两个半世纪开辟的，经西域将中国与中亚的阿姆河－锡尔河地区以及印度连接起来的丝绸贸易道路命名为Seidenstrassen，英文名为The silk road。这一名词很快被学术界和大众所接受，并正式运用。后来，德国历史学家郝尔曼在20世纪初出版的《中国与叙利亚之间的古代丝绸之路》一书中，根据新发现的文物考古资料，进一步把丝绸之路延伸到地中海西岸和小亚细亚，确定了丝绸之路的基本内涵，即它是中国古代经过中亚通往南亚、西亚以及欧洲、北非的陆上贸易。

任何地方都多。”明永乐年间，郑和七下西洋，曾到达亚洲、非洲39个国家和地区，中国的对外贸易也一度为明王朝贡献了巨大的社会财富。

到了清朝，对外贸易的政策历经反复。清初，为遏制郑成功的抗清斗争，曾厉行海禁，规定“片板不得下海”，中外贸易陷入停顿。公元1683年，清政府平定台湾，海禁稍弛。次年，设广州、漳州、宁波、云台山（今镇江）四处为对外通商口岸。公元1757年（乾隆二十二年），撤销其他口岸，限定广州为单一口岸，直到鸦片战争，一直实行单口贸易政策。明清两代由于实行海禁和闭关自守的政策，对外贸易不发达。清政府除了采取单一港口贸易政策外，还对外国商人在国内的活动进行严格限制，如外国商人不得在广州过冬，外国妇女不得进入广州城，外国商船实行“引领”制度等。同时，清政府在广州设立十三家商行，规定外国商品只能卖给十三行，由十三行再在国内进行贸易，而外商从中国的采购商品必须通过十三行，外商不能在国内直接进行交易。

自丝绸之路开辟至鸦片战争前，中国对外贸易的规模和范围总体来看不断扩大。贸易的商品和方向是中国将出产的缎匹、绣彩、金锦、丝绸、茶叶、瓷器、药材等商品运往中亚、印度、欧洲、非洲，从那里带回金银、珠宝、药物、奇禽异兽、香料、玻璃工艺制品等货物。

其次，政府对对外贸易的管理也日趋加强。自汉代始，中国开征关税，汉朝在出口边境要道都设有关市，主要目的是管理对外通商，有时也对往来货物征税。但当时究竟对进出口的货物如何征收，则无从查考。

关税征收有明确史籍记载的始于唐朝①。唐朝经过百余年的治理，生产发展，经济繁荣，对外贸易有所发展。其陆路贸易在西北设互市，由市监负责管理同边境少数民族及外国的贸易诸事。在东南沿海许多地方设置商馆招待外商，还在广州设市舶司，由市舶使负责管理海外各国来中国贸易的商人使者，并对其货物进行征税，征税的主要形式是“陌脚”②，即关税。另外还抽分部分实物，作为“进奉”，即上贡朝廷的珍稀奇异之物。此外，再无他税，即所谓的“除舶脚进奉外，任其来往通流，自为交易，不得重加率税”③。至于舶脚与进奉的税率，无从查考。

宋元两代沿用了唐朝市舶司这一专门管理对外贸易的关税征收机构设

① 蔡渭洲：《中国海关简史》，中国展望出版社1989年版，第5页。

② 又称舶脚，相当于明清时期的船料、吨税等按照商船大小征收的税。

③ 《全唐文》卷75，文宗《太和八年疾愈德音》。

置，宋代在广州、杭州、明州（宁波）、密州（山东胶县）、秀州（上海松县）设市舶司，向从事进出口贸易的商人征税，称为市舶课。南宋时除山东密州被金国占有外，其他四处市舶机构继续存在，并增设温州、江阴等地市舶务[①]。宋代市舶司的主要职责有两个方面：一是查验进出口船舶有无违禁出入运销的货物；二是办理征税和收购商货事宜。

元朝时期，政府对对外贸易的管理不再仅仅局限于违禁物品和有限的财政收入，而开始慢慢重视关税对本国产业的影响，这体现在政府在制定关税税率时，对进出口关税实行差别税率。元朝政府为鼓励土货出口，实行双抽、单抽法制度，即对出口货物实行单抽，洋货入口实行双抽（即加倍征收）。所谓抽分指市舶司按比例对进出口货物分等无偿抽取定量实物作为关税。征税时在税率上有“细货”（价值较高，国内珍奇之物）、“粗货”（价值较低，国内常见之物）之分，大致细货十抽一，粗货十五抽一[②]。

明朝对外贸易以朝贡贸易为主，对外贸易的经济利益不为统治阶级所重视。永乐初，西洋剌泥国回回哈只马哈没奇等来朝，附载胡椒与民互市。有司请征其税。帝曰：“商税者，国家抑逐末之民，岂以为利。今夷人慕义远来，乃侵其利，所得几何，而亏辱大体多矣。”不听[③]。明朝统治者认为远方商人为利而来，征收关税有辱国体。

清政府对对外贸易的管理比明朝开明，同元朝一样也采取奖出限入的关税政策，体现在对进出口关税采取不同的税率，如公元 1689 年（康熙二十八年）时，进口关税税率为 4%，出口税率为 1.6%；到 1735 年（雍正十三年），进口关税税率为 16%，出口税率则为 2% ~4%[④]。元、清两代实施的差别进出口税率，体现了统治者对外贸管理的进步。

纵观我国古代的对外贸易和海关管理，其特点如下：

首先，从对外贸易的目的上，这段时期的对外贸易更多的是出于政治需要而非经济利益。中国古代的对外贸易以朝贡贸易为主，所谓的朝贡贸易，就是与中国进行贸易的国家必须承认本国是中国的附属国，并将贸易的商品

① 北宋中期之前，各处市舶机构皆称为市舶司。北宋末大观元年（1107 年）始将各处管理外贸的机构改称“提举市舶司”，而将各港口的市舶司改称市舶务。

② 《元史》卷 186，《食货志二·市舶》；《通制条格》卷 18，《关市·市舶》。在 1314 年（延祐元年）颁布的市舶法令中，增加了抽分的比例，粗货十五抽二，细货十抽二，抽分比例增加了一倍。

③ 《明史》志·卷 57。

④ 朝仓弘教：《世界海关和关税史》，中国海关出版社 1983 年版，第 144 ~245 页。

部分或全部作为贡品敬献给中国统治者，才会得到中国统治者的贸易许可。当然，这种敬献不是无偿的，朝廷在接受贡物后，按“赏赐厚宜”的原则予以赏赐。一般赏赐物品价值远远高于贡品的价值。比如，胡椒在苏门答腊市场每百斤值白银1两，但作为“贡品”，明朝政府给予每百斤20两白银。同时，除赏赐之外，招待贡使及沿途往返车船住宿的费用也由中国政府承担，另外还给银锭作为车马费。于是，许多贡使和大批随从，一边从容处理自家的贸易，一边乐不思蜀地等待。由此可见，对明朝政府而言，对外贸易的首要目的不是追求经济利益，而是沉浸于东方大国“万邦来朝”的自大与自恋中，正如同梁启超所言，“其希望之性质安在，则雄主之野心，欲博怀柔远人、万国来朝等虚誉，聊以自娱耳”[①]。朝贡贸易更多地以通好和怀柔等政治目的为主，经商倒在其次。

其次，早期的对外贸易尽管国家设置机构开征关税，但贸易本身对财政收入的贡献和普通百姓生活的改善有限。原因在于，一方面，早期贸易主要为朝贡贸易，其贸易的主体为国家，贸易所获得的贡品如珍珠、玛瑙、香料、奇禽异兽等“宝物”，运回国之后，主要是供皇帝和社会上层享受。这些宝物，并不能转化为实实在在的国库收入。另一方面，以自然经济为基础的经济结构对外来商品的需求数量有限，贸易规模有限，从而海关征收的关税有限，当然，也有一些特殊朝代例外。比如宋朝和元朝，由于两代政府重视市舶，对外贸易比前代有所发展，交易的品种由北宋初期的50多种发展到南宋的300余种。市舶课收入大增，已成为国家财政收入的重要来源。宋太宗时（公元976～996年），在都城设置榷易署，加价出卖进口商品，一年即得钱30万缗，后又增至50万缗[②]。南宋初年，“市舶之利最厚”，收入“动以百万计”[③]，居然占全部岁入的五分之一[④]。公元1289年，元朝市舶司岁输珠400斤，金3400两[⑤]，仅黄金就占岁入总额的六分之一以上，以至于靠市舶收入以充军国之资。但自汉朝至鸦片战争之前近两千年的贸易史上，宋元两代这种关税收入占比很高的情形非常少见。

最后，国家对对外贸易的重视程度不够。整个封建王朝里，儒家思想处

① 梁启超：《饮冰室文集》，中华书局1936年版，第76页。

② 《宋史》卷268，《张逊传》。

③ 《宋会要辑稿·职官》，四四之二0。

④ 白寿彝："宋时伊斯兰教徒底香料贸易"，《禹贡》1937年第4期，第7页。

⑤ 《元史》〔二〕，中华书局2000年版，第319页。

于正统地位，“以农为本”是儒家治国理念，国家政策整体上重农抑商，对外贸易自然也不受统治者的待见，特别是在明清时期。明朝初期，政府在大力发展农业的同时，对海外贸易采取的是抑制态度。洪武四年（1371 年）十二月，朱元璋颁布诏令，“禁濒海民不得私出海”，这是首次颁布“禁海令”，以后朱元璋又多次重申“禁濒海民私通海外诸国”、“禁民间用番香、番货”。朱元璋死后，永乐、宣德、正德等朝也都一再强调海禁，永乐朝曾三颁“禁海令”，宣德朝虽然有郑和下西洋，但朝廷强调官员军民不得“假朝廷干办为名擅自下海”。明朝实行了海禁，清朝实施“闭关锁国”，对外贸易政策一直在开放、封锁、再开放、再封锁的反复中，致使对外贸易发展缓慢，商品经济停滞不前。直至鸦片战争爆发，中国被迫开放自己的大门，大量外国商品涌入。随着商品经济的发展，延续几千年的以自给自足为主要特征的自然经济逐渐走向解体；对外交往范围的扩大，关税收入的逐步提高，海关和关税对国家的作用逐步显现。

第一章 绪 论

一、研究的目的及意义

（一）研究的目的

近代中外贸易史，是经济史不可或缺的重要组成部分，亦是探究西方列强对华政策的演变及中西关系发展趋势的着眼点。国家之间的贸易影响着彼此之间的利益，贸易利益也是引起国家之间矛盾的重要因素。近代中西矛盾，首当其冲者莫过于商业利益之冲突，而1840～1842年的鸦片战争（有西方学者称贸易战争或商业战争）的爆发，实际上是中西贸易体制、发展方式不能相容的必然结果。

对外贸易的影响因素众多，而关税及关税制度对对外贸易有最为直接的影响。对西方国家而言，发动两次鸦片战争最直接的目的就是扩大对中国的商品输出，获取贸易利益，而协定关税是西方列强扩大并占领中国市场的最直接手段。为了向晚清中国倾销工业品和掠夺原材料，西方列强通过协定关税的特权制定极低的进口关税税率（值百抽五）并不断扩大免税的范围，使西方制造业冲击以家庭手工业为主体的中国自然经济，中国逐步沦为半殖民地的过程也是中国自然经济解体的过程，中国被迫纳入世界经济体系。普通中国百姓在国内剥削和国外侵略赔款的双重压榨下的生活愈加贫困，此伏彼起的农民反抗也严重动摇了封建统治的基础。

晚清之后，中国完全被世界抛在后面，资本主义生产关系显现出极大的创造财富的能力。我国早在明朝时期江南地区就出现资本主义生产关系的萌芽，我国为何没有走上资本主义发展道路从而继续领先于世界，是高度发达的农业束缚了工商业的发展还是外部环境的变化使中国失去发展工商业的条件？研究晚清中国加速衰落的历史，特别是关税政策变迁与对外贸易史，我们对当时中国衰落的原因会有更为深入的认识。

鸦片战争后，中国逐步沦为半殖民地半封建社会。中国人民为了推翻资本主义和封建主义的统治，挽救民族危亡，在晚清短短 72 年时间内，先后发生多次农民起义。同时，统治阶级内部也先后进行各种救亡图存的尝试，如洋务运动、戊戌变法、清末新政等，这些来自社会上层的尝试力图振兴国家，但由于封建统治根深蒂固，西方列强周边环视，挽救民族危亡的努力虽然具有一定的进步意义，但最终失败，中国一步步滑向半殖民地的深渊。与贸易密切相关的关税和关税制度变迁贯彻于晚清整个时代，西方列强的利益也通过关税制度的变迁得到巩固和加强，在掌握中国关税主动权的前提下，西方列强通过商品输出和资本输出，一步步剥夺中国的就业机会，毒化中国发展环境，造成人民的日益贫困和国家的日渐衰弱。研究晚清关税制度的变迁及中西贸易，能够对晚清政治、经济、国际关系更加深刻地了解，同时，也对关税制度及对外贸易对一国的重要性认识地更为清晰。晚清的衰落固然有内部因素，而关税主权的丧失无疑加速其政权的解体。了解晚清的历史，分析关税和对外贸易的关系，使我们能更深入地了解关税的财政职能特别是经济保护职能，就处理国际关系、处理贸易纠纷得到更好的经验借鉴。

（二）研究的意义

关税自主权是一个国家主权的象征，主权完整的国家，其关税政策才能以国家利益最大化为目标进行适时调整。晚清在对外关系中最大的劣势就是国家主权的丧失导致关税自主权的丧失，晚清中国的全面衰落，封建体制本身已不适合生产力发展的要求，国家关税主权丧失也加速了封建帝国的衰落。

闭关锁国导致国家落后，在弱肉强食的国际环境中，落后就要挨打，从而丧失国家主权。国家主权的丧失导致关税自主权的丧失，而关税自主权的丧失使海关失去保护本国产业的功能。国家之间的竞争最终是国与国之间产业的竞争，失去保护的中国产业，丧失了国际竞争力和财政贡献能力，从而也削弱了晚清中国的国家实力，形成晚清中国愈发衰弱的恶性循环。

本书通过研究晚清关税制度变迁和对外贸易变化的历史，分析关税制度变迁对晚清对外贸易、国内经济、社会等方面带来的直接和间接的影响，指出：晚清的关税更多地呈现出财政功能而没有保护功能，外来商品的倾销使家庭手工业破产、国内商品生产受到打压；外资控制交通运输、金融、贸易等，致使百姓生计艰难，社会矛盾激化，农民接连反抗。社会动荡带来军费增长和财政支出增加，财政支出的扩大反过来迫使统治阶层加强对普通百姓的搜刮与掠夺，人民生活更加艰难，形成恶性循环。清朝中后期的衰落充分说明，闭关锁国只会导致国家与世界的差距越拉越大，但对外开放也并非神丹妙药、一定能够使国富民强。对外开放必须坚持独立自主，在对外合作与交流的过程中，充分利用关税政策，维护好国家利益。只有这样，才能使国家在对外开放过程中逐渐走向强大。

如今我国正走在实现中华民族伟大复兴的康庄大道上，与美国的贸易摩擦不断，美国动辄拿起关税大棒对中国进行威胁、恐吓。重温晚清这段屈辱的历史，对当前的关税政策和对外贸易政策的调整，正确处理国与国之间贸易摩擦和纠纷，实现中华民族的崛起具有较强的现实指导意义。

同时，国家正在推进“一带一路”倡议，其核心内容就是加强与“一带一路”国家之间的贸易与合作。本书通过研究晚清关税政策的变迁，探索国与国之间如何通过加强贸易与合作实现互利共赢。另外，国家在关税政策的制定、贸易关系的处理甚至外交政策的调整中等都可以从晚清的开放和衰落中汲取教训。

二、文献综述

（一）晚清关税制度的演进与变迁

关于清朝关税制度的研究对象主要分为两部分，一部分是榷关制度，主要研究对象是自明朝沿袭而来的户关和工关，严格意义上这并非海关制度，因其关税制度的变迁主要影响国内贸易而非对外贸易。这部分研究成果主要是廖声丰《近年来明清时期的榷关研究》、邓亦兵《清代前期税则制度的变迁》、杨建庭《近十年清代榷关研究综述》等。清时榷关虽然也称“海关”，但与对外贸易的海关还是有所区别，它相当于晚清时期的常关。另一部分是关税制度，是对外贸易征税的法律依据，其变迁对对外贸易产生重大影响。从事关税制度变迁研究的学者包括武堉干（1930）、姚贤镐（1981）、日本的高柳松一郎（1994）等。武堉干描述了清朝关税由国定关税到协定关税变迁的过程，分析了协定关税的缺陷和危害，重点论述了协定关税对中国国内产业造成的巨大影响。姚贤镐在分析晚清关税制度变迁时，深刻剖析晚清中国一切乱象的根源——关税自主权的丧失。他认为，正是由于关税自主权的丧失，才会出现一系列奇特的现象：进口税低于出口税；进出口关税低于国内贸易税；外商所纳税款低于华商所纳税款，洋货所纳税款低于土货所纳税款等。他还从关税、船钞、子口税、沿岸贸易税及中俄内陆贸易税等几个方面说明关税主权丧失给晚清经济带来的严重后果。

除了上述将榷关制度和海关制度分别研究外，也有学者将二者合二为一。倪玉平（2017）认为，常关和洋关存在职能重叠，将二者征收的税统称为“关税”，其论述的关税制度也包含常关关税制度和海关关税制度。由于清初设立的海关也是沿袭常关的管理和制度，倪文对各个常关的设立、发展、管理、关税增减及原因都作了全面的阐述，为了解常关的来龙去脉奠定了很好的基础，也对洋关制度的演进及海关与经济的关系作了精辟的概括。晚清后期，出于偿还对外赔款的需要，洋关25里以内的常关也划入洋关管理，再加上厘金的征收，常关的职能日益缩小，体现了常关与洋关一体研究的合理性。

（二）晚清关税及关税管理体制方面的研究

1. 晚清关税及管理体制变迁

（1）国外研究综述。一是关税及关税制度方面的研究。在关税研究方面，日本学者吉田虎雄是较早的开拓者之一，他的《中国关税及厘金制度》对税关的设置、税关的沿革与组织、常关税的征收、海关税的征收，叙述较为系统，而且他特别关注晚清与民国初年的变革。该书附录非常详细的“海关税率表”，为后来的研究者提供了方便。而高柳松一郎的《中国关税制度论》，英国学者莱特的《中国关税沿革史》，则是研究中国近代海关制度和关税征收的力作。特别是莱特的《中国关税沿革史》，主要根据海关档案，并参考英国外交部档案写成，有重要的史料价值和学术价值。美国学者托马斯·莱昂斯的《中国海关与贸易统计（1859～1948）》从中国海关职能的变迁入手，分析了中国海关职能和管理制度的变化，并对此间贸易统计的标准及缺陷进行深入探讨。该书以大量篇幅重点分析了福建的茶叶贸易前后变化，以福建茶叶贸易的盛衰来反映晚清及民国整体茶叶贸易的兴衰，作为中国茶叶出口产地特别是红茶的重要产地，福建茶叶的生产和贸易情况能较好地反映中国茶叶在世界市场竞争力的变化。香坂昌纪（1972）则以单个常关——浒墅关为研究对象，以浒墅关的设立、发展、管理及税额的变化来研究清代常关制度的变革，以小见大，透视整个清帝国关税管理及关税制度变迁的进程。松浦章（2016）通过分析清代海外贸易的情形，描述清政府主要贸易对象之间贸易额的变化，重点阐述了中日之间贸易的发展及影响因素等。高柳松一郎（1994）从关税制度沿革、关税制度的特质、海关论、关税制度主要内容、关税制度的影响五个方面对中国关税制度进行全面的考察，勾勒了中国关税从无约时代、通商开始时代、海关统一时代、外人管理海关时代的一个发展脉络，对后人进行中国关税制度研究具有较大帮助和启示作用。

二是关税与地方财政的关系研究。著名学者滨下武志（1989）将海关与晚清的财政问题放在了一个重要的位置，通过搜集、遴选大量的中、英、日文献和研究论著，历时十余年，完成《中国近代经济史研究》（上、下）。书后附录的“海关关系资料目录”和“研究文献目录”长达76页，包括“贸易统计关系资料”、“关税关系统计资料”、“海关统计集计法”、“海关、常关、厘金税则”（包括1858年《天津条约》附属关税税则、1902年《中英通商条约》附属关税税则、1903年厦门关输出入税则、1905年重庆新厘科则、重订苏省水卡捐章、厦门内地税关税目）、“税关关系文书”、“镇江关关系资料”等，为学者进行晚期海关、常关及关税制度的研究提供丰富的史料。金城正笃（1965）、同氏（1975）对税务司制度进行了系统的研究，副岛元照（1976年）对列强染指下的晚清海关做了概要叙述。冈本隆司的《近代中国与海关》也分为上下两篇，上篇注重研究晚清海关的起源与税务司制度，并对粤海关、上海关进行了重点分析；下篇则从海关税与借款、赔款以及中央财政与地方财政的关系着眼，探讨晚清至民国年间海关体制、海关税征收与财政经济的变化。

（2）国内研究综述。国内学者陈向元（1926）、李权时（1936）、周念明（1933）等都对晚清关税问题进行了深入的研究，对晚清的关税管理体制、关税税率及常关税等有相当篇幅的论述。20世纪80年代以后，又有赵淑敏《中国海关史》、卢汉超《赫德传》、汪敬虞《赫德与近代中西关系》、蔡渭洲《中国海关简史》、叶松年《中国近代海关税则史》、陈诗启《中国近代海关史·晚清部分》、《中国近代海关史问题初探》、戴一峰《近代中国海关与中国财政》，这些著作分别从海关与财政的关系、海关与国家主权的关系等方面对海关和关税制度进行深入探讨。为加强对海关史的研究，1985年11月，海关学会和厦门大学合办的“中国海关史研究中心”在厦门成立，为推动海关史志的研究，该中心编辑出版《中国海关历史丛书》，作为该丛书第一册的《中国近代海关史问题初探》，对中国近代海关制度的起源和外籍税务司制度的建立及海务部门的设立等中国近代史上的重大问题都作了深入的阐述。

2. 海关与财政关系研究

关于海关与财政关系的研究成果丰硕。戴一峰著作《近代中国海关与中国财政》分为上下两篇，上篇为“中国近代海关的历史沿革及其与中国财政关系的演进”，重点探讨了晚清时期的海关与财政、民国时期的海关与财政；下篇为“中国近代海关与中国财政关系面面观”，重点探讨了海关与常关、海关与厘金制度、海关与内外债及赔款、海关与晚清的财政整顿和改革。作者认为，在近代中国，列强侵华势力控制下的中国海关在与中国财政的关系中，典型地扮演了双重角色：它既是列强扩大对华经济侵略、控制中国财政经济命脉的工具，又是列强改造中国财政体制的样板。该书列制的25个统计表格也有重要的参考价值。陈诗启（2002）在其海关史专著中提出，海关税收的增长确实使清政府的财政赤字状况有所改观，但与此同时，外国资本主义国家又通过海关逐渐控制了中国的财政经济。

3. 海关与国家主权方面的研究

姚贤镐（1981）论述两次鸦片战争后关税主权破坏的问题，不仅仅从协定关税的角度阐释，而且从关税减免、存票制度等多个方面说明协定的“值百抽五”税率根本无法真正实施，实际关税税率远低于此税率水平，以此来说明中国半殖民地程度的逐步加深。他还认为，中国关税主权的破坏是全方位的，不仅有关税税率的大幅降低，还包括船钞、子口税、与沙俄内陆贸易税及内陆贸易及沿海贸易税等危及中国贸易利益和主权利益。这一系列的“崇洋媚外”的税制和贸易制度安排不但使清政府失去了大量的财政收入，也使华人失去就业机会而把经济推向崩溃的边缘。子口税制度和沿岸贸易税制度，是西方列强干预中国国内贸易的一种侵略手段，使中国在经济上进一步沦为西方资本主义国家的附庸。同时沙俄还在中国陆路边境取得了许多优于海路贸易减免关税的特权，为沙俄侵略中国边陲省份创造了便利条件。陈诗启（1987）则从税收管理体制分析入手，探究海关税务处的设立及隶属关系的变迁，透视晚清政府为恢复关税自主权所做的努力。海关研究方向的不同得出的结论不同。把海关设置作为五口通商、不平等条约缔结的结果这样一种因果关系来把握的话，海关管理就成了外交交涉的结果，成了西方列强获得的一种“利权”。因而，从中国方面来看，利权收回过程分析就成了研究的中心。可以说，以往的海关史及关税史研究，都是以中国近代史外交问题为中心来进行的，问题点是条约上所见到的开放口岸、内地航行、税率等内容究竟具有何种性质。因此，从中国外交史上的角度出发，就是如何纠正条约上的不平等协定，如何收回中国的自主权的问题。代表这一方向的研究成果有魏尔特的《赫德与中国海关》①、高柳松一郎的《中国关税制度史》②、贾士毅的《关税与国权》③ 等，但是研究海关的历史，并不止于对外交交涉上所规定的制度及机构探讨，其推行的关税制度对中国对外贸易产生的影响也应该是重要的课题之一。

真正开始全面讨论海关问题则始自民国。随着关税自主权受到越来越多的关注，国内探讨海关的书籍和文章大量增加，根据江恒源《中国关税史料》一书第十八篇的统计，1913～1930 年出版的书籍达 31 部，文章则达 304 篇（该书作者主要收集的是发表于《银行周报》上的文章，所以遗漏的可能很多）。这些研究中最重要的当数黄序鹓的《海关通志》，武堉干的《中国关税问题》，常乃德《中国财政制度史》，金体乾的《海关权与民国前途》，贾士毅的《关税与国权》、李时权的《中国关税问题》。

若对这个时期国内外的研究进行比较，国内的研究大多还比较粗糙，并且研究的问题主要集中于关税自主权的丧失，史料搜集也欠全面。但同时也有足以流传后世的成果，如汤象龙的《民国以前的赔款是如何偿付的》、《民国以前关税担保之外债》、《光绪三十年粤海关的改革》，郑友揆的《我国海关贸易统计编制方法及其内容之沿革》。这些文章均发表于《中国近代史研究集刊》，后收进《中国近代史论丛》第 2 辑第 3 册。而国外的研究由于马士、魏尔特曾因为税务司而将目光聚焦于赫德本人，形成了中国海关史中的“赫德”神话，这种将赫德及其税务司视为近代海关核心的研究态度，也极大地影响了后来的中国近代海关史研究方向。

此后数十年，研究著作较少，但多为精要。彭雨新出版了《清代关税问题》，《中国近代经济史资料丛刊》编辑委员会主编出版了《帝国主义与中国海关资料丛编》10 种，加拿大学者葛松出版了《李泰国与中英关系》。进

---

① Stanley F Wright. Hart and Chinese Customs. Belfast，Wm. Mullan &Son Ltd，1950，Chap. 1.

② （日）高柳松一郎：《中国关税制度史》，日本内外出版股份会社 1920 年版。

③ 贾士毅：《关税与国权》，商务印书馆 1929 年版。

入 20 世纪 80 年代以后，以陈诗启为首的厦门大学“中国海关史研究中心”异军突起，召开了 3 次中国海关史国际研讨会。而海关档案中所含的晚清以来大量社会经济史料，也引起国内外社会经济史研究者的兴趣，研究的论文和著作大量增加。主要有陈诗启的《中国近代海关史问题初探》、《中国近代海关史》（此书曾以《中国近代海关史（晚清部分）》和《中国近代海关史（民国部分）》先后于 1993 年和 1997 年由人民出版社出版。该书对《通商章程善后条约：海关税则》的签订和海关外籍税务司制度的初建、发展、完善、近代中国海关的异态、总税务司赫德开展的海关关务改革、税务处的设立及海关隶属关系的变迁等作了详尽的论述），2002 年人民出版社再出合集《中国近代海关史》，另有戴一峰的《近代中国海关与中国财政》、连心豪的《中国海关与对外贸易》、汤象龙编著的《中国近代海关税收和分配统计》、汪敬虞的《赫德与近代中西关系》、卢汉超的《赫德传》。在这些研究尤以汤象龙编著的《中国近代海关税收和分配统计》、陈诗启的《中国近代海关史》最为引人注目。《中国近代海关税收和分配统计》是作者在 50 年前收集的资料基础上的整理成果，是目前对清代关税数据最完整的整理，被称为中国经济史研究最重要也是最经典的基础性工具书，该书对中国关税数据的分类和总结为全面了解晚清关税整体征收状况及各分关关税收入情况提供了最原始的素材。汤象龙先生的研究无疑为海关史、财政史研究奠定了深厚基础。学者倪玉平（2016）在充分肯定汤象龙研究成果的基础上，对其关税的统计数据作了进一步的完善和补正，使晚清海关税收统计结果更加客观完整。陈诗启对以赫德为核心的税务司的发展史进行了全面描述，与魏尔特研究中国海关史的不同之处在于，陈诗启运用的资料除税务司本身的材料之外，还有大量的中方材料，并揭示出税务司对中国关税自主权和中国晚清政治的危害性。

与关税收支问题相关的财政史研究状况。关税的支出主要由海关监督所掌控，因后来未曾有大规模的统计，资料分散，其研究也就变得比较困难。虽然近代财政史研究者大多论及关税，但仅讨论关税的收入，而甚少涉及支出状况，如贾士毅的《民国财政史》（该书名虽为《民国财政史》，但其中关于晚清时期财政状况有相当篇幅的回顾）、胡钧的《中国财政史讲义》、彭泽益的《十九世纪后半期的中国财政与经济》。上述研究成果与罗玉东的《中国厘金史》出版后学界对厘金收支分析不断深入的情况形成明显的对比。汤象龙编著的《中国近代海关税收和分配统计》出版后情况有所改变，周育民的《晚清财政与社会变迁》、邓绍辉的《晚清财政与中国近代化》都利用了汤象龙的研究成果，探讨也有所深入。

可能与当时日本对中国财政研究较为深入有关，日本对中国海关的研究多是作为中国财政的一部分来进行的。最重要的著作有：木村增太郎的《中国财政论》，该书对关税进行了讨论；滨下武志完成了他的《中国近代经济史研究——清末海关与通商口岸市场圈》，该书对晚清财政和金融问题给予了很大的关注；冈本隆司的《近代中国之海关》，该书前半部涉及晚清税务司制度的起源，后半部则专注于关税与历届政府的财政关系。

（三）晚清对外贸易发展趋势及贸易结构的变迁

海关作为管理进出口贸易的机构，贸易问题是学术界一直关注的重要内容。对外贸易的研究分为整体性贸易研究、区域性贸易研究和专题性贸易研究三个部分。

1. 整体性贸易研究

在早期的对外贸易研究中，对外贸易政策、海关变迁和改革等方面的著作颇丰。黄启辰（1986）分析清朝前期海外贸易发展中，重点阐述了清政府的对外贸易政策，与传统认为清政府“闭关锁国”贸易政策不同，他认为清政府实施的是严格管理的对外贸易政策，表现在出海贸易的限制、进出口商品的限制与鼓励、统一关税制度、行商制度等，并从贸易港口的扩大和贸易国的增多、商船数量的增加、进出口商品数量的增多及贸易额的增加等几个方面全面驳斥所谓“闭关锁国”政策。他指出，一个主权国家从本国国家利益、民族利益出发，有权根据海外贸易的发展，选择开放多少口岸和开放哪些港口，而讥讽中国闭关锁国的是某些资产阶级史学家从西方资本主义国家的利益出发而对中国海外贸易政策的污蔑。汤象龙（1935）以粤海关为例，阐述了该关的对外贸易情况。粤海关是康熙二十三年（1684 年）与闽海、浙海、江海同时设置的四个海关之一，至乾隆二十二年（1757 年），其他三关关闭，粤海关成为鸦片战争前中国唯一的对外贸易口岸。汤象龙爬梳清政府军机处档案中海关监督的 6000 件报销册，将其整理成 118 个统计表格，清晰地再现了全国海关与地方各关的税收及其分配情况。他认为，光绪三十年（1904 年）粤海关的改革，清除了该关二百余年来许多积弊，这不但在该关的历史上是一件大事，在整个关税史上也是值得注意的一件事。

巫宝三等（1959）收录了嘉庆、道光、咸丰三朝的有关对外贸易政策、财政与货币政策等资料，较为全面地阐释了三朝的对外贸易政策和状况。孙玉琴（2005）以鸦片战争为界将研究分上下两篇，下篇重点介绍了中国近代贸易史的发展过程，对 1840～1949 年各时期中国对外经贸政策、外贸发展规模和水平、近代进出口商品结构及贸易地理方向演变等内容进行了阐述。丁长清（2003）以中外贸易与投资为中心，以近现代为重点考察期，注重将中外经济关系放在宏观世界经济体系中加以研究，从整体上研究对外贸易趋势和中国当时的对外贸易形势。

姚贤镐（1962）较为全面地整理了 1840～1895 年间中国对外贸易史料，从鸦片战争前清政府的对外贸易政策和对外贸易、半殖民地对外贸易的开始、半殖民地对外贸易的发展、对外贸易与中国经济等四个方面搜集了此间中外贸易史料，对各个时期总的贸易状况、各个开放口岸的贸易状况进行了全面的分析和阐述，并对贸易状况变迁的原因作出了解析。更难能可贵的是，他还整理了大量的对外贸易数据、主要进出口商品物价变动数据及各个开放口岸的进出口数据等，为晚清对外贸易实证分析奠定良好的基础。

郑友揆等（1984）依据海关发布的对外贸易报告进行统计分析，从而探讨中国近代工业发展与对外贸易的关系。其成果最为瞩目之处在于运用经济学对中国对外贸易进行统计与分析，至今仍为学术界引用不衰。郑友揆对中国对外贸易的变迁与特点、对外贸易的结构以及工业发展之间的关系进行分析，这在同类著作中是非常罕见的。陈争平（2005）在《近代中外贸易发展史》中分析了近代中国对外贸易的四个发展时期，并对影响对外贸易的主要因素、中外贸易制度变化等问题进行深入研究，从而得出了四个关于对外贸易的新结论。其对晚清的海关贸易统计、走私贸易、国际收支平衡等问题进行了较为深入的研究。陈争平认为，在中日甲午战争之前，虽然西方对华贸易有所进展，但仍然摆脱不了鸦片战争前的贸易格局，即通过输入鸦片和轻工业产品，来冲销茶叶、丝及丝织品带来的贸易逆差。而到 19 世纪末，随着工业革命的第二次兴起，重工业在西方国民经济中的比重上升，重工业品对华出口比重加大，逐步扭转西方国家对华贸易逆差的局面。在贸易统计修正方面，他通过分析鸦片战争后进出口商品结构的变化，对海关 1889～1903 年期间统计的进出口额进行修正，将杂费的比例由 7% 下调到 4%，并给出修正后的进出口贸易额，比较真实地反映了鸦片战争后中国的对外贸易实际情况。同时，他也对当时影响贸易统计真实性的因素做了全面分析，包括走私贸易、中俄内陆贸易（许多贸易未统计）等，并给出了1895～1936年经过修正的晚清和民国进出口额，为后来学者进行定量分析提供了较好的资料。

在对外贸易通史方面的研究，商务部对外贸易经济合作研究院组织完成了《中国对外贸易史》这本巨著，该书分上、中、下三卷，全面研究了自两汉以来至2010年中国超过两千年的对外贸易情形，其中中卷部分前两章分别研究了鸦片战争后中国的对外贸易及甲午中日战争后中国的对外贸易，并就各个时期中国对外贸易的国内外经济形势、中国的对外贸易制度及对外贸易政策的变化、各个时期的贸易总量及贸易结构等作了深入客观的分析。该书对研究中国对外贸易的发展变迁及晚清对外贸易状况有很好的借鉴意义。

2. 区域贸易研究

相对于整体贸易研究，区域贸易研究指中国与个别国家之间的贸易研究，具体有中英贸易研究、中德贸易研究和中美贸易研究。中英方面，王立诚（2001）就海关行政权旁落的问题，通过引用大量外文文献以还原史实，阐释了海关运作变迁的机制，认为在中英政策互动的过程中，“清政府所丧失的，不仅是海关的主权，而且是自身发展新的贸易管理方式的机制”。张乃和（1998）从比较史学角度入手，将近代早期中国的海外贸易市场体系归结为民间自发模式，而英国的则为政府特许模式，进而加深了对鸦片战争爆发原因的认识。曹英（2010）以条约分析为视角，对不平等条约与晚清中英贸易交替演变的复杂关系进行了深入研究，通过分析中英贸易与政治关系的相互影响，得出了“不平等条约制度下的中英贸易冲突……其本质是英、中两国侵略与反侵略的斗争”的结论。

中美贸易方面，何思兵（1988）对中美贸易中占据支配地位的旗昌洋行进行了个案研究，在引用外文史料的基础上勾勒出旗昌洋行的历史发展过程，揭示了商业集团对中美贸易的影响。尤其值得提出的是史学界的岭南学派，对于早期中美关系的研究较为成熟。仇华飞（1999）分析了从“中国皇后”号来华至《中美望厦条约》的签订这段历史时期的中美贸易特征，揭示了美国对华贸易政策的变迁。袁钟仁（1999）结合广州这个早期的对外口岸来研究早期中美贸易，通过海关进出口数额的国别统计，说明美国贸易占中国对外贸易的比重及对美国经济的影响。吴布林、曹玉琴（2004）探讨鸦片战争时期美国推行的早期外交政策的经济上的原因，从侧面分析鸦片战争前后美国对华政策的变化及美国贸易逐步扩张的进程。潘序伦（1924）将美国对华贸易史（1784～1923）分为四个时期，分别是非正式或非条约性交往期（1784～1844）、暂时扩张和持续下降期（1845～1894）、局势纷乱和激烈竞争时期（1895～1913）及快速扩张期（1914～1922）。详细分析了各个时期中美贸易状况及贸易增长或衰退的原因，对乾隆后期以来直至清朝灭亡中美两国贸易的产生、发展作了比较全面的论述，对中美贸易的商品及结构变迁进行比较深入地分析，也对美国建国以来关税制度的变迁作了系统的论述。这些研究对后来者研究中美贸易形成直接的帮助。

中日贸易方面，樊如森、吴焕良在《近代中日贸易述评》一文中比较了近代中日进出口贸易成果，进而分析中日近代经济交流内涵之复杂性。娄向哲（1995）通过数据样本分析中日贸易对日本经济的影响，但存在着数据样本零散，贸易与投资混淆，并刻意回避双方贸易对中国经济影响的缺陷。

3. 专题性研究——鸦片、茶叶、棉纺织品及苦力贸易

先看鸦片贸易的产生、发展及消失。鸦片贸易方面，吴义雄（2002）依据其新发掘的史料——《广州纪事报》和《广州周报》，重新对鸦片战争前鸦片的输入数量及白银外流情况进行了统计与考证，比较完整地呈现了鸦片战争前18年间鸦片贸易的情形，为以往研究中薄弱的实证研究提供了详细具体的数据。甘开鹏（2008）探讨了美国传教士对鸦片贸易的看法，认为美国传教士的鸦片贸易观由反对到支持合法化的转变，直接影响了美国对华鸦片贸易政策，并对鸦片贸易在华的进一步扩大起到了推波助澜的作用。王宏斌（2010）将英国议会文件与中文档案相互佐证，在《从英国议会文件看英国外交官关于鸦片贸易合法化的密谋活动》一文中，对近代英国驻华公使关于鸦片贸易合法化的密谋与活动进行研究，揭示了英国发动鸦片战争的侵略本质。颜色（2012）在文章《绅士的慈悲还是利益的追逐——中英鸦片贸易终结过程的研究》中详细分析了鸦片贸易各方在19世纪末20世纪初经济政治和社会结果的变动情况，认为英国国内产业升级带动对外贸易的转型，其国内新兴工业资本家力图扩大对华工业品输出，是导致英国主动停止鸦片贸易的根本原因。

茶叶是中国的大宗贸易商品，在近现代史上，中国的茶叶出口一直在对外贸易中占据相对大的比重。茶叶贸易方面，汪敬虞（1988）对近代中国茶叶贸易发展所面临的市场情况进行了分析考察，并结合当时国内茶叶生产商的情况探讨了茶叶现代化与外国资本主义的关系。姜修宪（2008）从制度变迁的新视角探讨近代中国茶叶贸易的兴衰缘由，认为税收制度和中间商

制度的存在，一定程度上使茶叶质量下降，使中国茶叶外销市场逐渐被印度、锡兰、日本等取代，从而使中国茶叶贸易逐渐衰败，而内地采买制度和往来账户赊欠制度则在中国茶叶贸易早期对茶叶贸易起着促进作用。周重林等（2012）认为，“茶运”与“国运”是密切相关的。在茶叶贸易兴起的时间里，中国也随之兴起。茶在英国、美国的发展轨迹一直如此。17～19世纪的三个大国，其兴衰都与茶有着密切的关系。因此，他提出，晚清的衰落，不在其闭关锁国，也不在其不思进取，而在于茶叶文明的衰落。徐方平（1998）分析了晚清茶叶衰落的多重原因，其中，中国贸易主权的丧失和封建统治的反动性是中国茶叶贸易衰败的根本原因；落后的小农生产、加工和销售方式则是晚清茶叶衰落的直接原因。特别是贸易主权的丧失，协定关税下中国单方面的关税优惠提高了茶叶进入国际市场的成本，降低了中国茶叶出口的竞争力。封建统治的反动性，巨额的国内流动税负及社会缺乏对茶叶生产、加工及销售的指导，使统治阶级将眼光盯在茶叶创造的税收而非扶持中国茶叶的发展壮大。学者魏露苓（2006）则从晚清使臣的视角分析了中国丝、茶衰落的原因，在晚清使臣眼里，晚清中国丝、茶叶逐步走向衰落的原因在于技术原因、掺杂使假、价格因素等，而作者则提出资本主义制度相对于封建制度的优越性是中国在晚清丝茶竞争中失败的根本原因：“中国和列强的对比，是落后的封建制度与先进的资本主义制度两种制度的对比。”[①]这种见解对丝、茶的认识比较深刻。

茶叶贸易与鸦片贸易的关系而言，前者对经济促进作用，而后者正好相反。费正清（1993）认为，茶叶与鸦片贸易的扩展不仅打破了中国贸易的平衡，而且打破了中国经济的平衡，并进而打破了中国社会和政治的平衡[②]。仲伟民（2008）部分地认可费的观点，即鸦片贸易的确打破了中国经济、社会和政治的平衡，但也提出茶叶贸易尽管量值很高，促进了国内生产和商品结构的改善，但对中国社会经济的整体影响比较有限。茶叶和鸦片共同的作用是促进了19世纪中国商品经济的发展，不过在影响社会经济的整体发展方面，茶叶贸易是促进作用，鸦片贸易则是促退作用；两相比较，鸦片的促退作用大于茶叶的促进作用。在此后相当长的一段时期，英国的主要工业品——棉纺织品始终无法打进中国市场，这迫使英国商人只能开展三角

① 魏露苓：“晚清使臣思考中国丝、茶业”，《农业考古》2006年第1期，第99～100页。

② 费正清编：《剑桥中国晚清史（1800～1911）上册》，中国社会科学院历史研究所编译室译，中国社会科学出版社1993年版，第21页。

贸易，即英国的棉纺织品卖到印度，印度的鸦片卖给中国，中国的茶叶出口到英国。正是通过这个完美的三角贸易，英国既卖出了自己的工业品，又得到了国内最急需的丝茶。

棉纺织品是晚清时期西方列强向中国出口的主要商品，棉纺织品贸易也是学者研究的重点。陈争平（2005）分析了晚清时期中国棉花、棉纱和棉布贸易的情况，他认为在晚清早期，中国农村实现棉花种植、纺纱和织布一体的家庭手工业，中国对国外进口的棉制品有较强的抵制作用；到了晚清后期，随着日本棉纺织业的发展，日本和英国从中国大量进口棉花，导致国内棉花价格的上涨，与此同时，印度机制棉纱大量涌入中国市场，双向夹击下，土纱生产无利可图。但由于机制棉布对土布的生产率优势相对于机制棉纱对土纱优势没有那么显著，因此，国产土布仍然占据相当的市场份额。这表现在晚清对外贸易中，中国棉花大量出口，用于纺织土布的棉纱大量进口，而棉布进口停滞不前。

相对于茶叶、棉织品等合法贸易，晚清还存在鸦片及苦力等非法贸易。姚贤镐（1962）认为，在19世纪60年代之前，由于中国自然经济的完整性，资本主义对华侵略的方式以鸦片走私和“苦力”掠夺为主；19世纪60年代之后则由非法掠夺逐渐转移为商品的不等价交换。严中平（2012）把苦力贸易分为两个阶段：从1845年到1859年上半年是明目张胆的暴力掳掠时期；从1859年下半年开始是“合法化”的招工阶段。所谓“合法化”只不过是凭借条约特权，找到一张遮羞布而已。马士（1903）则从弥补贸易逆差的角度，分析了晚清苦力贸易的结果。他认为，正是由于19世纪中后期大量中国人以苦力的形式大量移民东南亚，到20世纪初，数百万侨民的汇款，大概抵消了当时作为债务国的中国在进出口中的入超的一部分。

（四）晚清关税政策与经济、贸易之间关系

1. 榷关及关税与国内贸易之间的关系

国内贸易是整个国家贸易的重要组成部分，国内贸易的成本对对外贸易产生重要影响，晚清的常关税（榷关税）及厘金的存废争论正是这种影响的具体体现。榷关的设立对国内贸易的影响探讨较多。榷关的设立是抑制国内贸易的发展还是利于国内贸易的发展，学术界一直争论不休。一些学者认为，榷关征税是向商人掠夺，抑制了商业的资本积累，妨碍了国内贸易的发展，持此观点的有魏林、何本方等。魏林（1990）考察了广泛分布在运河

要冲之处的榷关（钞关），这些榷关控制了国内重要的商道，征税对象也多属长途贩运的商人及其货物，其税额的增减，很大程度上可以反映出全国性市场上商品流通量的变化和发展；并通过与明朝商品经济的对比，说明清代贸易的方式主要是北方的农产品与南方的手工业品之间的交换，体现了地区分工和社会分工的不同。何本方（1987）就乾隆朝代的免税与商品流通的关系进行了考察，认为乾隆出于抚恤民生或赈灾的需要，曾三次不同程度对通过榷关的米、麦等实行大规模的免税，在一定程度上起到了平抑物价、刺激商品流通的功效。与二者观点不同，许檀（1990）则更多强调榷关及关税对国内贸易的积极作用。其以税收条例为考察基础，认为清代税则变更不大，税率基本不变，税额基本上反映当时商品的流通量，从而认为榷关不是抑制商业的工具，而是政府通过税收杠杆调节供求关系，调节收益分配关系的手段。

榷关及榷关税对国内贸易有正反两方面的作用，辩证分析才能全面把握二者之间的关系。祁美琴（2004）认为清代的榷关，既是规范商品流通、增加国赋的经济部门，也是执行限制贸易禁令的行政机构。机构的二重性表明榷关的设立给商业贸易带来诸多阻碍，同时也是榷关管理始终受人为因素干扰，不能建立起良好的运行秩序的根源所在。作者在研究清代榷关的税额、税率、税收及其用处等问题时，也论证了传统（榷关）关税对社会发展的负面影响。像其他历史时期一样，榷关的税率与税则、税额与税收，在清代没有一个稳定、透明的标准，既没有“从价税”、“从量税”之分别，也没有“定额包干”、“比例分成”等差异。虽然户部对各榷关都有公开的税则和奏销数额，但是各关在征税过程中实际上呈现出随心所欲、五花八门的混乱局面。这种因地而异的混乱无章的征榷系统所带来的后果，除了大量关税流失，便是给有限的商品经济以致命打击，最终导致现实民生的日益艰难。

榷关的设置和征税，规范了商业秩序，增加政府财政收入，促进了国内贸易的发展。如在榷关的附近，为行商准备了塌房、管店、私店等服务设施，由于部分免税、免费居住，为商人提供了方便①。但由于各地情况不同，税则不一，税制不透明，打乱了商人的预期，同时，由于吏治败坏，关吏吃拿卡要，极大地提高了通关成本，对国内贸易产生抑制作用，限制了国

① 唐文基：“明朝对行商的管理和征税”，《中国史研究》1982 年第 3 期。

内贸易的规模和发展。

2. 海关及关税与晚清经济、对外贸易之间的关系

海关是中国经济的大门，而海关行政权则是中国大门的钥匙①。围绕海关、关税与经济、对外贸易的关系研究，成为晚清研究的重要组成部分。张伟红（1993）从上海海关税务司制度的建立乃至推行全国的过程，说明海关是中国经济大门，控制了中国海关，便掌握了清政府的经济命脉，进而操纵中国的内政外交。他认为，上海海关外籍税务司制度在全国各通商口岸的推行，一方面适应了历史发展的要求；另一方面新制度的推广也与19世纪五六十年代以后中国急剧走向半殖民地深渊的趋势相一致的。对于清政府而言，在财政捉襟见肘、入不敷出的情况下，对海关殷殷以求的首先是得到更多的税款，而国家主权维护、国内经济发展，或不惜出卖，或无暇顾及。对外国资本主义而言，它们通过两次鸦片战争，已迫使清政府增开越来越多的通商口岸，并攫取了一系列在华贸易特权。在这种情况下，落后的旧式中国海关已不能适应贸易日益扩大的需要，不利于确保外商享受对华贸易的特权。新制度的推广，一扫旧式海关办事拖沓、无章可循的陋习，大大提高了海关效率，这显然是外商所乐见的。因此，新制度的推行，对中外反动势力都大有好处。清政府得到了大批外籍税务司的扶持和协助，逐渐建立起半殖民地半封建的统治秩序，而外籍税务司也极力扶植腐败无能的清政府，力图把它扶植成为半殖民地半封建统治秩序的工具。戴一峰（1993）从鸦片贸易从非法到合法化的过程，探讨了鸦片关税征收的几个阶段，即“走私阶段（无关税）——→走私阶段（地方征收税厘）——→合法化阶段（中央关税，地方厘金）——→合法化（中央税厘并征）”。在这一过程中，一方面，清政府被迫承认鸦片贸易的合法性；另一方面，对鸦片开征关税之后，中央财政对鸦片关税形成了依赖，特别是鸦片税厘合征之后，中央和地方产生因财权上移产生了上下之间的矛盾。税厘并征是英国为满足印度的英国殖民当局和英国鸦片商人的要求而诱使清政府接受的。而海关总税务司赫德一直竭力促成此事，其目的在于藉此机会扩展海关权势。鸦片税厘并征的推行对海关权力的扩展、对清政府的财政均衡发生重大影响。

海关与财政密切相关。赵梦涵论述了两次鸦片战争对中国财政的影响，认为中国财政半殖民地半封建性质的形成过程是与中国社会半殖民地半封建

---

① 姚贤镐：《中国近代对外贸易史资料（1840～1895）》（第一册），中华书局1962年版，第2页。

性质的发展历程相伴而行的。陈争平（2005）认为，正是由于缺乏海关的保护，在国外商品的冲击下，中国自然经济逐渐解体。而自然经济的解体客观上促进了对外贸易规模的扩大，而对外贸易规模的扩大也带来了关税的增长。19世纪末期，关税收入超过盐税成为晚清财政第二大收入来源。孙瑞新、刘治泰分析了《辛丑条约》对晚清财政性质变化的影响，认为该条约的签订标志着中国半殖民地半封建财政的正式形成。梁义群论证了庚子赔款对于晚清财政崩溃所起的决定性影响，认为它“不仅导致清王朝财政的总崩溃，也加速了其覆灭的进程”。王开玺对辛亥革命前后清廷财政彻底崩溃的过程及深层内因予以探析。他指出，清末财政的半殖民地性质、新旧财政体制交替的不健全状态以及地方财政的相对独立是清廷财政最终崩溃的主要因素。滨下武志（2008）从财政运营理念的变化、中央—地方财政关系的变化、财政整顿与海关税收的增加等方面，将清末经济中的财政与海关税联系起来进行探讨；从中国经济和朝贡贸易、周边华商经济圈之间的相互关系中，将世纪之交的中国内部及对外经济状态，于历史性、整体性和固有性乃至同时代性中明确地反映出来。他认为，晚清中国对外口岸的开放分为两个阶段：第一个开放口岸的时期是第一次鸦片战争后签订《南京条约》到1860年签订《北京条约》之时；第二个开放口岸时期是从1894年的中日甲午战争，经过1900年的义和团运动，到1902年《马凯条约》的签订。第二时期的开放口岸，表现为“门户开放”和“外国在中国划分势力范围”两个方面的内容。同时，日本也加入了列强之间的利益争夺，并把对中国政府借款、铁道投资为主的大规模投资活动作为国家政策来进行，其先锋便是列国银行团。这个时期的口岸开放，以资本输入和利权获得为目标，与单纯以扩大贸易为目标的口岸开放的第一个时期相比，在内容上有着质的不同。

查尔斯·贝雷斯福德在其所著的《分裂的中国》中，描写了“中国的破裂”[①]，而亚历山大·霍西在其所著的《在中国西部的三年》强调了“中国的衰退”，这种衰退自鸦片战争到义和团运动，对外关系的不断变化，也许可以充分作出有关中国清朝“破裂”或“衰退”的预测[②]。但是，滨下武志认为，这种所谓“衰退”是中国清朝权力的衰退，我们不能忽视的是与这种衰退截然相反的、充满活力并且力量正不断增大的许多领域：那些主张

① Lord Charles Beresford. The Break up of China. London, 1899.

② Alexander Hosie. Three Years in Western China. London, 1890.

洋务和自强的官僚、知识分子、新兴实业家，就是体现着这种新生力量的社会阶层，因而在世纪之交的清朝，更充满了改革的能量。作为其表现之一，中国的知识分子阶层，到清末开始具有了与此前完全不同的世界认识。他们更加重视实务、实业和实学。如《皇朝经世文编》的发行，接下来的《百科全书》的编撰。黄国盛所著《鸦片战争前的东南四海关》全面论述了鸦片战争前的粤、闽、江、浙四海关的设置、沿革、管理以及对外贸易方面的管理。他总结了海关的职能——管理外商来华贸易以及朝贡贸易、船政、渔政，并指出海关对中国参与对外贸易分工、促进对外经济交流所做的贡献。邓亦兵（2003）提出，清代税则虽又进步的一面，但最大的缺陷是税则不能随物价的变动而变动，导致随着物价的上涨，关税税负相对下降，关税购买力降低，从而影响官吏的俸禄和经费。为弥补缺额，各地税关私自自定税则，从而在部定税则之外还有地方税则。廖声丰（2007）通过考察四口通商前后关税数量的变化，认为乾隆实施一口通商的目的是维护国家安全和社会稳定，同时，国内贸易的繁荣和全国市场的形成，使粤海关的对外贸易优势凸显，广州逐步成为清朝前期外贸中心，这也是四口通商转为一口通商的重要原因。

（五）相关文献评述

清代海关、关税及贸易的研究丰富了晚清财政和贸易史料，对晚清海关、关税及对外贸易情况的分析和阐述为后来研究者了解这段历史，全面认识清朝时期的政治、经济、社会、外交等具有重要的意义。特别是以陈诗启为代表的厦门大学海关研究中心和汤象龙为代表的西南财经大学海关史研究中心，对晚清海关、关税进行持续的研究，成果丰硕。以仲伟民、倪玉平等为代表的清华大学历史学院的学者对鸦片贸易、茶叶贸易、关税制度等进行较为全面的研究，为全面认识晚清关税和贸易打下坚实的基础。另外，日本学者和英国学者或通过爬梳史料，或以自身的亲身经历，对晚清海关、关税制度的变迁进行了深入的研究，这些研究大大丰富了晚清海关和关税史料。

但是，上述研究也存在一些不足，具体表现为：

1. 研究范围的有限性

既往对晚清关税或海关方面的研究更多地以关税制度的变迁或海关管理的变迁为研究对象，来说明关税主权对中国政治、经济的影响，很少将关税制度与对外贸易联系起来进行研究。尽管有学者将榷关、榷关税与国内贸易联系起来，来研究榷关、榷关税对国内贸易的利弊影响，而海关、关税与对外贸易的影响却没有人涉及。

2. 研究内容的整体性有待加强

既往的研究虽然也涉及关税对中国产业的影响，但较少涉及关税制度的变迁对晚清经济结构的影响，从而将这种影响反映在晚清外贸品结构的变化中来进行分析。

3. 贸易伙伴的关税变迁对晚清对外贸易的影响研究欠缺

从某一时点而言，一国关税制度的改变对本国对外贸易的影响是毋庸置疑的，但从动态来看，一国对外贸易状况不仅与本国关税制度密切相关，而且与主要贸易伙伴的关税制度紧密相连，本国的出口就是贸易伙伴的进口，同样本国的进口就是贸易伙伴的出口。本书关于关税与对外贸易的关系，不仅探讨晚清关税制度与对外贸易的关系，而且也涉及当时主要贸易伙伴关税制度变迁对晚清进出口贸易的影响，这是以往研究所欠缺的。

4. 价格、计价币值（白银）变动对关税及对外贸易的影响研究不足

"值百抽五"是晚清协定税则的核心，但晚清实际征税标准是以"值百抽五"为标准而确定的从量税。晚清 72 年间，主要进出口商品价格随着国际竞争关系的变化、生产力水平的提高以及计价币值（白银）的变化而剧烈变动，关税收入与对外贸易额并非简单的线性关系，商品价格的变化对关税、关税制度及对外贸易的影响等问题，既往研究也存在明显不足。

三、研究的思路、方法及文章的主要结构

（一）研究的思路

本书以晚清四次重大反侵略战争（第一次鸦片战争、第二次鸦片战争、中日甲午战争及八国联军入侵）为重要时间研究节点，以四次反侵略战争后关税制度变迁为研究主线，全面分析各个时期关税制度的变化、对外贸易规模和贸易结构的变化及两种变化之间的内在联系。按照制度变迁的研究思路，分别从关税制度变迁的原因、关税制度变迁的过程及关税制度变迁的趋势及影响等，阐释了关税与价格、关税税率与进出口额、进出口额与关税收入之间的关系，同时，也对主要贸易伙伴关税制度的变迁给晚清对外贸易的影响作了分析。

"要贸易不要土地"，这是宗主国英国在殖民印度时提出的口号，贸易利

益也是英国发动鸦片战争、推动中国关税变迁的首要目的。第一次鸦片战争后，五口通商和关税制度演进没有达到英国事先设想的贸易利益，为获取更多的贸易利益，英国发动第二次侵华战争并主导了晚清第二次关税制度的变迁，依此类推。关税制度的变迁带来中西贸易额的持续扩大。在晚清关税制度持续变迁过程中，资本主义从自由竞争的资本主义逐步向垄断资本主义过渡，相应地西方资本主义国家对殖民地的剥削方式也由商品输出为主向资本输出为主转变。在商品输出阶段，关税对资本主义国家的重要性要远远大于资本输出阶段，同时，中国关税水平特别是进口关税水平已无法进一步降低，所以，在晚清后期，中国关税制度的变迁速度逐渐降低。晚清的关税制度的变迁顺应了资本主义国家剥削方式转换的需要，满足这种需要也是资本主义国家主导晚清关税制度变革的最终目的，这一目的贯穿于晚清中国关税变迁和对外贸易发展的整个过程。本书关于晚清关税制度与对外贸易关系的研究，就是运用制度变迁理论，对丰富的史料进行梳理、分析、求证，最终提炼出关税制度变迁与对外贸易之间的基本规律，并以此规律指导处理国与国之间的关系。

按照制度变迁理论的研究逻辑，只有制度变迁的预期收益大于预期成本时，才会有相应的利益主体去推动制度变迁，本文以“成本—收益”法来论证晚清关税制度变迁的因果。作为推动制度变迁的“第一行动集团”英国，预期扩大中国市场规模能够获取巨额的贸易利益，而扩大市场规模的手段就是改变鸦片战争前中国的关税制度，国力日渐式微的晚清政府不是工业化强国英国的对手，故而这种制度变迁的成本很低。第一次鸦片战争后，晚清关税制度按照英国要求进行调整，然而大幅降低中国关税后并没有使英国取得预期的贸易利益，这才使英国通过发动第二次鸦片战争继续推动中国关税制度变迁。此间，外籍税务司的成立，也是列强强化贸易利益的手段。在外籍税务司制度建立及推广过程中，由于将原属地方的部分关税变为中央的财政收入，原属地方政府支配的鸦片厘金归并为中央收入，原属地方的部分常关关税纳入海关管理等，外籍税务司制度取得了封建领导层的认可。同时，外籍税务司制度下中国关税收入的持续增长，也使晚清中央政府对外籍税务司制度的推广持欢迎态度，充当了制度变迁的“第二行动集团”。从这种意义上来看，晚清税务司制度推行也是晚清在内外交困的情况下被迫做出的选择。相对于国家主权，如何让政权延续下去似乎对晚清政府来说更为迫切：一方因关税制度变迁获取自己想得到的贸易利益；而另一方也通过关税制度变迁增加了财政收入，维持岌岌可危的封建统治，这一“内外互动”

的制度变迁贯穿于晚清关税变迁的整个过程。

本书的主要研究思路图 1－1 所示。

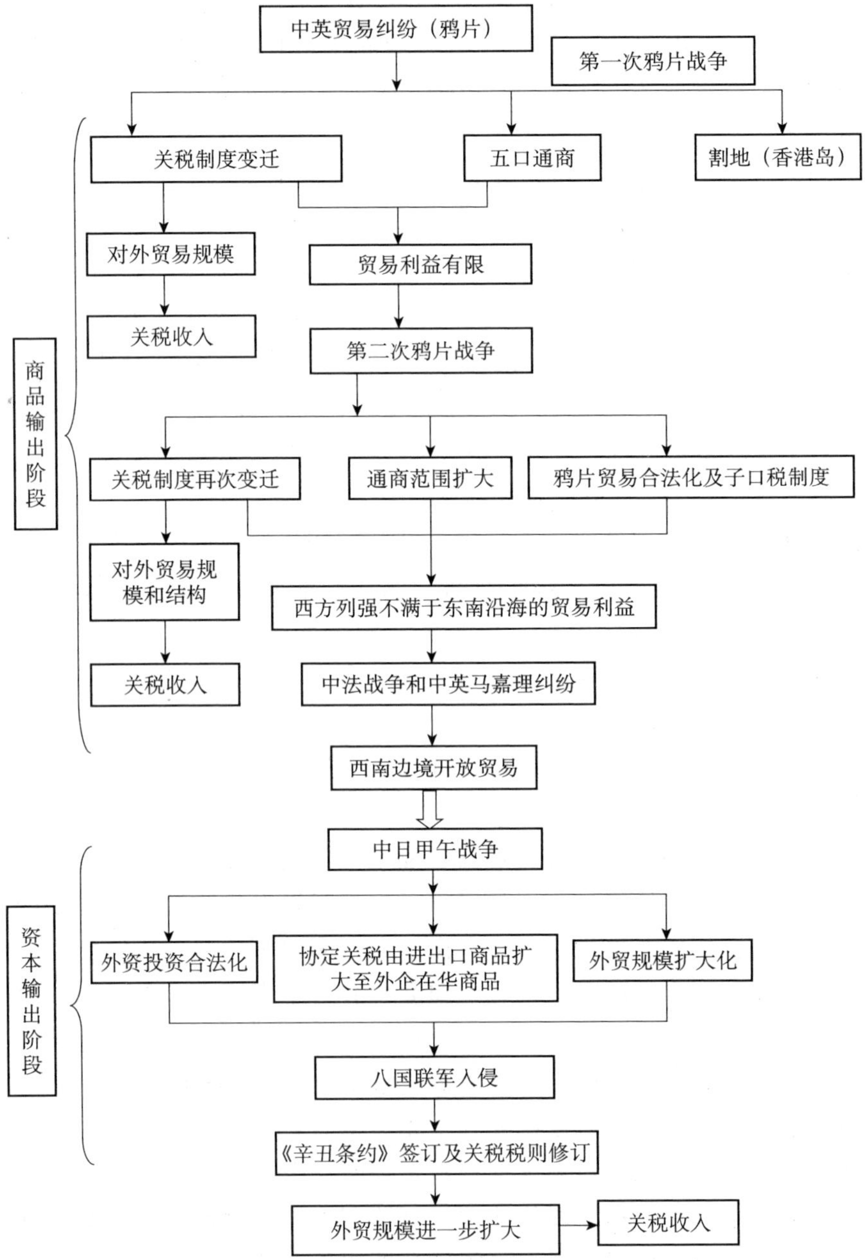

图 1－1 贸易纠纷、关税制度的演进与对外贸易规模的变化图

（二）研究方法

本书从历史演进的角度来研究晚清关税制度的变迁对晚清对外贸易的影响，既包括进口税率对进口额的影响、出口税率对出口额的影响，又包括进出口贸易额对关税收入的影响等。为更好地说明各个变量之间的关系，本书除了采取比较分析法、文献法，还大量采用定量分析与定性分析相结合、静态分析与动态分析相结合的方法。

1. 比较分析法

传统意义上的比较分析法用实际数与基数的对比来表明实际数与基数之间的差异，借以说明经济活动的变量变动趋势。研究关税水平的变动、进出口额的变动及关税收入的变动，都是通过确定一个基期的数值，来说明当期变量的情况。本书涉及的比较分析包括：晚清四个历史阶段主要出口商品在当期总出口额中所占比重的比较；主要进口商品在四个历史阶段占当期进口额的比重变化；四个历史阶段进出口关税税率及减免税范围的比较；中国与同期的印度、日本、英国、美国等国进口关税税率的比较，通过这些比较，能较为清晰地看出晚清对外贸易结构的变化、晚清关税整个变迁的过程及晚清关税与同期的主要贸易伙伴或贸易竞争对手关税的差异，全面分析关税税率与对外贸易额、对外贸易额与关税收入之间的关系。比较分析说服力较强，论证有力。

2. 文献分析法

史学研究就是通过还原或再现历史事实来分析研究过往的政治、经济、社会、文化等史实，以探寻研究对象的性质和状况，把握历史动态，探寻历史发展规律，为当代政府决策提供参考。文献分析法是史学研究的重要方法，文献的来源有两个：第一，尚未出版的文献资料，本书主要从中国第一历史档案馆获取这些资料，从中查询清朝时期的奏折、官档、会典等，收集清朝关税制度、外交、贸易等方面的史料，梳理清朝榷关制度、海关制度、贸易制度等发展脉络，探寻其背后变迁更替的深层次原因；第二，已经公开出版的文献资料，这部分文献资料有些可以从网上、图书馆或书店获取，有些因出版时间较长或出版数量有限，难以通过正常途径获取，笔者赴中国第一历史档案馆或国家图书馆，通过拷贝、复印、摘抄等方式收集所需史料。

大量占有史料，才能全面认清清朝历史发展的脉络；站在巨人的肩膀之上，才能将财政史研究不断向前推进。否则只能重复已有的故事，徒增文字垃圾。文献分析法对史学研究尤为重要。

3. 定量分析与定性分析相结合

定量分析和定性分析相结合是比较常见的经济学分析方法。关税税额、贸易额、税率等经济变量，找寻其相互之间存在的历史规律，定量分析不可或缺。随着中外对历史研究的深入，研究方法不断丰富，定量分析在史学研究中的重要性被越来越多的人认可。吴承明先生曾言："在经济史研究中，凡能计量的都应尽可能作计量的分析。定性分析只能给人以概念，要结合计量分析才能具体化，有时并可改正定性分析分析的错误。"① 本书探讨关税税率与关税收入的关系、关税税率与贸易额的关系及贸易额与关税收入的关系等都采用了定量分析，以时间序列数据为基础，通过定量分析能较好地再现各个变量之间的关系。

定量分析不是万能的。由于历史数据的可获得性、历史数据之间的可比性及其他客观条件的限制，财政史研究进行定量分析有时会遇到困难，定性分析必不可少。本书关于常关和海关的界定、贸易货币的演进及对外贸易环境的变迁都采取定性研究。"历史发展从来不是线性的，也不可能是简单的函数关系。计量是分析工具，虽然有利于学术发展，但是唯计量、为计量而计量则会将学术研究引向歧途。"②

定性分析和定量分析相结合，扬长避短，才能完整、全面地再现历史史实，找寻历史规律，真正体现财政史研究的价值。

4. 静态分析与动态分析相结合

静态分析是指在研究变量之间的关系时，忽略其他变量的影响，来分析给定变量之间的关系，静态分析不考虑时间维度。在某一时点，关税税率与对外贸易规模必定相关，因为作为交易费用重要组成部分的关税，直接决定了对外贸易的成本，从而影响对外贸易规模，这是基于静态分析所得出的结论。但加入时间维度，关税税率与对外贸易额并非严格的线性关系，因为在晚清 72 年中，影响双边对外贸易的因素很多，而关税只是这众多影响因素的一个因素，本书试图找出这些因素并加以阐释，从而给定量分析的结论以

---

① 吴承明：《经济史：历史观与方法论》，上海财经大学出版社 2006 年版，第 242 页。

② 倪玉平："中国历史时期经济总量估值研究——以 GDP 的测算为中心"，《中国社会科学》2015 年第 5 期。

合理的解释，这个过程本身也是动态分析。静态分析看时点，而动态分析看趋势，二者结合起来，既能了解变量之间短期的关系，也能更好把握变量之间长期发展趋势。

（三）文章的主要框架

本书研究主要分为六个部分，成为6章，各章的主要内容如下：

第一章是绪论，主要阐述研究的目的与意义、文献综述、研究思路、研究方法、文章框架及研究的难点、创新和不足及相关概念的界定。对相关文献的梳理，丰富了笔者对海关、关税及对外贸易认知，找出既往研究存在的不足，形成本书的研究方向及研究重点。

第二章讲述晚清关税制度及对外贸易的变迁，对清朝前期的关税制度及清前期的对外贸易状况进行分析。重点阐述了清朝前期开放以后，关税制度建立的过程，描述清朝前期关税及附加、船钞及附加的状况，介绍了清朝前期的贸易状况及中英正常贸易及鸦片贸易。随后，全面分析了晚清72年关税制度变迁的过程，认为这种制度变迁是在战败的前提下被动变迁，其突出特点就是极低的进口关税及极宽的免税。同时对此间对外贸易结构、对外贸易区域及对外贸易对象变化进行研究，分析传统出口商品丝茶逐步沦落及进口商品由消费品向消费品与资本品的转变、对外贸易的中心由广州转移到上海、传统宗藩关系的解体及中西贸易关系的确立，探析这种结构变化深层原因及对中国影响。

第三章是对晚清关税与对外贸易关系的实证分析。运用时间序列数据，分析了关税税率与对外贸易规模之间关系，定量分析进口关税税率与进口规模、出口关税税率与出口规模之间的联系。分别选取代表性的进口商品棉制品、鸦片及出口商品丝、茶，通过分析关税制度的变化对这些代表性商品的影响，来探讨关税对对外贸易结构的影响。

第四章分析对外贸易对关税的影响。本章从对外贸易推动关税制度变迁、对外贸易规模与关税收入的关系及对外贸易政策影响关税政策三个方面研究对外贸易与关税的关系，根据清朝发生的重大事件，在研究对外贸易规模与关税收入的关系时，将清朝划分为四个时期：鸦片战争前、两次鸦片战争之间、第二次鸦片战争之后、甲午战争之后，分别分析各个时期对外贸易规模、关税收入及二者之间的关系，并对影响二者关系的其他因素做了比较全面的探讨。

第五章阐释主要贸易伙伴关税制度变迁对晚清对外贸易的影响。以英国、美国和日本为代表，分析各国在清朝时期特别是晚清时期相关国家关税制度的调整对双边贸易的影响，全面回顾了中英、中美及中日之间贸易进程及关税制度的变迁。

最后一章提出晚清关税制度的演进与对外贸易的关系对现代的启示。通过对晚清关税制度变迁与对外贸易关系的研究，笔者给出了对当前发展对外贸易和关税制度改革的借鉴及启示，这些启示包括把握关税自主权、扩大开放、促进贸易畅通、坚持互惠贸易、维持贸易平衡及优化税制结构等。

四、研究的难点、创新与不足

（一）研究的难点

晚清中国，虽历史跨度只有72年，但由于内忧外患，封建政权风雨飘摇，国家政策受制于西方列强，财政制度、货币制度、对外贸易管理制度等缺乏统一性和延续性，增加了研究的难度。同时，清朝灭亡之后，承袭清朝的是民国政府，内战不断，财政困难，无力抽出充足的人员和资金修史，这在一定程度上限制了晚清史料的丰富性。具体而言，本书研究难点如下。

1. 完整、真实的数据获取困难

分析研究关税和对外贸易的关系，需要完整的关税收入与贸易额数据，而晚清由于海关管理制度的变迁，完整、真实的数据获取难度较大。清朝早期的海关按照榷关的管理制度进行管理，缺乏完整的关税及对外贸易统计数据，再加上清朝政府本身对对外贸易的重视程度不够，对外政策时紧时松，即使获取部分的关税和贸易数据，也很难真实反映当时的关税和外貌概况。外籍税务司制度建立之后，关税的开征逐渐规范，海关定期发布统计报告，数据的可比性和权威性才得到提高。

另外，中外不平等条约除开放沿海和沿江商埠、确定税率和税额，并制定贸易规则外，还重新划分了中国的边界，重构了中国与其邻国和藩属国的关系。边界的变更直接影响了部分海关的管辖范围和海关贸易统计，改变了“国内”和“国外”的划分标准。

2. 公开统计数据存在失真

失真的原因包括逃避厘金导致的统计失真、走私导致的统计失真及税厘并征导致的统计失真等。由于国内关卡林立，逢关纳税，遇卡抽厘，国产土货出口香港再从通商口岸进口所纳的关税及子口税仍低于直接内销所承担的税负，国产土货的这种避税行为夸大了真实的进出口额，也变相增加了关税收入；同时，走私贸易大量存在，也使统计贸易额比真实低。另外，外籍税务司治下的海关，实行纳税申报制度，为规避纳税偷逃税款，少报、漏报、故意错报非常常见。鸦片的税厘并征制度也在一定程度上夸大了真实的关税收入。凡此种种，海关统计无法全部将上述情况完整地反映出来，造成关税和贸易额的失真。

3. 数据缺乏可比性

晚清币制混乱，社会上流通的货币有上百种之多，市面上经常流通的货币有西班牙、墨西哥、智利、秘鲁、美国等国银币，尽管外籍税务司建立之后，海关统计的关税收入统一以库平两为标准，但此制度建立之前，关税及贸易额统计标准有美元、银两、担、镑等，币制和统计标准的不统一使前后的数据缺乏可比性。另外，清朝实施阴历纪年，统计周期有时是 1 个阴历年，有时是阴历 12 个月，由于闰月的存在，各年份的数据可比性较差。

4. 史学研究的人为分期割裂了研究的连续性

大量的史学研究将清朝以甲午战争为界分为两个时期，如严中平的《中国近代经济史（1840～1894）》、陈争平《中国近代经济史（1895～1927）》、姚贤镐的《中国近代对外贸易史料（1840～1894）》等，这些研究都以甲午战争为限，有的研究之前的经济史或贸易史，有些研究之后的经济史或贸易史，尽管两个时期分开研究能够更好地反映资本主义自由竞争阶段和帝国主义阶段特点，但对于本书而言，破坏了数据的连续性和完整性。

（二）可能的创新

1. 提出了关税制度的变迁与对外贸易的变化互为因果的结论

既往对晚期关税和海关的研究中，更多地从关税制度的变迁、海关管理权的变迁入手，从而强调协定关税和海关行政管理权的丧失对中国的深刻影响，说明关税主权丧失后给中国政治、经济和社会带来的巨大危害，没有涉及关税制度变迁与对外贸易的内在关系。本书提出关税制度变迁与晚清对外贸易变化是互为因果，关税制度变迁只是西方获取贸易利益的手段。

2. 证实了晚清关税的殖民性质

本书实证分析了关税税率和进出口额之间及关税收入与对外贸易额之间的关系，得出上期进口关税税率与本期进口额及上期出口关税税率与本期出口额之间的正相关关系的结论，明显违背常理，从侧面反映了晚清关税被殖民的本质。

3. 分析了价格因素在晚清关税制度的作用

“值百抽五”是晚清关税制度的核心，但晚清对绝大部分进出口商品实施的是从量征税，晚清国内商品的价格、国际商品价格、对外贸易计量货币的价值变动对关税收入及对外贸易的影响也是本书研究的内容之一，而既往的研究涉猎较少或不够深入。

以上三点是本书关注的重点，也是本书的创新之处。

（三）本书研究的不足

首先，数据的可获性和可比性带来研究结论的偏差。本书以关税制度与对外贸易的关系为研究对象，虽然通过晚清的外贸数据，能够在一定程度上说明二者之间的关系，但是由于晚清统计数据不完整、统计口径不一致等原因，书中所做的定量分析，对关税变化与对外贸易及其他变量的影响，说服力有所欠缺。同时，主要资本主义国家工业化进程不同，对外贸易除了受国内政治、经济政策等影响外，一些外生变量，如结算货币（早期以白银为主，后期主要国家分别转向金本位致使白银大幅贬值）、对外贸易的定价标准（到岸价与离岸价的变化）等也对当时中国的对外贸易产生重要影响。这些变量在模型构建过程中很难完整、准确进行定量分析，得出的研究结论可能与真实的情况有一定偏差。

其次，贵金属贸易与普通商品贸易的混合交易带来对外贸易研究的复杂性。在晚清，金、银、铜等贵金属作为商品的一部分，同其他商品一样参与对外贸易的过程，这部分特殊商品有时作为普通商品参与国际市场的买卖；有时又作为商品流通的媒介，参与对外贸易的结算，金银等贵金属的特殊属性，给对外贸易额的统计带来困难。本书虽有所涉及，但研究得远远不够。

最后，对外贸易的管制限制了研究的全面性和深入性。早期英国的对外贸易采取的是特许贸易制度，直至 1813 年和 1833 年，英国才取消东印度公司对印度和对华贸易的特权。在特许贸易期间，除东印度公司对华贸易外，该公司也允许部分私商对华贸易。对私商对华贸易的贸易规模、缴纳关税情况，本书研究有所欠缺。鸦片战争前的中国对外贸易也采取行商垄断经营，除了行商，还有散商与外商之间的交易，一般采取走私贸易，偷逃关税，本书也未曾涉及。

五、相关概念的界定

（一）晚清的界定

晚清是个特定的历史时期，指从鸦片战争开始直至清朝灭亡，即1840～1911年，期间历经72年。晚清之前与晚清的关税制度存在巨大差异。晚清之前，清政府主权独立，关税自定，清政府根据统治的需要制定对外贸易政策，开展对外贸易；而晚清时期，鸦片战争的战败迫使清政府与西方列强签订一系列不平等条约，西方列强取得协定关税的权力，通过参与清政府关税制度的制定、修改，西方国家加强对清政府的渗透和侵略，清政府日益沦为西方国家掠夺中国的工具。

本书重点探讨晚清时期关税制度变迁的过程，分析关税制度与对外贸易的关系，同时也对清朝前期的关税制度和对外贸易状况进行简要分析，以全面掌握清朝关税制度变迁的来龙去脉和对外贸易发展变化。

（二）海关与常关

1. 海关与常关的区别

在古代，无论中外，海关、边防和对外贸易常常结合在一起，国境海关和内地海关又长期同时存在。近代资本主义国家一般将征收进出口税的行政机关称为海关。清代沿袭明制，在重要关卡设关征税和船钞，这些关卡分为工关、户关。工关，征收竹、木关税及船钞，因隶属工部管辖，故名“工关”；户关，即明代钞关，因隶属户部管辖，故名“户关”。清朝海关与常关的区别，始于《中英南京条约》签订之后，之前统称榷关，之后有海关和常关之别。1842年《中英南京条约》签订后，开五口通商，建立新海关，于是称新建海关为洋关，称原来的工关、户关等为常关。

与海关和常关相对应的是新关和旧关。“新关”一词指由李泰国（Horatio Nelson Lay，又译“李国泰”）、赫德（Robert Hart）所创建，由税务司系统所控制，主要是征收中外商人进出口贸易税的机构，有时也称“洋关”。“旧关”一词则是指由海关监督负责的，专门征收中国商人（但不包括使用轮船招商局和在长江等地使用关照船牌的中国商人）沿海、沿江贸易转口税的机构，有时也称“常关”、“老关”。新关与旧关，洋关与常关是两组相互对应的概念，它们的区别在于征收主体和他征收对象的不同。在后来的一些研究中，“海关”一词往往意指新关，而不包括旧关。晚清海关与一般海关不同，其职责非常广泛。晚清海关除了关税的征管和对外贸易的管理之外，还承担海务管理（包括航标、灯塔、引水、检疫等）、外债和内债的管理、外交、邮政、同文馆及倡办新式海军等。晚清海关职责远远超出一般海关的职能范畴，成为西方政治、经济侵华的基石。

常关在海关出现之前已经存在了很长时间，新海关建立之后并没有撤销，也没有按照海关的原则进行改组，只是被迫将一部分职能移交新设立的海关，但保留了对民船贸易和土货贸易的征税权。各口的新式海关（洋关）和旧式海关（常关），都将其所征税收上交给本地海关监督。常关分为三种：一是距海关 50 华里以内的常关；二是距海关 50 华里以外的常关；三是内地常关。自《辛丑条约》签订后，由于赔款担保的需要，帝国主义国家强迫规定，距海关 50 里以内的常关税也作为外债担保，由外籍税务司管辖，常关税的征收、使用、管理也开始丧失自主权。

常关与海关二者之间的区别见表 1－1。

表 1－1　　常关与海关之间的区别

	征税对象	征税机构	税率	税款归属
常关	内贸及帆船贸易	地方道台及中央派出人员	税率不固定，不统一	定额部分归中央政府；超收部分地方有较大支配权
海关	外籍轮船及内陆边境对外贸易	早期为地方道台，后期外籍税务司	大体值百抽五（见注解）	中央政府及外债担保

注：值百抽五确定的原则以当时商品价格按 5% 的标准确定从量税，列入税则，税则以外的商品则按 5% 的从价税。税则最早由英国制定，实际出口关税高于 5%，而进口关税则低于 5%。比如茶叶出口关税每担 2.5 两白银，但国际市场的茶叶价格每担从未超过 50 两白银，极低的进口关税很好地诠释了侵略者的本质。

2. 海关关税与常关关税的区别

“常关关税，大抵以雍乾时代所定税率为基础，比之现时物价，恐未超过值百抽二点五，但实际税率，则增数倍数十倍亦为恒有之事”①，原因在于：附加税之繁琐，常关官员贪污无度；另外，为保障中央财政收入，中央政府对常关实施的是定税制，即每年必须上交一定数额的税金。但是，到了清朝康熙时期，也要求地方常关必须报告实征税额。虽然实征额与定额之间的差额部分不必立刻上缴，可以供地方使用，但在危急之时必须能够征

① 武堉干：《中国关税问题》，山西出版传媒集团山西人民出版社 2014 年版，第 70 页。

用[1]。定税制能保证中央财政收入，但大量超收部分往往落入各级政府官员腰包，税制的不透明，再加上各地关卡林立，常关的存在对贸易危害极大。海关关税以协定关税为基础，按商品的时价对进出口关税实施值百抽五，而实际征收的是以此为标准确立的从量税，但由于商品价格波动，关税税率随价格更新滞后，实际征收进口关税往往低于值百抽五，而出口关税则相反。

新海关的设立影响常关关税，也对经济版图产生影响。五口通商之后，原来独由广州出口的货物分散在五口出口，严重影响广州对外贸易，也影响中央政府的财政收入。五口之一的上海，临近生丝和茶叶的产地，通过上海出口，减少货物运输费用和关卡数量，使常关关税收入锐减。上谕："办理上海开市情形一折。内地贩运湖丝前赴上海，应查明赴粤路程，少过一关，即补一关税收。该领事求免补纳，业经该道等告以定章不能更改。"[2]"上海初设洋关，内地商人贩运湖丝来沪，议令补纳北新、赣州、太平三关税课，由江海关代为征收。"[3] 同时，也冲击当地的就业，遭到相关人员的激烈反对。"许多来自福建及更北面的省区负运茶叶及商货通过梅岭力夫，都害怕在新的通商条约实施和通商口岸开放后，他们将陷入失业，因此，他们发誓坚决反对有损于他们利益的种种措施。他们人数共约几十万[4]。尽管如此，江海关取代广州关的趋势不可逆转。

（三）常关税与厘金

常关税和厘金都涉及流通环节的课税，但二者又有区别。厘金有出厂厘、通过厘和落地厘，常关税和厘金中的"通过厘"类似，都有通过税的性质，常关税与厘金之不同之处在于，厘金税为地方财政收入而常关税乃中央政府收入。正因如此，厘金全面推开之后，常关税的征税范围和征收规模受到限制，常关税征收越来越少。

《中英南京条约》缔结之后，英国政府不断要求统一常关税的税率，但未能实现。其后，清政府被迫实行了子口税，于太平天国运动爆发后，又开征了厘金税。这样，对外货进口和国产货出口均免除一切常关税，对国内运销货物均征厘金税，常关税也就名存实亡。

---

① 王庆云：《石渠餘纪录》卷六《纪关税》。

② 《清朝续文献通考》，第 8131 页。

③ 《筹办夷务始末补遗》，同治朝，第 4 册，第 821～822 页。

④ Chinese Repository, Vol. XII, 1843 年 6 月 . p. 331.

自1854年，上海的外国税务司制度正式推行，到1858年，《天津条约》将外国税务司制度扩展到其他通商口岸，将各口的通关手续划一办理，由外籍税务司和海关监督共同执掌中国海关的二元制度在中国海关全面实行[①]。截至1864年止，洋关已在所有的14个通商口岸开始运作，大多位于常关的附近。海关对常关产生挤压，而厘金的征收也对常关关税影响深远，鸦片战争前的中央财政的重要收入——常关税，随着海关税的开征及厘金的征收，对中央财政收入的贡献越来越小。

① 任智勇：《晚清海关再研究——以二元体制为中心》，中国人民大学出版社2012年版。

第二章
晚清关税制度与对外贸易的变迁

第一节　清朝前期的关税制度与对外贸易状况

清朝建立后，清政府奉行闭关锁国的国策，对外贸易规模非常有限，尤其是收复台湾之前，出于政治上的考量，清朝严格限制对外贸易。台湾收复之后，对外交往的政策有所放松，关税制度也逐步建立起来。

一、清朝前期的关税制度

康熙朝收复台湾后，开始重建关税制度。清朝刚刚建立时，由于东南沿海南明反清势力的存在，清政府制定了严厉的海禁政策，限制对外贸易。顺治十三年谕："今后凡有商民船只私自下海，将粮食货物等项与逆贼贸易者，不论官民，俱奏闻处斩，货物入官……"① 康熙十一年题准："凡官员兵民私自出海贸易，及迁移海岛，盖房居住，耕种田地者，皆拿问治罪。"② 由此可见当时的海禁政策之严厉。没有对外贸易，自然不需要对对外贸易的征税和管理。康熙二十二年（1683 年），清政府收复台湾，为建立海关制度、发展海外贸易奠定了基础。清朝前期的关税制度包括关税及附加、船钞及附加、关税减免及征收管理制度等。

---

① 《大清会典事例（光绪）》卷 629，第 1 页。
② 《大清会典事例（光绪）》卷 120，第 1 页。

（一）关税及附加

1. 关税制度建立的过程

台湾的收复，使对外贸易资敌的情形不复存在，朝中大臣纷纷建言放开海禁，慕天颜请开海禁疏：“窃查生财之道，必致其源；理财之法，当从其大。盖银两之所生，其途二焉：一则矿业之银也，一则番舶之银也……。惟番舶之往来，以吾岁出之货而易其岁入之财。岁有所出，则于我毫无所损，而殖产交易，愈足以鼓艺业之勤。岁有所入，则在我日见其赢，而货贿会通，立可以去贫寡之患。”[①] 清朝统治者顺应民意，开海贸易并进行管理。康熙二十三年（1684 年），诏开海禁，“上曰：‘百姓乐于沿海居住，原因海上可以贸易、捕鱼。先因海寇，故海禁不开，今海氛廓清，更何所待？’”[②]。

贸易放开之后，清政府着手建立关税制度。“定开海征税则例，其海口内桥津地方贸易，悉免抽分。九卿等议复：户科给事中孙惠疏言，海洋贸易，宜设立专官收税，应如所请。差部院贤能司官前往酌定则例。”[③] 海关税则是关税制度的重要组成部分，海关税则的确立，为开征关税奠定了基础。

1684 年，清政府设澳门、漳州、宁波、云台山四处为通商口岸[④]，并设立海关以替代前朝市舶司加强对海外贸易的管理。但清朝的海关设立的边界不如明朝海上监管设立得清晰，并且引用已有的内陆口岸的制度规定管理海关。同年，康熙召群臣商讨关税问题。议决：“福建、广东新设官差，止将海上出入船载贸易货物征税……。并将各关征税则例，给发监督，酌量增减定例。”[⑤] 此后，明确规定：“一切商民货物，俱由海上船运，自康熙二十四年起，商人俱赴（海关）监督纳税。”[⑥] 海关监督承担关税的征收职责。

---

① 《皇朝政典类纂》卷 118，第 1 ~ 2 页。

② 《皇朝文献通考》卷 33，第 10 页。

③ 《皇朝文献通考》卷 26，第 37 页。

④ 关于粤海关、闽海关、浙海关及江海关四地通商口岸的位置，史学界争论较多，黄国盛（1999）认为，四海关先后在福建福州南台与厦门，广东的广州与香山县、澳门，江南的华亭县漴阙与上海，浙江的宁波与定海。本文采用武堉干的观点：“设粤海、闽海、浙海、江海四榷关于广州之澳门，福建之漳州，浙江之宁波，江南之云台山（今镇江）以征收关税。”见武堉干著《中国关税问题》，山西人民出版社 2014 年版，第 15 页。

⑤ 《康熙朝实录》卷 115、116。

⑥ 李士桢：《抚粤政略》卷二。

2. 关税及附加的征收状况

清朝具体征收关税的办法，沿袭明朝的旧制，包括货税和船钞。关税实施的是从量税。海关税则规定的进出口货税的税率较低，如康熙末至雍正年间，生丝、丝织品、甘草、大黄、铜、糖、茶叶、生锌等货物的出口关税率，最高的是生锌，相当于从价税 7.7%，最低的是茶叶 0.4%，平均出口关税 4%[①]。主要的进口商品是棉织品、鸦片、象牙、琥珀、地毯等，关税税率大体为进口税率是 16%，出口税率 4%[②]。与同时期的欧洲关税比较，中国的进出口关税税率是比较低的。鸦片战争前夕，中国对英国销华棉毛织品所征的进口税，最高仅为从价 30%~40%，而英国对华茶的进口税，却高达 100%~200%[③]。1785 年 8 月，英国国会为了抑制高进口关税导致的茶叶走私，曾大幅度降低茶叶进口关税，将来自中国茶叶进口关税降至 12.5%，但大部分时间，英国茶叶进口关税都在 100% 以上[④]。19 世纪 50 年代后期，中国所课各税，合并计算，生丝一项，仅合丝价 16%，茶亦不过 30%~37%[⑤]。而英国对华茶征收的关税，除每磅正税英金 2 先令 1 便士外，另征收附加税 5%，而当时普通的中国功夫茶，每磅约值 3 先令，品质稍佳者，价格较高[⑥]。将从量税和从价税相加，则普通红茶折合从价税 75%，远远高于中国国内税费及出口税之和。

乾隆二十八年（1763 年），两广总督苏昌奏："粤海关向来除征收正额税钞并加一火耗外，另有私收规礼、火足、验舱、开舱、押船、丈量、贴写、放关、领牌、小包，以及分头、担头灯项陋规银两，每年不下六七万两。"[⑦] 这些杂税此前多为役员私人收入，自雍正四年（1726 年）起，推行火耗归公的财政管理政策，历任管关、巡抚、监督，节次报出归公，一并刻入例册征收，除支给通关人役火足经费外，余银列入杂羡盈余项下上解

---

① H·B. Morse: The Chonicles of the East India Company Trading to China 1635 - 1834. V1, p. 78 - 86.

② 武堉干：《中国关税问题》，商务印书馆 1934 年版，第 16 页。

③ 马士：《中华帝国对外关系史》（中译本）第一卷，第 92 页；另参看姚贤镐：《中国近代对外贸易史资料》（第一册），第 391 ~ 394 页。

④ H·B. Morse: The Chonicles of the East India Company Trading to China 1635 - 1834. V2 p. 116.

⑤ 《1857 ~ 1859 英国国会档案——额尔金伯爵特别调查团文件》第 104 页，转引自姚贤镐著《中国近代对外贸易史资料》卷 1，第 512 页。

⑥ 萨吉特著：《中英贸易与外交》第 131 页，转引自姚贤镐著《中国近代对外贸易史资料》卷 1，第 512 页。

⑦ 《粤海关志》卷 8，第 24 ~ 26 页。

户部。

清前期的关税包括正饷、“加三”、担费三部分构成。正饷可以从官方的海关税册中得知确数。这种税册是由“户部”（指海关监督）衙门刊印，只能从该衙门获得。正饷由两部分构成：第一部分称为“则例”，即明定的税则；第二部分比照税则。凡则例公布后新添的货物品种，可以照以往之近似的货物课税。这两部分合并构成现行的关税。“加三”，亦称“加耗”，即正税之外另加三成之意，名义上是为了将银元兑换成库平银所收的费用。在海关则例中的“税银”项下，其注释为：“再者，进口出口货物，法定于正课之外，加征火耗一成，正课每两加征一分六厘，亦属得当。”[①] 这样，法定的加耗共计为一钱一分六厘，但实际上则征收三钱，法定征收和实际征收的差额部分可能被“户部”及其属吏分肥了。担费，海关则例中也曾提到，“再者，货物每担照例应征担头银三分八厘”。而实际此项征课的税额却比法定的数目多4倍，共计进口货每担征一钱五分，出口货每担征二钱[②]。其中的原因，或许和“加三”相同，即非法的超征部份实是“户部”衙门的勒索。由于法定征收和各种非法勒征混在一起，很少人能知道确切的数目。

雍正十三年（公元1735年）清政府制定了关税税则——比例税册。总体进口为16%，出口为2%~4%。但实际征收过程中，除正税之外，还有各种附加，商人很难搞清纳税标准。同时，无法从（清）政府获得任何确定的关税税则也是政府、行商、通事的策略。

税制不透明，正税之外还有各种附加，法定附加之外还有各种勒索，成为清朝前期关税制度的最大特征，也是中国对外贸易制度多年来最显著的弊端之一。

（二）船钞及附加

1. 船钞制度

船钞，亦称船料，相当于现在的船舶吨税，是按船舶体积大小征收的从量税。征税方法是根据船舶的体积，对照所对应的等级标准，征收相应的船钞。1684年，海关税则规定：一等船白银1400~3500两[③]；二等船1100~

---

① John Phipps: Practical Treatise on the China and Eastern Trade, p. 140。

② John Phipps: Practical Treatise on the China and Eastern Trade, p. 141。

③ 本书所用单位“两”，皆为银两。

3000两；三等船600～2500两①。船舶分为两类：东洋夹板船和西洋夹板船。东洋夹板船：一等船，长七丈四五尺，阔二丈三四尺，长阔相乘该十八丈，该纳饷银一千四百两；二等船，长七丈有零，阔二丈一二尺，长阔相乘该十五丈四尺，该纳饷银一千一百两；三等船，长六丈有零，阔二丈有零，长阔相乘该十二丈，该纳饷银六百两；四等船，长五丈有零，阔一丈五六尺，长阔相乘该八丈，该纳饷银四百两。西洋夹板船：一等船船身丈尺饷额与东洋同；二等船，长七丈二尺，阔二丈二尺，长阔相乘该十五丈八尺四寸，该纳饷银一千一百两；三等船，长六丈五六尺，阔二丈，长阔相乘该十三丈二尺，该纳饷银六百两②。海关税则同时又规定：东西洋船饷银俱照额减二征收。即船钞减免20%，按法定征税额的80%征收。

船钞税则确定之后，清政府又根据实际情况对船钞进行一定程度的减免。康熙二十四年（1685年），又酌减洋船丈抽之例。监督宜尔格图言："国朝未禁海以前，洋船诣粤，照例丈抽。但往日多载珍奇，今系杂货，今昔殊异，十船不及一船，请于原减之外，再减二分；东洋船亦照例行。至江、浙、闽、广，俱经开海，若不划一，恐启外夷趋避之端，应照粤省量减。此等丈抽船只，装载回国，或因风水不顺，飘至他省，查验印票，即便放行；其四省印烙船只往外国贸易者，亦照此例。从之。"③船钞在减免20%基础上，再减免两分，即按法定征税额的60%征收。

2. 船钞附加及征收状况

外籍来华船舶，除了船料之外，还应缴纳三种费用：规礼、引水费和杂项费用。船料按船只大小而异，规礼、引水费和杂项费用则与船只大小无关，大小船舶一律相同，只是依照船只所属国籍而略有差异。

（1）规礼。规礼由进港费、离港费、平余、解费、粮道捐等组成。这些费用原来付给各种官吏，后来逐步成为海关收入的一部分。在1829～1830年（外商）对政府官员勒索表示抗议以前，所有船只都须交纳的此项费用竟高达1950两之多，例外的只有法国、奥国、普鲁士和苏纳（Surat）的船只，前三国的船只每艘多交80两，最后一地的船只则每艘少交80两。自抗议之后，规礼减至1600～1683两，约合2223元，上述四国的船只交纳的差

---

① Fu: A Documentary Chronicles of Sino-Western Relations. p. 81.

② 《粤海关志》卷9，税则，第13页。

③ 《皇朝文献通考》卷33，第10页。

额则仍如旧例。这项规礼是下列各项费用之和：进港费、离港费、平余、解费（平余的 6.75%）、粮道捐、外加粮道平余 1.1%、全部折合纹银加成 7%，总计 1600.683 两。[①]

（2）引水费。引水费由进港引水费和出港引水费组成。进港付引水费 60 元，离港亦付引水费 60 元。该引水费不包括进口以前所付的外洋引水的费用，外洋引水的费用由船长与引水员自行议定，并非固定。

（3）杂项费用。杂项费用指付给通事和买办的费用，外商船只停泊在黄埔时，应纳的各种零星的、常常是正式开征的费用。买办费和规礼费一样，自 1830 年年初以来减少很多，但仍高达 400 元。通事费约为 200 元。

表 2－1 以一艘载重 867 吨，被列为甲等的船舶而须付的最高船钞及各种费用：

表 2－1　　甲等船舶的最高船钞及各种费用

船料	1701.418 两（2363 元）
规礼	1600.683 两（2223 元）
进港、离港引水费	120 元
驳船及其他零星费用	约 30 元
通事费约	173 元
买办费	50 元
总计船料及各项附加	4959 元[②]

由上可知，船料的附加超过船料本身的数额，可见各种杂费对对外贸易的影响。

船料和附加的减免，仅限载米粮的船只。载米粮的船只免交船料和一部分规礼，并免交杂项费用。他们只需交纳离港费和粮道捐，加上耗羡，共计 620 两。当然，这些船只另外也须付各样非正规的费用，因此总额亦高达 1000 元。海关官员们系买得职位，绝不肯放过要钱的机会，故通事不得不向总督申诉。终于在 1833 年 5 月 22 日，清政府出台公告——《中国关于粮船入港禁止勒索否则严加惩处的公告》："每船须纳启关费及正饷 480 两 4 钱 2 分，过秤费 32 两 4 钱 2 分零 8 文，粮道捐 116 两 4 钱 2 分零 4 文。每船所征饷钞不超过 620 两。此外，各色员吏不得征收任何捐税。"[③]

除上述款项外，还有行用和私例。行用亦称公所费，是潘启官任总商时

① John Phipps: Practical Treatise on the China and Eastern Trade, p. 143.

② 原文为 3675 元，参见 John Phipps: Practical Treatise on the China and Eastern Trade, p. 144。

③ John Phipps: Practical Treatise on the China and Eastern Trade, p. 142－144.

建议并开始征收的。其目的是为公行储积一笔专款，以备为破产的行商还债，并应付官厅的需索。公所费的交纳标准，通常按已定的价格，从价值百抽三，有特殊需要时，竟增至值百抽四、抽五，乃至抽六。但毛织品、印花布与铁可以免除行用，因为这些商品是潘启官主要经营的买卖。

私例即交易规例，包括补偿利息的损失、不同的付款方式、货栈租金以及在黄埔过秤费等。私例与正饷、加三、担费等不同，它没有固定的标准。所有这些名目都是用一种特殊的名词或隐语来表示，似乎故意增加交易的神秘化，让外国人不能了解罢了①。

五花八门的附加费用，即使多年从事对华出口的外商也难以弄懂，或许这正是海关关员所希望的，唯有这样，他们在对外商征税时，才能有更多的操作空间。

（三）关税和船钞减免

为发挥关税的调节作用，推动对外贸易的发展，清政府也对关税和船钞适当地减免。康熙二十三年（1684 年），粤海关规定，洋船按应征税额减去“十分之二”②；1685 年，该海关又规定，“于原减之外，再减二分”③；1698 年，“著减广东海关额税银三万二百八五两”④；1699 年，“减免商船原定税收之四分之三，以招揽贸易”⑤。

除对正常贸易商品减免关税外，对贡使携带的贸易商品，清政府也给予免税照顾。1708 年，清政府对“暹罗贡使所带货物，请听其随便贸易，并免征关税”⑥。同时，为鼓励进口大米，清政府对大米的进口也给予适当的减免税待遇。雍正年间，清政府曾先后于 1724 年、1725 年、1727 年和 1728 年对从暹罗进口大米，给予免税⑦。乾隆八年（1743 年）规定：外洋船来“粤等省贸易，带米一万石以上者，免其船货银十分之五，五千石以上者，

① John Phipps：Practical Treatise on the China and Eastern Trade，p. 151 – 152.

② 《清圣祖实录》卷 124。

③ 《粤海关志》卷 22，《贡舶二》。

④ 《钦定圣祖仁皇帝圣训》卷 21。

⑤ H·B. Morse：The Chonicles of the East India Company Trading to China 1635 – 1834. V2，p. 77 – 78.

⑥ 《清朝文献通考》卷 26。

⑦ 《清朝文献通考》卷 33。

免十分之三"[①]。乾隆四十九年（1784 年）三月，"又准免珍珠、宝石之税"[②]。

正常减免关税之外，清政府还有临时性减免。1822 年，因广州夷商货物被火烧，清政府免收其税[③]。1830 年，两广总督李鸿宾又密奏减夷船进口规银，决定"东西洋船饷银俱照额减二征收"。

各种关税减免大大降低了进口商品的成本，促进了对外贸易的发展，特别是雍正年间，国内粮价上涨，清政府适时给予暹罗大米进口免税待遇，有效地弥补了国内粮食的短缺，很好地发挥关税的调节作用。

（四）征收管理

1. 关税管理制度

康熙二十三年平定台湾之后，对外贸易逐步放开。此前的关税制度主要指榷关管理制度，开放口岸之后，将榷关管理制度推广到对外贸易的海关管理，关税制度也在不断完善。

清朝的关税制度包括定额制、考核机制、税则公示制等。

（1）定额制。清朝关税实施定额制，即各关确定年度定额，定期奏报征税进展情况，额内税收上解，超额部分据实奏报。海关监督根据税则征税，包括关税及附加、船钞及附加等。按规定半年或一个季度为期限，向中央奏报税收征收情况，户部根据奏报情况及其实际考察，对他们进行考核并奖惩。"各关每年应征额税银两，完解外，如有赢余，另行据实奏闻。凡禁令，顺治九年，题准：各关差不许留用保家、委官等项名色。"[④]"朕临御之初，本不知各处所收关税多寡之数，因谕部臣以雍正十三年为准。使胥吏不敢例外苛求。监督不能征多报少。且使每年比较。不致岁渐加增加减，无所底止。实于体恤商民之中。"[⑤]乾隆执政后，定额制基准以雍正十三年为准，大大降低了各个关税的定额，有利于定额的完成并降低贸易税负。

定额制有利于稳定商人预期，促进商品流通和贸易发展。但由于缺乏监督、税制复杂等原因，定额制使促进商业发展的目的无法达到。

---

① 《清高宗实录》卷 1201。

② 中国第一历史第一档案馆：《军机处录副奏折》，道光三年《关税》。

③ 《粤海关志》卷 9，《税则二》。

④ 《康熙朝·大清会典》卷之三十四，中国第一历史档案馆。

⑤ 《乾隆朝·钦定大清会典则例》卷四十七，中国第一历史档案馆。

(2) 考核机制。为激励各个海关监督，按时完成定额，清政府制度了完善的考核机制。“十四年题准：各关欠不及半分者，降一级留任，余照前例，全完者，纪录一次。溢额每一千两者，加一级；至五千两以上者，以应升缺先用。部差官员，不令督抚管辖。如地方荒乱，河道壅塞，自行报部，移咨督抚查覆考核。十六年题准：各关额税，二万两以下者，仍照前例议叙，二万两以上者，额税全完。纪录一次，溢额半分以上，加一级；一分以上，加二级；一分半以上，加三级；二分以上，加四级；三分以上以应升缺先用……”①

由此可见，对关税征收的奖励，分为绝对额和相对额两种，定额两万两以内的海关，超额部分按超额的绝对额进行加级奖励；而定额两万两以上的海关在按照超额的相对额（百分比）进行加级奖励，这种奖励制度对大关和小关都比较公平，有利于调动各关征税的积极性。

有奖励必有惩罚，清朝对不能完成定额任务的海关吏员，按照定额完成的短少情况，给予相应的降级处理，甚至革职。“康熙八年题准，关税欠不及半分者，罚俸一年；半分至一分以上者，降一级；二分以上者，降二级；三分以上者，降三级；四分以上者，降四级，皆调用；五分以上者，革职阙额，钱粮免其追赔，溢额不准议叙，如有事故，以离任日为止。”②

关税征管的奖惩制度，在一定程度上保证了关税任务的完成，有助于关税财政职能的实现。

(3) 税则公示制度。早在顺治时期，清政府就制定相应关税条款，要求地方督抚、海关衙役布告公开。但地方督抚及海关关员故意隐晦纳税信息，以期吃拿卡要，中饱私囊。“顺治十年，题准。令各关差刊示定例。设柜征收。不得勒扣火耗。需索陋规。并禁关役包揽报单。十一年，覆准，凡纳银数多，给票数少者，许商民首告议处。”③“又题准：各关当堂设柜，设梁头货物则例。商民亲保填簿。输银投柜，验明放行。隐漏者治罪。如有滥委差役，苛索民间……该抚按据实参处。”④

税则公示制度本意为方便纳税人纳税，提高征税透明度，促进海关关员依法征税、廉洁执法，但实际操作过程中各级海关关员故意隐匿税则，立法

① 《康熙朝·大清会典》卷之三十四，中国第一历史档案馆。

② 《乾隆朝·钦定大清会典则例》卷四十八，中国第一历史档案馆。

③ 《大清会典·雍正卷》卷五十二，中国第一历史档案馆。

④ 《雍正朝·大清会典》卷五十二，中国第一历史档案馆。

者的初衷很难实现。

2. 征管权限及征管流程

清代的海关管理经历一个由兼管到单独管理的过程。清代顺治朝，由户部汉司官管理榷务，后改为满人和汉人共同管理，多数情况下重用满人；康熙朝，因满汉兼管制度弊病太多，造成榷务管理上的混乱，于是废除兼管方式，由皇帝钦定一名监督到榷关管理；乾隆朝，一般选内务府“操守好”的司员管理榷务，任期一年。由中央直接派遣的监督多是管辖重要的税源丰富的榷关，而一些税收少的则由巡抚代管或地方官兼管①。

一口通商时期，广州地方的最高行政长官是两广总督，他管理着广东和广西两省。广东巡抚是副长官，而海关监督或“户部”（Hoppo），即征收关税的官吏，他有全权管理对外贸易；但是重要的事情必须报告总督，由其上达中央，即奏报皇帝。此外，还有地方官吏，包括省、县级政府的官吏等。

当一只商船进入珠江口，一位引水便来到船上。船长报告了船上一切情况以后，在澳门或伶仃岛稍稍停泊，即经虎门而驶入珠江，停泊在距广州约十四华里的黄埔。于是该船就向一家行商“投行”，该行商即成为该船水手行为端正及交纳关税的担保者，大部分交易也就和这家行商进行。货物须报关，船须丈量。船的大小计算方法，是从后桅到前桅为船长；两舷门之间为船宽；长宽相乘的积数来确定船的等级，根据等级对照船钞则例，缴纳相应的船钞、规礼、引水费及杂费等。

按照对外贸易的公行制度，外商来华“投行”之后，需将货单交给行商，并由行商支付码头、卸货诸费，货运商馆，外商即在商馆下榻并洽谈进出口业务。一切进出口报关运输事宜，皆由行商包办。

3. 关税制度的实施效果

清代早期的海关管理及关税征收，基本仿照榷关管理及征管的一套制度，由于对外贸易的特殊性和专业性、公行垄断等因素，海关行政效率低下，海关系统贪污、腐败横行，严重阻碍了对外贸易的发展。

乾隆二十四年（1759年），天津镇总兵常复奏报英国商人特来天津控告粤海关税监李勇标勒索情形。“一纵关口勒索陋规年年边加，万般刁难；一故纵吏役勒索，不许夷商照例禀见，使下情不能上达；一随带日用酒食器物

① 吴建雍：“清前期榷关及其管理制度”，《中国史研究》1984年第1期。

来回重征税银。”[①] 海关关员的敲诈勒索让外商忍无可忍，外商的抗议也对清朝政府减少杂费、规范征收起到一定作用。但在整个吏治败坏的环境下，这种监督对海关关员的约束非常有限。“在宝顺馆与小溪馆前面的河边上，为海关的税卡。他们的责任是防止走私，而实际是帮助生丝非法出口和布匹非法入口，收费比法定税则低得多。几句好话和一笔贿赂，就可以给外国的货船请个牌照，可驶过巡船而不受检查。”[②]

清朝前期的关税征管中存在的腐败现象，有多方面的原因：首先，临时海关官员占比高，薪水微薄。清朝前期中国的海关制度，基本上是因袭原来的榷关制度，仅海关监督等数人为正式官员，其他人员均为招募而来，这些人员薪水微薄或没有薪水[③]，面对外来诱惑，很难独善其身。

其次，海关人事制度也是吏治败坏的重要原因。海关监督的任期一年，管理海关属于“肥差”，所以派出的监督多是皇帝的亲信宠臣或皇亲国戚。这些指派的官吏到地方上往往徇私枉法，影响了地方的吏治风气。

最后，关税制度的复杂性和不透明性也为腐败提供了温床。由于实施的是从量税，各个地方对外贸易的品种不同，计量单位不同，海关税则除了有全国税则，还有地方海关税则。也正是如此，各关税则不能整齐划一，再加上各级官员故意隐瞒税率，增加了了解税则的难度。在1834年担任驻华商务监督义律中文秘书的马礼逊（J. R. Morrison）就曾写道：“无法从整个政府取得任何确定的关税税则，乃是多年来广州商务制度上最显著的弊端之——一切党派、各级政府、各行商人及士绅等的政策就是将外国人置于这样的境地，使他们对于对外贸易征税的方式和税率一无所知。”[④] 同时，关税和船钞除了正税之外，还有各种附加，关税制度的复杂性和不透明性为海关关员的腐败提供了可能。

另外，海关部分官员，他们海关职位是用巨额款项购得，当然就用各种方法来为自己谋得补偿。监督本人还得承担很多来自中央的摊派，监督机构缺乏也是贪污腐败严重的重要原因。

---

① 《奏报英国商人特来天津控告粤海关税监李勇标勒索情形折》（03－0177－1766－007），中国第一历史档案馆。

② W. C. Hunter: The “Fan Kwae” at Canton. p. 20－28.

③ 除稿书等高级办事人员每月有五两外，其他具体筹办员役每月从2两到3两不等，这样的薪水用于一家三口尚有不足，何以让他们尽心工作。参见任智勇：《晚清海关再研究》，中国人民大学出版社2012年版，第73页。

④ 《中国丛报》卷三，424页，广州，1835年。

二、清朝前期的对外贸易状况

闭关锁国是清朝前期对外政策的基本特征。在闭关锁国政策的指导下，清朝前期对外贸易的发展受到限制，但由于当时严峻的政治、经济形势，清朝前期的对外贸易政策一直是在收紧、放松、再收紧中摇摆不定。

（一）行商制度与对外贸易

1. 行商制度的兴衰

清代对对外贸易的管理采取行商制度。行商源于明朝的牙行，“国朝设关之初，番舶入市者，仅二十余柁，至则劳以牛酒，令牙行主之。沿明之习，命曰十三行”①。行商的最初职能评定货物的价格与质量，撮合买卖双方的交易，后来业务范围扩大到代商人买卖货物、支付和存储款项、运送货物、保管货物及代政府征税等。“凡外洋夷船到粤海关，进口货物应纳税银，督令受货洋行商人，于夷船回帆时输纳，至外洋夷船出口货物，应纳税银，洋行保商为夷商代置货物时，随货扣清，先行完纳。”② 这些史料说明行商对进出口商品不但承担代为缴纳进出口关税的义务，而且对缴纳关税的时间做了明确的规定。清朝的行商制度创立于康熙二十五年（1686 年）四月，广东洋货行又叫十三行，其命名的由来不是因洋行数目而定③。

行商有外洋行、本港行、福潮行之分，不同的行商业务范围不同。“外洋行专办外洋各国夷人载货来粤发卖输课诸务，本港行专管暹罗贡使及夷客贸易纳饷之事，福潮行系报输本省潮州及福建民人往来买卖诸税。”④ 诸行分办业务，也是行商之间竞争的产物，竞争的结果导致资本集中。拥有雄厚实力的行商对获取蝇头小利的本港、福潮行的业务不屑一顾，而缺乏实力的行商也无力经营外洋行的业务。“至外洋行之不愿兼办本港者，非力不能两头，不过以外洋之生计利厚，自居大商，视本港之行利微细，若轻取行用，则徒费经营，如重取行用，又恐致讦控。”⑤ 市场的竞争促进了外洋行、本港行、福潮行业务的分化。

---

① 《粤海关志》卷 25，行商，第 1 ~ 2 页。

② 彭泽益：“清代广东洋行制度的起源”，《历史研究》1957 年第 2 期。

③ 《粤海关志》卷 25，行商，第 10 ~ 24 页。

④ 同上。

⑤ 同上。

随着广东对外贸易的发展，行商之间的竞争日趋激烈，为争抢客户，相互压价，严重扰乱了对外贸易秩序。“于夷船进口时，每有自向夷人私议货物，情愿贵买贱卖，只图目前多揽，不顾日后亏折，迨至开征，即形支绌。”[①] 无序的竞争，不仅影响对外贸易的正常开展，也对政府的关税收入带来威胁。为规范贸易秩序，1720 年，广州各家洋行行商组织了“公行”，订立规约，相互遵守。由于东印度公司的反对，该组织仅仅存在一年就被废除。“乾隆二十五年（1760 年），行商潘振成等九家呈请设立公行，专办夷船，批司议准。嗣后外洋行不兼办本港之事。”[②] 自此，对外贸易由公行垄断，直至《南京条约》缔结，公行才得以废除。

2. 行商制度对对外贸易的影响

行商制度特别是公行的设立，垄断中西贸易，限制了竞争，在一定程度上延缓了对外贸易的发展；同时，为获取行商特权，商家不得不行贿，并常常遭官员敲诈勒索，败坏了官场风气。“行商的地位，是由献给北京方面一大笔金钱而获得的，这笔钱听说甚至高达 200000 两。政府常常向他们勒索巨款迫使捐献，例如为了公共建筑、救灾、江河决口等等。但他们的捐款也只有一小部分是真正用去修堤的。”[③] 但行商制度的建立，也对当时对外贸易的发展产生一定的积极作用。

首先，行商制度规范了对外贸易的秩序，维护了中国商人的信用。“惟有于各行商中择其身家殷实居心公正者一二人，饬令总理洋行事务，率领各商与夷人交易，货物务照时价一律公平办理，不得任意高下，私相争揽。倘有阴奉阳违，总商据实禀究。”[④] 行商制度确立后，在行商中选身家殷实可靠之人为总商，协调各行商对外贸易业务，避免了行商内部之间的无序竞争。“而拖欠夷债者，必置重法，所以示调剂之平，而专责成之效。”[⑤] 行商之间，联保具结，彼此对对方债务承担担保责任。同时，对拖欠外商债务者，予以重罚，维护了整个行商的信用。“嘉庆六年两广总督吉庆奏：查行用原系各行所抽羡余，以为办公养商之用。迨乾隆四十五年，因革商颜时英、张天球拖欠夷账，著落各商摊还。”海关在对外籍船舶征收船钞时，还

① 《粤海关志》卷 25，行商，第 10 ~ 24 页。

② 《粤海关志》卷 25，行商，第 1 ~ 2 页。

③ 同上。

④ 《清代外交史料》，嘉庆朝一，第 5 ~ 6 页。

⑤ 《清代外交史料》，嘉庆朝一，第 16 页。

征收一项杂项费用，名曰行用，其用途就是为破产的行商还债。良好的商业信用再加上对外贸易的垄断，使清朝早期的行商中产生一批世界级的富豪，行商潘启官和伍浩官就是其中的杰出代表，其声望在当时的中外商界有着广泛的影响。《南京条约》签订后，公行制度被废除，坑蒙拐骗盛行，“然而，广州自从公行解散后，信用完全崩溃，很少几个可靠的商家，因此，除非收了茶叶，我们很少先交出我们的货物”①。这从另一方面也说明清朝早期的行商制度对维护交易双方信用的重要意义。

其次，行商制度保证了政府关税收入，便利外商与中国交易。清朝政府赋予洋行对外贸易的特权，洋行也应承担足额缴纳进出口关税的义务。“行商对户部（指海关监督）负责出入口关税，只有他们能与海关官员办事，因此，外人免了报关交税的麻烦。”② 外商只需与行商洽谈交易，其他纳税、仓储等环节一律由行商代理，大大简化了对外贸易流程，在一定程度上也受到外商的欢迎。“中国的行及外国的商馆，相距很近，这使商业手续便捷。不用多说，商业的规模是巨大的。这种交易的进行是很愉快的，所有各种手续都十分便利。”③

最后，行商的居中协调，避免了政府与外商直接冲突的风险。行商制度的存在，政府对进出口货物的课税人都是行商，避免了官方与外商之间的直接摩擦；对夷人行为的约束，也依赖行商。当政府与外商彼此之间产生不满与矛盾，行商也能起着很好的居中化解作用，有效地防止矛盾的积累与升级。“假若进出口的税率更动，他们（指行商）是传达的媒介。官府指望行商防止商馆的洋人在居住及外出时遵守《管理夷商办法》，监视洋人游览时遵守八项规定所列有关事项；也指望行商对于洋人由于任何一个行商破产而遭受的损失加以补偿。为应对这样偶发事件起见，行商对某些进出口货物，除了正税外又征收一种特别费用，叫做行用。”④

因此，存在一百多年的清朝行商制度，对明清以来相对封闭的中国来说，对于促进中国对外贸易，特别是中西贸易的发展还是具有一定的积极意义。

---

① B. P. P：Report from the Select Committee of the Commons on Commercial Relations with China，1847，V. p. 61 – 62.

② W. C. Hunter：The “Fan-Kwae” at Canton，p. 34 – 50.

③ W. C. Hunter：Bits of Old China，p. 217 – 222.

④ 同上。

（二）中国在对外贸易中的优势

1. 英国成为中国最大的贸易伙伴

鸦片战争之前的贸易主要是中英之间的贸易，中英贸易源远流长。早在16世纪末，英王伊丽莎白就曾两次给明朝廷写信，表达了对明王朝的仰慕和通商的愿望[①]。但是由于种种原因，这两封书信均未送到中国。“然书虽未遂，而向往之情愈最矣。”[②] 直到1637年，中英两国才有了第一次接触，“至崇祯十年，有舟长率货船五，由苏门答腊去之澳门，为葡萄牙人诡间逐之。遂长驱至粤之虎门。居数月，渐辨华言，具道通商意，华官许为请于大府”[③]。自此，中英两国正式接触并开展贸易。

在鸦片战争前的50年间，清政府的进出口贸易中，80%～90%的进口来自英国，65%～80%的出口到英国。但总的是中国进口量小，因而对英贸易一直顺差；随着英国产业革命的完成，产品迅速增加，对中国的市场要求也越来越大。18世纪中叶，对华出口一年不过是白银40万到50万两，到了鸦片战争前，对华出口已猛增到一年700多万两。中国成了英国商品输出的重要市场。产业革命提供的廉价商品，冲击着古老的中国社会，在中国海港里的外国商船，来自英国的商船占75%以上。但是，这种独占的地位，仍然不能满足英国资产阶级的欲望。

2. 清朝正常对外贸易中持续巨额的贸易顺差

到鸦片战争前，清政府在对外贸易中一直处于出超地位。这主要是因为“自16世纪至19世纪，在这将近300年的中西交往中，最显著的事实是：西方人希求东方的货物，而又提供不出多少商品来交换”[④]，所以中国贸易长期处于出超。在1760～1833年，中英贸易额增长很快，其中进口增加了9倍，出口增加15倍多，直到19世纪二三十年代，清政府每年仍出超200万两至300万两[⑤]。其中的原因主要是，随着资本主义的发展，英国劳动人民的生活日益贫困化，他们的饮料由牛奶变成了清淡的红茶，因此，英国本土

① 张铁东：“中英两国最早的接触”，《历史研究》1958年第5期，第42～43页。

② 王韬：《华英通商事略》，第1页。

③ 夏燮．《中西纪事》，卷1，“通番之始”，第15～17页。

④ （英）格林堡：《鸦片战争前中英通商史》，商务印书馆1961年版，第1页。

⑤ 严中平：《中国近代经济史统计资料选辑》，科学出版社1955年版，第2～5页“中英进出口贸易价值及其指数”表。

对茶叶的需求日益增多，而中国对英贸易的拳头商品是茶叶。出口英国茶叶不断增长，18 世纪最后十年，每年平均出口英国茶叶的数量约 1900 万磅；1812～1830 年则超过 3000 万磅①。

英国也向中国输入棉织品和金属品，但这些布匹在中国“不受欢迎，成本太贵了”②，中国自给自足“男耕女织”的土布“虽不怎么漂亮，却更合乎他们服式之用”③。在这种男耕女织的生产模式下，农民不仅是一个农民，还兼为一个手工业者。农忙时，农民出门劳作，农闲时纺纱织布，除了原材料的成本外，生产的土布几乎没有成本。他们在自己的屋里生产，在家庭成员的帮助下进行生产，即不多费劳动，也不多费时间，在庄稼正在生长时，在收获之后，雨季不能进行户外劳动时，他们就动员家庭成员纺纱或织布。人们把时间和劳动都不算钱，只要布的售价超过棉花的价钱，就都当作利润看待④。另外，中国地大物博，跨越热带、亚热带、温带、寒带，各种农作物都能在中国生长。中国南部省份的产品和北部省份的产品互相契合——各省的劳动互相依存，使外国人和他的新奇产品无法进入。这是一个“无法侵入的优美的经济制度”，其他国家无法企图⑤。因此，英国输入中国的工业品如刀子、钟表等在中国销路有限，获利有限，甚至有时还得亏本。

（三）鸦片的流入改变中外贸易格局

1. 鸦片的早期流入及管理

鸦片流入中国，自清初已经开始，只不过当时的主要用途为药材。清政府按正常商品对鸦片进口征税，表明鸦片输入的合法地位，只不过当时进口量非常有限。

“鸦片之入，康熙末年已有之，漳浦蓝鼎元曾论其事。其实吸食者不过粤之广州，闽之台、厦，即此数处，亦不过十一之于千百。夷舶挟此以来，盖亦尝试其端，未获大利，而奸民亦未有挟重财亦奔走其间者。”⑥ 1733 年，

---

① A. J. Sargent：Anglo-Chinese Commerce and Diplomacy，p. 49－57.

② 严中平：“英国资产阶级纺织利益集团与两次鸦片战争的史料（上）”，《经济研究》1955 年第 1 期，第 68 页。

③ （英）格林堡：《鸦片战争前中英通商史》，商务印书馆 1961 年版，第 1 页。

④ Commercial Reports，1869－1870nian ，汉口，p. 216－217.

⑤ B. P. P. ，Correspondence relative to the Earl of Elgin's special Missions to China and Japan，1857－1859，p. 246－247.

⑥ 徐继佘：《松龛先生文集》，卷 1，第 7～8 页、第 314 页。

东印度公司对于鸦片进行一次小的投机冒险，但收益有限。在 1767 年以前，运往中国的鸦片不超过 200 箱，贩运者主要是葡萄牙人[①]。

乾隆年间，和以前历朝一样，鸦片在广州海关则例中列入药材项下，每百斤“税银三两，附加分头银二两四钱五分”[②]。朝廷的正式征税表明政府对鸦片的流入按药材管理，同普通商品一样并没有明确干预。

2. 鸦片大量流入及中英贸易条件的恶化

中英之间持续的贸易逆差是英国不能忍受的。为改变英国对华贸易不利局面，英国采取许多措施，包括将大量的工业品输往中国、寻求白银替代品等，但效果非常有限，最后英国通过英属殖民地印度向中国大量走私鸦片来扭转中英贸易逆差。

英国不能用正常的工业品打开中国大门时，竟丧心病狂地用海盗掠夺手段向中国输入鸦片，攫取血腥的暴利。在 19 世纪最初的 20 年中，英国每年平均自印度输入鸦片 4000 余箱，从 1838 年到 1839 年猛增到 35500 箱[③]。走私的范围从珠江口扩大到东南沿海，甚至往北扩展到直隶和奉天海岸。英国殖民者通过向中国走私鸦片取得的利润是十分巨大的，马克思指出：“……在印度的不列颠当局的收入当中，整整有七分之一是来自向中国人出售鸦片，而印度对不列颠工业品的需求在很大程度上取决于印度的鸦片生产。”[④]鸦片走私导致中国白银大量外流。

由表 2 - 2 可以看出，合法贸易下，若不考虑 1834 年，清朝政府对欧美贸易都处于出超地位，表明当时中国丝、茶的在国际市场上的竞争力。随着鸦片的不断输入，中国总体对外贸易形式开始发生逆转，自 1826 年始，中国出现持续的贸易逆差，并且贸易逆差额持续扩大。到 1834 年，入超超过 963 万两。为弥补贸易逆差，中国白银持续外流。从而导致银贵钱贱，银钱比价的变化，使折银缴纳的税收变得更为沉重。过去农民按 1 两白银换 1000 文左右铜钱比价，粜谷换银交税，而后来银钱比价变为 1:1600，而谷价上涨幅度仅为银价上涨幅度的 10% 至 15%。“小民完粮纳课，均需以钱易银，其亏者咸以为苦。臣细加探访，实因广东洋面偷漏依然如故，以致内地银两渐

---

① 1855 年 10 月 22 日，“麦都思关于鸦片问题的报告”，见 B. P. P：Papers Relating to the Opium Trade in China，1842 - 1856，p. 53.

② Chinese Repository，Vol. 5，1837 年 4 月，p. 546 - 553.

③ 李伯祥等：“关于十九世纪三十年代鸦片进口和白银外流数量”，《历史研究》1980 年第 5 期。

④ 《马克思恩格斯全集》第 9 卷，人民出版社 1961 年版，第 115 ~ 116 页。

少，其价日增。”[①] 过去粜1石谷可抵税银1两，而后来则上升到2石谷才抵税银1两，无形中使税收增加一倍[②]。银贵钱贱不仅使普通百姓的纳税能力大为削弱，也给长期占据封建社会财政收入第二位的盐课带来巨大影响。盐商大批破产，仅存盐商贩盐的积极性下降，直接导致盐课减少。“各省盐商卖盐，俱系钱文，交课尽归银两，昔则争为利数，今则视为畏途。若再三数年间，银价愈贵，奏销如何能办？税课如何能清？设有不测之用，又如何能支？”[③] 相同的盐课需要更多的铜钱，充分说明银价的上涨对清政府盐课的影响。

表2－2　1817～1833年广州对欧美海上贸易及白银流动情况　单位：两

年度	合法商品出口额（A）	合法商品进口额（B）	合法贸易出（＋）入（－）超（C＝A－B）	走私鸦片进口额（D）	白银流出量估计值（D－C）
1817～1818	11910183	10449605	1460578	3008520	1547942
1818～1819	14415017	10002162	4412855	3416400	－996455
1819～1820	14987020	6708128	8278892	4172400	－4106492
1820～1821	13374090	7173709	6200381	6048576	－151805
1821～1822	15567652	8639683	6927964	6351840	－576124
1822～1823	15150148	6896615	8253533	5752080	－2501453
1823～1824	13887022	7869570	6007452	6224114	216662
1824～1825	15422345	9182859	6239486	5707800	－531686
1825～1826	16707521	9710322	6997199	5477904	－1519295
1826～1827	13734706	10284627	3450079	6957216	3507137
1827～1828	13784148	8380235	5403913	7506137	2102224
1828～1829	13901480	8805107	5096373	9899280	4802907
1829～1830	13822689	8626282	5196407	9124920	3928513
1830～1831	13316534	8462825	4853709	9895680	5041971
1831～1832	14215836	8192732	6023104	9468000	3444896
1832～1833	15988204	9498107	6490097	10240056	3749959
1833～1834	10253991	10616770	－362779	9272304	9635082

资料来源：严中平等编：《中国近代经济史统计资料选辑》，第36页。

① 《清代外交史料》道光朝一，第13～14页。

② 马金华：《中国外债史》，中国财政经济出版社2005年版，第54页。

③ 《筹办夷务始末》卷2，第4～5页。

鸦片的输入主要通过东印度公司来实现的。英国东印度公司成立于1600年，是早在原始资本积累时期就臭名昭著的殖民机构，又是殖民和掠夺印度的罪恶黑手。它不但独占印度贸易，而且也独占中国贸易；凭借着英国政府授予的对华贸易专利权，在1785年到1833年的48年间，中英间的贸易全由该公司独占。

早期的中英贸易中，东印度公司也曾起到积极作用，中国大量的茶叶、生丝、瓷器通过东印度公司输往欧美市场，东印度公司在取得巨额利润的同时，也取得巨大的声望。百年来有信用的成功的贸易活动，使东印度公司在商业界享有自腓尼基人时代以后难与伦比的威望。在17世纪之末，新旧两个东印度公司合并为联合东印度公司（United East India Company）的时候，他们采用一个心形商标即：两条斜线将心形分为四个部分，每部分有公司四个单词的第一个字母（见图2－1）。

图2－1 东印度公司（United East India Company）的商标

该公司在交易中的信誉如此之高，以致一切货箱或包上只要印有这个商标，不论是中国官吏或中国商人，都不开包或检查。这心形的标记被认为足以保证箱内货物一定和报关的完全一致；不仅如此，而且货物一定像术语所说的“和样品一样的好”①。

东印度公司不满足于正常中英贸易中取得的利润，自1767年开始，加入走私贩运鸦片的行动，并逐渐取代葡萄牙，成为中国鸦片走私的最大贸易商。据统计，鸦片战争前的40年间，该公司向中国走私的鸦片竟达41.9万箱，这个惊人的数字，换取的是更为惊人的利润，同时带给中国的却是人命的摧残和道德的败坏。

① Basil Lubbock：The Opium Clippers，p. 35－37.

1834～1845年，输往中国的印度商品每年平均价值约400万英镑，其中鸦片占三分之二，其余大部分为棉花；而印度从中国输入的商品平均每年约50万英镑。差额部分都以白银支付，每年从中国运往印度的白银净值达150万～250万英镑[①]。东印度公司的撤销并没有改变中国市场的性质，由于英商之间的过度竞争，它们在中国进行贸易变得越发困难。

3. 禁烟运动引发贸易战争

中国茶叶的大量输出，使中英贸易失衡；而鸦片的大量输入，使中英贸易再次失衡。两次失衡不同的结果在于由中国的贸易顺差变为英国的贸易顺差。随着鸦片输入的不断增加，白银外流加剧，鸦片输入引起清政府的重视。嘉庆四年（1799年），时任两广总督吉庆上奏："以为外夷人以汙浊之泥土，易我中国之货物与金钱，实属可恨；且恐内地臣民吸食渐众，致令废时辍业，倾家荡产，是以奏请禁止贩卖鸦片，犯者严加惩处。嗣后例禁益严，罪至流绞。"[②] 1800年，中国禁止鸦片输入，并宣布敢于违法抗命者，治以重罪。同时，朝廷颁布谕旨，责令行商在禀请洋船在黄埔卸货时，须具甘结，保证该船未带鸦片。

尽管如此，由于各级地方官吏收受贿赂，鸦片贸易反而在地方官吏的纵容默许之下输入规模越来越大。在加尔各答（原文加尔吉答）税簿上，列明输往中国的鸦片如下：1833年7598箱；1834年12006箱；1835年9485箱；1836年13094箱；1837年10393箱；1838年16297箱[③]。

鸦片战争前，英国已发展到武装走私，公然把鸦片趸站设在广州黄埔。罪恶的鸦片贸易，激起中国人民的极力反对，以林则徐为代表的爱国清廷官员坚决主张禁烟，虽有部分腐朽官吏反对，但在鸦片战争前，禁烟派尚占上风。在朝野一致呼吁禁烟的大势面前，清王朝统治者倾向了禁烟，于是有了禁烟派首领林则徐以禁烟为目的的广州之行，继而出现"虎门销烟"。英帝国主义一方面不甘心鸦片贸易这一暴利之途被斩断，另一方面更是为了进一步垄断中国市场，发动侵略中国的战争。由鸦片贸易纠纷而引发的中英矛盾最终导致中英鸦片战争。

---

① A. J. Sargent: Anglo-Chinese Commerce and Diplomacy, p. 126－129.

② Chinese Repository, Vol. 5, 1837年4月, p. 546－553.

③ 《澳门月报》三（论禁烟），见魏源：《海国图志》卷81，第3页。

第二节　关税影响对外贸易的历史回顾

国与国之间关系的核心是国家利益，而关税是调整国家间利益关系的重要手段，关税的高低通过国际贸易来影响彼此国家间的利益。在其他条件不变的情况下，一国的关税政策可以直接影响双边或多边的贸易规模和结构。因此，因关税政策的调整导致国家（或地区）之间贸易利益受损进而引起贸易战争的事例在历史上屡见不鲜。

一、法国的关税调整引起法荷贸易战争

法荷战争，发生于1672～1678年，战争缘起于法国财政大臣柯尔贝尔关税改革。该改革分为两步，一步是1664年的税制改革，包括关税制度改革，另一步是1667年关税改革。1664年任职于法国财政大臣的柯尔贝尔开始重新构建法国的经济结构，以增加财政收入和使国家自给自足。在关税政策方面，他重新调整海关税则，希望以此减少进口，包括制成品的进口，并鼓励出口。这明显地表现出了柯尔贝尔的商业主义倾向。在五大农场内，柯尔贝尔废除了所有的封建税和几乎所有的省内税。对于制成品的关税水平，柯尔贝尔提升了进口税率，而降低了出口税率。总的来说，经过1664年的税率调整，税率仍然是中等水平，但尽管如此，它仍旧被认为在本质上是明显的重商主义行为。

如果说1664年关税制度只是适度的保护主义，而1667年的关税则是强烈的保护主义。1664年关税对现存制度做了一些改革，使法国大概一半的土地上达到了关税的统一，但它仍然承认法国内部海关界限对法兰西王国的传统划分。相比之下，1667年的关税在达到一个全国范围内全新的国家统一的关税体系方面迈进了一步，柯尔贝尔规定了崭新的海关边界线，该边界同法兰西国家边界完全一致。

在1667年柯尔贝尔的关税体系中，很多项目的税率都提升了，这便引起了法国的贸易伙伴特别是英国和荷兰强烈不满，它们采取了一些报复行为。因此，1667年关税体系被称为“引发战争的关税体系”。在17世纪剩余的时间里，英国不断地提高其对法国货物的关税，并长时间阻止法国货物进入英国市场。荷兰对1667年关税体系采取了更加过激的改革政策。荷兰

人禁止对法国葡萄酒和白兰地的进口，并对奢侈品进口征收高达50%的关税，对盐进口征收20%的关税。对荷兰采取的这些报复措施，柯尔贝尔采取了针对青鱼和羊毛布料等征收附加税的方式予以反击。荷法之间的贸易冲突最终导致了战争的爆发。战争结束于1678年的奈梅亨条约（the Treaty of Nijmegen）的签订。

尽管柯尔贝尔的关税政策因其坚定的保护主义立场而广遭非议，但他倡导的保护主义的关税体系却使法国在贸易平衡方面取得了相当大的进步。根据1716年贸易统计数据，当年法国贸易出口额为1.12亿镑，进口额仅为9200万镑[①]。

因此，到了18世纪早期，法国便已处于贸易顺差的状态。柯尔贝尔的保护主义关税政策快速地将法国转变为贸易债权国，从这个意义上说，其关税政策是成功的。

二、英国对北美殖民地进口茶叶关税政策调整引发美国独立战争

美国独立战争的导火线是波士顿倾茶事件，又称波士顿茶党事件（Boston Tea Party）。而波士顿倾茶事件最直接的原因是英国对北美殖民地茶叶关税政策的调整。

英法经过7年的战争（1756～1763年）后，英国控制了北美殖民地，为加强对北美殖民地的控制与压榨，采取对北美殖民地茶叶进口实行差别关税的政策来维护英国殖民者的贸易利益。1773年，东印度公司积存了许多茶叶，英国政府为了倾销这些茶叶，通过了《救济东印度公司条例》，它给予东印度公司到北美殖民地倾销积压茶叶的专利权，殖民地进口一磅茶征3便士关税，但免去东印度公司向殖民地进口茶叶的关税，同时禁止殖民地买卖走私茶。

东印度公司因此垄断了北美殖民地的茶叶运销，输入的茶叶价格较私茶居然便宜一半还要多。而殖民地的人们早已习惯使用荷兰的走私茶，人们饮用的荷兰走私茶占消费量的十分之九，英国政府利用差别关税手段通过价格优势把荷兰茶叶挤出市场，这导致北美商人的走私茶损失巨大。同时，便宜的价格打压了本土的茶叶销售，导致很多的走私，本地种植的茶叶商人无法生存，美国茶叶价格被操纵，北美生产出来的茶叶销售受影响。另外，北美

① Charles Woolsey Cole：《柯尔贝尔与百年法国重商主义》，第427～428页。

人民认为东印度公司是英国扶植的，假如他们饮用东印度公司的茶叶，就等于他们还继续受英国殖民者的压迫、剥削，被迫接受英国对殖民地征税和制定法律。所以该条例引起北美殖民地人民的极大愤怒，也导致了纽约、费城、查尔斯顿人民拒绝卸运茶叶。一些运输茶叶的商船只能驶回英国。1773年11月28日，东印度公司的一艘商船驶达波士顿，停靠在波士顿附近由英军驻守的威廉要塞，后来在格里芬码头卸下除茶叶以外的其他货物。其他三艘也陆续到达。但就在同年的12月16日，波士顿8000多人集会抗议。当天晚上，在塞缪尔·亚当斯和约翰·汉考克的领导下，60名“自由之子”化装成印第安人上了茶船，将东印度公司三条船上的342箱茶叶全部倾倒入海。英国政府认为这是对殖民当局正常统治的恶意挑衅，为压制殖民地民众的反抗，1774年3月英国议会通过了惩罚性的法令，即《波士顿港口法》、《马萨诸塞政府法》、《司法法》和《驻营法》。这四项法令通称为“强制法令”，规定英军可强行进驻殖民地民宅搜查，取消马萨诸塞的自治地位，封闭北美最大的港口波士顿港。这些法令明显地剥夺了殖民地人民的政治权利和司法权利，激起了他们的联合反抗，直接导致了第一届大陆会议的召开，拟就呈交英皇的请愿书和抵制英货的法案。1775年4月19日，北美独立战争在列克星敦打响了第一枪。1776年7月4日，美利坚合众国宣告成立。到此，波士顿倾茶事件超额完成了任务，间接成就了今天的超级大国——美国。

三、美国南北关税政策差异导致美国内战

美国独立后，南北双方实施不同制度。北方实施较为先进的资本主义制度，而南方实施奴隶制制度。北方发展资本主义需要大量的原材料和廉价的劳动力，而南方主要种植棉花并出口英国，并限制黑奴于种植园，使北方发展资本主义所需的劳动力和原材料受到限制，从而导致南北双方的种植园奴隶主和资本家利益的根本对立。为发展资本主义，1860年3月由加斯汀·S. 莫瑞尔（Morrill）提出的关税法案即《莫瑞尔关税法案》。这是美国所有采用的关税法案中最受争议的一部法案。这个法案一出台，就加剧了南北双方的对立。《莫瑞尔关税法案》在1861年3月2日得到了参议院的批准，从而成为一部正式的法律，正式标题是“为保障充足的国库收入，批准贷款、规范和确定进口关税以及其他目的的法案”，该法案成为美国内战的直接原因。

尽管该法案表示要将税率恢复到1846年的水平，但实际税率比之要高，主要是对铁和羊毛用复合税代替从量税。该法案的第七部分规定：第一：进口的条形铁，不论是轧辊的还是铸打的，平面小于1英寸或厚度大于2英寸；圆铁，不小于1.5英寸或直径大于4英寸；方铁，不小于1.5平方英寸或大于4平方英寸，每吨15美元。倘若是平板、花状、环形或其他形状，非条形但优于生铁，除铸件之外，应按照条形铁的税率相应缴款。除从量税之外，这些种类的铁还要缴纳不低于20%的从价税①。

美国的此次关税调整希望通过对钢铁、棉织品等工业制成品征收较高的关税，从而保护本国的工业制成品的生产和提高其在国内市场的竞争力，同时，限制南方原棉的出口，以给纺织业的发展提供原材料。而南方实行种植园奴隶制，南部各州的经济严重依赖于向英国出口原棉，因为害怕美国关税提高导致英国采取报复手段，他们非常不愿意提高棉织品等进口关税。他们指出，收到报复性措施伤害的是南方各州而不会是北方。对于关税政策，南方倾向于自由贸易，而北方则偏好保护贸易。双方的对立在不同领域都有表现：南方要求地方分权，而北方要求联邦制度；南方还停留在奴隶制度中，而北方则废除了奴隶制度。该法案最终引发南北双方的根本对立，成为美国独立战争的导火线。

关税作为国际贸易交易费用的重要组成部分，关税的高低对贸易各方的利益带来最直接的影响，进而影响国家之间的关系。

第三节　晚清关税制度变迁的背景及过程

一、晚清关税制度变迁的必然性

晚清关税制度的变迁过程是一个被动变迁的过程，这一变迁过程具有深刻的时代背景和历史必然性。

（一）西方工业革命的完成强化了西方国家对外部市场的需求

西方工业革命后，机器化的大生产需要广阔的市场。英国的工业革命始

① Louis M. Hacker：《美国经济史主要文件》（Major Documents in American Economic History）。

于18世纪60年代，其标志事件是纺织工詹姆斯·哈格里夫斯于1764年发明“珍妮纺纱机”，以瓦特蒸汽机的改良和广泛使用为枢纽，以19世纪三四十年代机器制造业机械化的实现为基本完成的标志。1806年，英国第一台蒸汽织布机开始使用，经过短短的24年，至1830年，英格兰和苏格兰的动力织机已经达到5万到6万台[①]，棉纺织业在英国工业革命的发展中独占鳌头。工业革命完成后，新技术在工业领域不断得以应用和扩展，生产效率大大提高，英国工业产品的竞争力在世界上首屈一指，急需在世界范围内寻找产品市场和原材料。随后，法国、美国、德国、俄国及日本等主要资本主义国家先后完成工业革命。

世界资本主义的发展成为一股滚滚的浪潮，冲击着清朝的贸易大门。西方资本主义能迅速发展起来的关键之一，就是极其重视并开辟国外市场，从外贸中获得强大的刺激和助力。西欧封建社会晚期，伴随着“地理大发现”的热潮，各国相继实行重商主义政策，对外贸易成为国家财富的源泉，同时大量吸收各国的科学技术和文化知识，这就加速了资本的原始积累，从根本上增强了国力。正因为纺织工业革命产生出了如此大量的产品，本国市场已饱和，殖民地由于被过度掠夺濒于枯竭，更无力接受这些剩余产品，因此开拓广阔的新市场成为兴起的资本家们的强烈愿望。“资本主义如果不经常扩大其统治范围，如果不开发新的地方并把非资本主义的古老国家卷入世界经济漩涡之中，它就不能生产与发展。”[②] 在这样的情况下，打开广阔的中国市场，成为各国发展贸易的重要目标。

“资产阶级思想的核心是极端利己主义，资本家的本性就是唯利是图，发财致富，凡是对资产阶级有利的，就不惜一切代价去攫取它。”[③] 中国成为列强满足其自身发展需要的首要目标。

（二）中国有庞大而竞争力弱的市场

当时，中国地域辽阔，人口众多，对英国以纺织品为主的轻工业产品有非常大的市场潜在需求。晚清中国经济结构以农业和手工业为主，工商业不

---

① （英）克拉潘：《现代英国经济史（上卷）》，商务印书馆1962年版，第189页。

② 列宁：《俄国资本主义的发展》，第543页。

③ 中国第一历史档案馆编：《英使马戛尔尼访华档案史料汇编》，国际文化出版公司1996年版，第87页。

发达，日用工业品主要依赖家庭手工生产，采取自给自足的模式。家庭手工业生产出来的产品成本高，质量标准不统一，无法和英国机器大生产下的工业品进行抗衡。

英国觊觎中国市场已久。早在康熙年间，中英之间已有贸易往来。“清康熙三十七年置定海关，英人始来互市，然不能每岁至。雍正三年来粤东，所在皆黑铅、番钱、羽缎等诸物，未几去。七年，始通市不绝。”[①] 到了嘉庆年间，英国人屡乞通商，愿结通商条约，但清廷强迫他们行跪拜礼，他们不服从，当即被驱逐回国，英人愤愤而去。与此同时，清政府开始注意到英国对中国的影响，最显著的就是官方文件中记录英国人强悍的事迹越来越多，如他们吞并了吕宋、单鹰、大小西洋等。抵达中国的英国船只也明显增多，上缴的关税也占各国向清政府缴税总额的七八成[②]。整个英国的形象从最初的恭顺变成了凶悍狡猾，中英两国之间因贸易而进行正面交锋不可避免。

（三）晚清政府对对外贸易采取种种限制措施

随着西方资本主义工业经济的日渐兴起，商品在世界范围内的流通要求逐渐增强，客观形势的发展要求清政府审时度势，正确处理国际事务，广开贸易渠道。但是，由于清政府对世界形势茫然无知，对发展海外贸易缺乏足够的认识和判断，却采取种种措施限制对外贸易，如限制商品出口、限制外商活动、对外国商船实施“引水”（领港）制度及实行行商制度等，与国际潮流背道而驰。

（四）传统的关税制度和管理方式无法适应新的贸易形式

19 世纪初，东印度公司垄断着中英贸易，中国政府对于东印度公司在经济和政治方面迅速侵入印度的惊人情况怀有戒心，最初只允许在广州和澳门进行对外贸易，并制定十三行享有与东印度公司贸易的特权。一直以来，东印度公司和十三洋行这种严密垄断的存在，有效地防止了任何外来的竞争势力。中国对外贸易基本上是二者之间的贸易，关税制度也相对简单。1833 年，英国议会废除了东印度公司对华贸易的垄断权，对外贸易的方式由“一

---

① 龚缨晏：“鸦片战争前中国人对英国的认识”，载《东西交流论坛（第 1 辑）》，上海文艺出版社 1998 年版，第 230 ~ 231 页。

② 龙缨晏：“鸦片战争前中国人对英国的认识”，《暨南学报（哲学社会科学版）》，1988 年第 2 期。

对一”变成了“一对多”，传统的海关制度不能适应新的贸易方式。

同时，由于广州的征税活动实质上具有一种经营性质，且可以讨价还价，实际征收的税额同海关监督汇往国库的数额没有直接联系[①]。海关办事拖沓、无章可循，海关职位成为暗中串通一气的商人、官僚和仆役极力获取的美差。虽然鸦片是国家禁止贸易的商品，却在海关人员的默许和纵容下更加兴盛起来。贸易垄断、行政效率低下及关税机构腐败无法顺应新形式下的对外贸易发展，客观要求关税制度必须作出相应改变。

伴随着以英国为主要国家的西方列强工业革命的相继完成，急需倾销廉价的工业品，而中国闭关锁国政策严重阻碍了英国工业品的输入。降低关税和打破非关税壁垒，扩大对中国的贸易是西方列强入侵中国的首要目的，这是中国关税制度被迫改革的国际背景；而中国庞大而竞争力弱的市场，是资本主义国家积极推动中国关税制度变迁的外在动力。

二、晚清关税制度变迁的过程及特征

（一）晚清关税制度变迁的过程

晚清关税制度的变迁分为四个阶段，分别为第一次鸦片战争关税制度的变化、第二次鸦片战争关税制度的变化、甲午中日战争后关税制度的变化及《辛丑条约》签订后关税制度的变化等，其中，前两次关税制度的变化范围较广，而后两次关税制度变迁仅仅对关税税率进行调整。

1. 第一次鸦片战争导致关税制度变化

借口林则徐的禁烟运动而发动的鸦片战争结束后，英国通过强制与中国签订一系列不平等条约来达到其商业目的，这些条约包括《中英江宁条约》、《中英五口通商章程》、《虎门条约》[②] 等。条约中涉及的关税制度则是事关英国商业利益的核心。

---

① 武堉干：《中国关税问题》，商务印书馆 1934 年版，第 38 页。

② 《五口通商章程》于 1843 年 7 月 22 日在香港公布实施，尚未正式定约，该章程共 15 款。1843 年 10 月 8 日，英国强迫清政府在虎门订立了《善后事宜清册附粘和约》，又称《五口通商附粘善后条款》，通常称为《虎门条约》或《虎门附约》，该条约共 16 款，附有《小船定例》3 款。同一天，英国又强迫清政府在虎门订立了《议定广州、福州、厦门、宁波、上海五港通商章程》，又称为《五口通商章程》，作为《虎门条约》的一部分。共 15 款，还附有一个《海关税则》。因此，完整的《虎门条约》包括附有《小船定例》的《善后事宜清册附粘和约》和附有一个《海关税则》的《中英五口通商章程》两大部分。上述年份均为公元纪年。

第一次鸦片战争关税制度的变化主要体现在关税税率的变化、减免税范围的变迁、船钞的规范及关税管理制度的变迁等几个方面。

（1）关税税率。《中英江宁条约》开创了与西方列强协定关税的先例，中国关税自主权开始丧失。该条约第二条规定："……且大英国君主派设领事、管事等官住该五处城邑，专理商贾事宜，与各该地方官公文往来；令英人按照下条开叙之列，清楚交纳货税、钞饷等费。"五口通商，英人在通商口岸派驻领事，协调商贾事宜。第十条："前第二条内言明开关俾英国商民居住通商之广州等五处，应纳进口、出口货税、饷费，均宜秉公议定则例，由部颁发晓示，以便英商按例交纳；今又议定，英国货物自在某港按例纳税后，即准由中国商人遍运天下，而路所经过税关不得加重税例，只可按估价则例若干，每两加税不过分。"该条约规定，英商交纳进口、出口货税、饷费，而交纳的标准则需与英人"秉公议定则例"，明确指出中国制定关税制度需要与英人商议才能制定，标志着鸦片战争后中国关税自主权丧失。但《南京条约》签订后，关税制度的核心——关税税率尚未确定。

1843 年 7 月 22 日，《中英五口通商章程》在香港公布实施。该章程共 15 款，对中英贸易过程中船钞的标准、纳税、验货、计量及货船担保等都做了详细的约定。其中，章程第六条明确规定："凡系进口、出口货物，均按新定则例，五口一律纳税，此外各项规费丝毫不能加增。其英国商船运货进口及贩货出口，均须按照则例，将船钞、税银扫数输纳全完，由海关给发完税红单，该商呈送英国管事官验明，方准发还船牌，令行出口。"

在该章程公布前，中英双方已达成新的海关税则，整个海关税则列举出口商品 12 大类，进口商品 14 大类。税率主要以从量税为主，以中国主要出口商品茶叶、瓷器及进口商品布匹和金属物品为例，税则列明："茶叶每百斤贰两伍钱，瓷器每百斤伍钱；白洋布每匹壹钱伍分，洋生铁每百斤壹钱。"税则上载明的进出口共 26 大类商品，全部为从量税，只是"凡进、出口货有不能赅载者，即论价值若干，每百两抽银伍两"。即条例未列举的商品，进出口实行 5% 的从价税，这也是很多学者认为鸦片战争后中国进出口税率大约为 5% 的原因。

粤海关的税则以从量税为主，从价税很少，现以《清会典事例》说明粤海关的税则："凡商船出洋进口货物，按斤课税者多，有按丈、匹、个、件者，各因物分别贵贱征收。"[①] 从技术角度来看，从量税的征收相对简单，

① 《清会典事例（光绪）》卷二三五，《关税》。

因为这个过程只需对货物进行称量或点数即可；从价税相对复杂一些，因为当时的征税都是依进口货物的到岸价和出口货物的离岸价按比例征税，离岸价只需对市场进行调查即可，而到岸价则需要进口贸易商进行评估。在这个过程中，行商在估税过程中发挥了很大的作用。

进出口关税税率主要推行从量税而非从价税，一方面避免了估价不同造成海关与商人之间的纠纷；另一方面，商品价格长期来看是上升的，从量税会因商品价格上升关税税负下降，有利于西方列强对中国商品的倾销和原材料的掠夺。总之，第一次鸦片战争后，进出口税率都有一定程度的下降，但进口税率下降的幅度更大，由16%急剧下降为相当于从价税5%，这也是英国侵略中国要达到的重要目的之一。税率详见表2－3。

表2－3　1843年中英协定关税订立前后几种主要商品新旧关税税率表

货物	单位	1843年前关税税率	1843年后关税税率
一、进口货物			
1. 棉花	担	1.74两	0.4两
2. 棉纱	担	2.41两	1.0两
3. 白洋布	匹	0.64～0.70两	0.15两
4. 原色洋布	匹	0.37两	0.10两
5. 原色斜纹布	匹	0.29两	0.10两
6. 大呢	丈	1.24两	0.15两
二、出口货物			
1. 浙江丝	担	23.73	10.0
2. 广东丝	担	10.57	10.0
3. 天蚕丝	担	4.14	2.5
4. 各种茶叶	担	6.0	2.5

资料来源：姚贤镐编《中国近代对外贸易史资料》（第一册），中华书局1962年版，第388～394页。

（2）减免税范围。由于清朝前期实行的是闭关锁国政策，政府对外贸易相关政策严重缺失，税收制度也不例外。为使税制规范化，雍正十三年（1735年），清政府制定了关税税则——比例税册，税率为：进口为16%，出口为2%～4%，也算是奖出限入的一种体现。税则虽粗糙，但大致奠定了关税税则的轮廓，这也是清朝关税制度超过历代市舶的地方。鸦片战争前，清朝政府一直延续这一税则，但该关税税则没有规定减免税的范围。

第一次鸦片战争后，《中英五口通商章程》规定：凡进口金银类，各样金银洋锭课免税；又进口洋米洋麦五穀（谷）等皆免税。出口免税商品包括两项：金银洋钱及各类金银、瓦砖瓦片等造屋之料免税。由此可见，进口免税的范围仅限于货币、币财及初级农产品，免税的范围较小。出口免税除了货币、币财之外，仅对砖瓦等建筑材料免税，进出口的免税范围相对而言比较合理，但对国家外贸的促进作用也极为有限。

（3）规范船钞。鸦片战争以前，清政府对于外贸船舶所课的税，称为船钞，以船舶长宽相乘之积为课税的标准①。第一次鸦片战争以后，船钞按照协定原则，其课税改以船舶载货量为标准，每吨输钞若干，故又称吨税。当时规定每吨的容积为122斗。1843年，中英《五口通商章程》规定，进口商船“每吨输银五钱”②。《虎门条约》第十七款又规定，航行于省、港、澳的英籍小船“最大者以一百五十吨为率，每进口一次，按吨纳钞一钱”③。而舶吨数则依其船牌所开为准，并非实际度量。这样，就把船钞减低到战前十分之一的水平，甚至连十分之一也不到④。

鸦片战争后中英两国规定的船钞，相当于现在的船舶吨税，即主要对外籍船舶航行中国港口征收的一种税。公布于1843年7月22日的《中英五口通商章程》第五款“货船按吨输钞”款规定：“凡英国进口商船，应查照船牌开明可载若干，定输税之多寡，计每吨输银五钱。所有纳钞旧例及出口、进口日月规各项费用，均行停止。”船钞实行从量税，每吨5钱。当年10月，中英签订《善后事宜清册附粘和约》又对船钞征收标准进行了完善：“英国之各小船，如二枝桅或一枝桅、三板、划艇等名目，向不输钞。今议定，各船由香港赴省、由省赴澳，除仅只搭客，附带书信、行李，仍照旧例免其纳钞外，倘载有货物，无论出、入口及已、未满载，但使有一担之货，其船即应按吨输纳船钞，以昭核实；惟此等小船，非大洋船可比，且不时往来，进口每月数次不等，亦与大洋船之进口后即停泊黄浦者不同，若与大洋船一例纳钞，未免偏枯。嗣后此等小船，最小者以七十五吨为率，最大者以一百五十吨为率，每进口一次，按吨纳钞一钱；共不及七十五吨者，仍照七十五吨计算；倘已逾一百五十吨者，即作大洋船论，仍按新例，每吨输钞五钱。至福州等口并无此等小船往来，应无庸议。”

结合《中英五口通商章程》和《善后事宜清册附粘和约》两个条约，第一鸦片战争后，英国商船缴纳的船钞标准如表2-4所示。

① 梁廷枏：《粤海关志》卷九，第13页。

② 王铁崖编：《中外旧约章汇编（第一卷）》，三联书店1957年版，第41页。

③ 王铁崖编：《中外旧约章汇编（第一卷）》，三联书店1957年版，第38页。

④ 英国蓝皮书：《一八四七年英国下院对华关系调查报告书》第153页；马士：《中华帝国对外关系史》（第一卷），第349页；莱特：《中国关税沿革史》，第37页。

表 2－4　第一次鸦片战争后中英两国船钞标准表

船舶载重量（单位：吨）	船钞标准
载重量≤75 吨	以 75 吨计，即每船船钞 75 钱
75 吨＜载重量≤150 吨	每吨 1 钱
载重量＞150 吨	每吨 5 钱

注：此表根据《中英五口通商章程》和《善后事宜清册附粘和约》相关条款整理。

中英两国通过《中英五口通商章程》和《善后事宜清册附粘和约》确定船钞标准之后，实施尚未满一年，美、法两国分别强迫中国签订《中美望厦条约》和《中法黄埔条约》，对船钞标准做了进一步的修订，具体见表 2－5。

表 2－5　中美、中法达成的船钞标准表

船舶载重量（单位：吨）	船钞标准
载重量≤150 吨	每吨 1 钱
载重量＞150 吨	每吨 5 钱

注：此表根据《中美望厦条约》和《中法黄埔条约》相关条款整理。

毫无疑问，相对于中英两国达成的船钞标准，中美、中法达成的船钞标准更为优惠，根据中英两国签订于 1843 年 10 月 8 日的《虎门条约》第八款“……设将来大皇帝有新恩施及各国，亦应准英人一体均沾，用示平允”，即片面的最惠国待遇，英国商人的船钞标准也按修改后的标准执行。

（4）关税管理制度。晚清国内的政治经济格局，在很大程度上受到西方资本主义列强的干预和影响。最典型的例证，就是各通商口岸海关税务司和总税务司的先后设立以及赫德长期把持海关总税务司职位。海关是中国对外贸易的大门，控制海关即掌握了中国大门的钥匙，可作为排斥其他国家竞争的手段，保证以低税率对华输入商品并从中国输出原材料。因此，海关行政管理权成了列强在中国极力争夺的目标。

鸦片战争前，中国的海关行政权是完全独立自主的。第一次鸦片战争后，《南京条约》规定，英国商人“应纳进、出口货税、饷费需秉公议定则例”①，中国海关失去了独立征收税饷、查验货物的权利，这是中国丧失关税自主权的开始，但海关的绝大部分行政权仍在清政府官吏手中。1854 年，英、美、法三国领事借上海小刀会起义之机，胁逼上海海关道道台吴健彰答应任用外籍人员作为征税的“助手”，把江海关“极大的干涉权放在领事的

① 王铁崖：《中外旧约章汇编》（第一册），三联书店 1957 年版，第 32 页。

手里”[1]，并迫使清政府组织海关税务管理委员会，由英、美、法三国主持征收洋税，中国虽有司税，只是“帮同纠察”。1858年，为办理五口通商税务，正副税务司直接用英美担任。第二次鸦片战争后，增开十一口通商税务，1859年，英人李泰国受命着手办理各口海关行政，自任“总税务司”，1861年1月21日，总理衙门领衔大臣奕䜣同意英国人李泰国担任总税务司，这样，总税务司便由两江总督兼五口通商大臣转属于总理衙门，因为各口海关都是任用洋员，而且各口洋员全部都归总税务司选募，所以总税务司成为全国海关洋员的当然首脑。1865年总税务司署由上海迁设北京。总税务司成立的过程，实际上是外籍税务司剥夺和集中海关监督权力的过程。全国各海关普设税务司署，名为总理衙门兼管，但由于正副总税务司各一人，均由洋人担任，实则为“外国使节所支持”[2]。尤其是英国人赫德，从1863年至1908年担任中国海关总税务司达45年之久。赫德的背后，是强大的西方列强势力，海关总税务司就成为列强对中国进行经济剥夺和政治渗透的一个重要阵地。

与此同时，中国的海关也发生了重大的变化。1842年签订《南京条约》之后不久，上海出现了买办制度，并在19世纪50年代发展到其他港口。因为扮演税收承包商的公行在与西方的贸易中逐渐消失了，政府需要另一种方式来保证作为筹集赔款重要收入来源的关税征收。于是，外籍税务司制度在中国海关慢慢建立起来。第一次鸦片战争后关税管理制度的变迁经历了以下三个阶段。

第一阶段，英国领事渗透中国海关征税的全过程，中国海关主权受到损害。

随着《中英江宁条约》、《虎门条约》等的签订，外国货船通过清朝海关，每一环节，诸如报关、货物检查、估税、纳税、结关、剥船过货等都由当事国的领事或官员监督。正如璞鼎查给马礼逊的训令中所说的：“只有领事们在一切关于中国关税事务上这样子经常出面并预闻其事，才能保障帝国的税务，同时对于任何新的未奉准的苛税，也可以借此防微杜渐”，[3] 中国

---

① （英）莱特（S. F. Wright）：《中国关税沿革史》，姚曾广译，三联书店1958年版，第119页。

② （美）马士（H. B. Morse）：《中华帝国对外关系史》（卷二），张汇文等译，三联书店1958年版，第153页。

③ （英）魏尔特（Stanty F. Wright）著：《中国关税沿革史》，姚曾广译，三联书店1958年版，第87～88页。

海关主权受到损害。

第二阶段，走私横行，中国海关征税困难。

五口通商以后，大批西方冒险家、浪人、不法分子抱着到中国大发横财的美梦，一齐涌到中国沿海来，并和英、美各大洋行相勾结，组成了庞大的武装走私集团。它们依仗着高速精锐的飞剪船，运用行贿手段，腐蚀海关官员，进行了肆无忌惮的走私活动，形成了一股大规模的走私逆流。走私存在原因，一方面是治外法权。正是因为治外法权被订入各条约中，使得那些散见于《大清律例》和各关现行规章、细则中的中国缉私法的规定，不能用于享有这种法外治权地位的外国船舶和外国商人。1843 至 1854 年间，走私贸易，特别是鸦片走私，日益欣欣向荣。“洋商对于应缴之税饷，初因惧其领事之催促，尚能照章完纳，今竟无所顾忌，每以偷运大宗货物为其营业之方法，致一般诚实商人，咸蒙其害。……总之，户埠走私之事，日甚一日。”① 另一方面，落后的海关管理制度及关员的腐败也客观助长了走私贩私。当时的中国海关，在清朝官员管理之下，仍然沿袭鸦片战争前老一套办法，组织管理散漫松弛，规章制度形同虚设，弊端突出。它面临着西方强大的武装走私集团，不但不图振作，不思改革，甚至变本加厉。海关衙役经不起走私贩的腐蚀，受贿纵私，互相串通，共同舞弊，引狼入室。

面对 19 世纪 40 年代猖獗的走私活动，这种半殖民地贸易秩序的建立受到严峻的挑战；而和中国有条约关系的国家和无条约关系国家间在对外贸易待遇上的悬殊，使这种秩序的建立增加了困难。

璞鼎查已经深切意识到走私的泛滥，势必破坏条约规定的贸易方式，从而影响半殖民地贸易秩序的建立。所以在 1843 年 10 月签订的《五口通商附粘善后条约》中专列一款，内称：“倘访闻有偷漏走私之案，无论价值、品类全数查抄入官，并将偷漏之商船，或不许贸易，或俟账目清后，即严行驱出，均不稍为袒护。”② 尽管他把走私泛滥的责任推给清朝海关官员，但他希望制止走私的意图却是不可否认的。璞鼎查在签订这个条约时，显然没有考虑到它可能产生的后果。他只认为条约既然赋予英商种种贸易特权，英商就有遵守条约规定的义务；而他则可以依仗英国政府赋予的权力去强制执行。他没有想到，清政府签订的条约可能把各口的英国领事和英国商人推向

① 上海《字林星期周刊》1852 年 5 月 12 日，参见班思德编：《最近百年中国对外贸易史》，海关总税务司署统计科译印，第 72～72 页。

② 王铁崖编：《中外旧约章汇编》（第 1 册），三联书店 1957 年版，第 37 页。

严重对立的境地，因而激起英商的强烈反对。

五口通商之后，有约国与无约国在华贸易上的矛盾和猖獗的走私活动，根据条约而制定的贸易方式无法进行，半殖民地贸易秩序无法建立。英国政府片面终止为保障中国关税的干预，这就把重建贸易秩序的责任，完全推给清朝海关，这是列强为夺取江海关夷税征收权的先行步骤。

第三阶段，江海关关税征收权的丧失。

1853 年 9 月 7 日，上海小刀会在太平天国和闽南小刀会攻占厦门的鼓舞下，一举占领了上海县城。外滩的海关被群众捣毁，上海海关行政停顿。9 月 9 日，英国领事公布了《海关行政停顿期间船舶结关暂行章程》，表面上为履行“庄严条约”、“保障中国关税的征收”，实质上是“为英国商人和他们的贸易计，领事突然有了研拟一些办法的必要，俾使英国船舶得不完纳任何税项或依法清欠而结关出口，使贸易得以继续不间断”。他还承认，“这些办法虽然违背各项国际条约的明文规定，但并不破坏国家（英国）的信义，或加诸他本人或他的政府对未清缴税项以金钱上的责任”[①]。暂行规章公布后，英美领事以代上海官员征税的名义取得了海关夷税的代征，这原是一项权宜之计；可是，英美领事取得这项代征之后，便多方刁难，致使江海关一直无法恢复关税征收权。英国领事在这方面发挥了带头作用。1854 年 6 月，阿礼国夺取江海关夷税征收权的方案出笼。阿礼国在《为改进江海关行政致包令函》中详尽阐述了这个方案的精神、原则和方法。该函一开头就指出：“已往十年的经验无可怀疑地证明，如果听任中国人自行采用有效的办法，以保证关税公平和高效率的征收，是完全没有希望的”，“对于剥夺诚实商人一切条约保障的大量弊窦，和不公平行为的惟一补救办法，看来是引进外国成分（foreign element）。在现行条约之下，摆脱整个重重困难的惟一出路，是寻求一种以诚实与精干的外国成分和中国官员相结合的办法”。[②]具体来说，是“作为三个有约国代表的此项官员，由领事和道台会同提名、委派，任期一年……并支给足以保证才德兼备人员服务的固定和优厚的薪俸”。

1854 年 7 月间，英、美、法驻沪领事，以英国领事阿礼国为首，接管了江海关夷税征收权。他们企图依靠这个由三国洋员管理的税务管理委员会，

---

① （英）莱特著：《中国关税沿革史》，商务印书馆 1964 年版，第 104 页。

② 《1854 年 6 月 6 日阿礼国致包令第 58 号函》，全文载《中国近代海关历史文件汇编》（第 6 卷），第 48～50 页。

重建半殖民地贸易秩序——但是必须明确，这种海关制度，只是基于三国驻沪领事和上海道的协议，并未经过清朝中央政府和三国政府的批准，而且仅实行于上海一口而已。这是中国第一个由外国人管理的海关，也是中国海关管理权丧失的开始。

第一次鸦片战争后，中国关税制度的变迁体现在两个方面：首先，进口关税税率的大幅下降，由16%大幅下降到5%左右；其次，关税自主权丧失，表现在协定关税、外国领事参与外商办税的全过程、江海关夷征税权的丧失等多个方面。《中法黄埔条约》第六款规定："如将来改变则例，应与佛兰西会同议允后，方可酌改。"就是中国关税自主权丧失的最好说明。第一次鸦片战争以后，西方资本主义国家在剥夺中国关税自主权方面的侵略结果，主要表现在进出口关税和商船钞饷的协定原则上。

2. 第二次鸦片战争关税制度的变化

19世纪40年代后，西方侵略者虽然通过《南京条约》等一批不平等条约打开了中国的大门，但是，对华贸易并没有出现所设想的持续性的增长。因此，西方侵略者对不满足已经取得的特权，企图向清政府索要更多的特权，进一步打开中国市场。1854年、1856年，英国联合美国、法国向清政府提出"修约"，要求开放中国内地、公使常驻北京、鸦片贸易合法化，皆被拒。1856年10月，英国借口"亚罗号事件"，挑起了第二次鸦片战争。清政府战败后，又被迫签订一系列不平等条约，关税制度不得不继续按西方列强的要求进行修改。

（1）关税税率的变化。第二次鸦片战争后，关税税率的变化主要有以下几点。

第一，进一步明确了"值百抽五"的关税税负标准。《中英通商章程善后条约》第一款规定："倘有货物名目，进、出口税则均未赅载，又不在免税之列者，应核估时价，照值百抽五例征税。"即税则上没有列举的商品，都按5%的从价税率。

第二，降低了一部分商品的关税，被迫放松了对通商口岸外国商船的监管。《中英通商章程善后条约》第一款规定："凡有金银、外国各等银钱、面粟、米粉、砂谷、米面饼、熟肉、熟菜、牛奶酥、牛奶、蜜饯、外国衣服、金银首饰、搀银器、香水、碱、炭、柴薪、外国蜡烛、外国烟丝烟叶、外国酒、家用杂物、船用杂物、行李、纸张、笔墨、毡毯、铁刀利器、外国自用药料、玻璃器皿，以上各物进出口通商各口，皆准免税。除金银、外国银钱、行李毋庸议外，其馀该船装载无论浅满，虽无别货，亦应完纳船钞。倘运往内地，除前三项仍毋庸议外，其馀各货均每百两之物，完纳税银贰两伍钱。”这里的“其馀各货均每百两之物，完纳税银贰两伍钱”，则指上述商品关税税率只有2.5%，只有正常关税税率的一半。同时，英商运送这些商品进入通商口岸，若不运往内地，则无需报关纳税，同第一次鸦片战争后要求英商货船一到通商口岸必须马上报关纳税相比大大放松。这说明：一方面，英国为本国商人获取更多的贸易便利；另一方面，随着中国通商口岸开放的逐步增多，转口贸易日渐频繁。

第三，鸦片贸易合法化，并明确规定了鸦片进口关税税率。《中英通商章程善后条约》第五款规定：“向来洋药、铜钱、米谷、豆石、硝磺、白铅等物，例皆不准通商，现定稍宽其禁，听商遵行纳税贸易。洋药准其进口，议定每百觔纳税银叁拾两。”“洋药”即鸦片，并规定鸦片进口实行从量税，每百斤纳税30两白银。

第四，子口税的实施，使洋货得以在中国大陆低价倾销。《中英江宁条约》第十条规定“各货纳税后，即准由中国商人遍运天下，而路所经过税关，不得加重税则，只可按估价则例若干，每两加税不过几分”，条约并没规定具体征税标准，而当时中国由于残酷的剥削，农民运动此伏彼起，中央财政困难，各地只有自筹军饷来镇压农民的反叛。为此，厘金制度应运而生，由于全国没有统一的厘金制度，由各省巡抚自定，所以税率不统一，最高达到20%以上，大多数省份也在4%到10%不等[①]，并且每过一道关卡就重复征收一次，因此，商品周转销售税负很重，这也是五口通商之后西方列强对华贸易没有像他们预想的持续增长的原因之一。

为维护自己在中国的商业利益，中英《天津条约》第二十八款规定：“惟有英商已有内地买货，欲运赴口下载，或在口有洋货欲进售内地，倘愿一次纳税，免各子口征收纷繁，则准照行此一次之课。其内地货，则在路上首经之子口输交，洋货则在海口完纳，给票为他子口毫不另证之据。所征若干，综算货价为率，每百两征银二两五钱。”即英国对中国出口商品，在缴纳关税和2.5%的子口税之后，即可遍运中国销售，各地不得再另外征税。同样，从中国进口的商品，也在征税2.5%的子口税及相应关税之后即可出口。

---

① 罗玉东：《中国厘金史》（上册），商务印书馆1936年版，第21页。

第五，撤销正税之外的1.2%“倾熔费”附加。海关征收正税之后，要将收上来的碎银融化而成官银，在此过程中会有损耗，因此在海关征收5%正税基础上，还要附加征收1.2%“倾熔费”，相当于“火耗”。中英《通商章程善后条约》第九款规定：“向例英商完纳税饷，每百两另交银壹两贰钱，作为倾熔之费，嗣后裁撤，英商毋庸另交倾熔银两。”即此前缴纳的“倾熔之费”被裁撤，进口商人只缴纳关税、船钞，若运往内地销售再缴纳2.5%的子口税即可免税在大陆销售。美、法、俄等国商人同样享此优待。

关税税率的不断降低（见表2－6）及鸦片贸易的合法化，使中国国门洞开，海关失去国内市场的保护功能，国内产业凋零。自此，鸦片公开输入，外货充斥中国市场，百姓生计更加艰难。

表2－6　　1843年进口税率与1858年进口税率比较

货物	单位	1843年从量税率（两）	1858年从量税率（两）
一、进口货物			
1. 棉花	百斤	0.4	0.35
2. 布（本色）	匹	0.1	0.08
3. 布（漂白）	匹	0.15	0.08
4. 棉纱	百斤	1.0	0.70
5. 哆啰呢	丈	0.15	0.12
二、出口货物			
1. 湖州土丝各等经丝	百斤	10.0	10.0
2. 茶叶	百斤	2.5	2.5

资料来源：姚贤镐：《中国近代对外贸易史资料》（第二册），中华书局1962年版，第773～790页。

（2）免税范围的扩大。第一次鸦片战争后，中国的市场开放满足不了以英国为首的西方列强日渐增长的欲望，英法等国通过发动第二次鸦片战争进一步扩大中国的市场，伴随着进口关税的进一步下降，免税范围也相应扩大。《中英通商章程善后条约》第一款规定：“凡有金银、外国各等银钱、面粟、米粉、砂谷、米面饼、熟肉、熟菜、牛奶酥、牛奶、蜜饯、外国衣服、金银首饰、搀银器、香水、碱、炭、柴薪、外国蜡烛、外国烟丝烟叶、外国酒、家用杂物、船用杂物、行李、纸张、笔墨、毡毯、铁刀利器、外国自用药料、玻璃器皿，以上各物进出口通商各口，皆准免税。……”

本次免税范围调整，免税范围由货币、币财及初级农产品3种扩大至32种，本次税制修订，除肉食、衣服等必需品纳入免税范围外，连香水、烟、酒等奢侈品也纳入免税范围，可见协定关税危害之深。“雪茄烟、啤酒，西人税至值百抽六十。抑末之意，彼切知之。其人中国，则以为食物也，例得免税。比来内地嗜痂者日多一日，西人贩运者亦年广一年。”① 同种商品，中西税负的巨大差异，可见中国被殖民程度之深。同时，出口商品的免税范围与进口相同，但对促进出口的作用非常有限，因为中国的传统出口商品为茶叶、丝织品等，上述免税出口商品中国在国际市场上缺乏竞争力。

(3) 船钞的进一步降低。

第二次鸦片战争后，美国抢在英法之前，抢先强迫清政府签订中美《天津条约》，条约明确第二十六款明确提出：“凡在一百五十吨以上者，每吨纳银四钱，不及一百五十吨者，每吨纳银一钱。”首先要求清政府降低船钞标准，随后中英《天津条约》第二十九款也有类似规定，见表 2－7 所示。

表 2－7　　中美、中英《天津条约》达成的船钞标准表

船舶载重量（单位：吨）	船钞标准
载重量≤150 吨	每吨 1 钱
载重量＞150 吨	每吨 4 钱

注：此表根据《中美天津条约》和《中英天津条约》相关条款整理。

中美、中英达成降低船钞标准的协议后，中法在《天津条约》第二十二款约定“按照例式，凡船在一百五十吨以上者，每吨钞银五钱；不及一百五十吨者，每吨纳钞银一钱”，仍将船钞标准维持在第一次鸦片战争后的水平，而没有像中美、中法两国在条约中约定，直接将船钞标准降为 4 钱每吨。唯一合理的解释是中美、中法条约的内容双方保密较好，法国与中国达成天津条约之前尚不知船钞标准已降低的事实，但这并不影响法国的商业利益，因为中法《天津条约》第九款规定：“凡中国与各有立章程之国会整顿或现、或后议定税则、关口税、吨税、过关税、出入口货税，一经施行办理，大法国商人均沾，用昭平允。”法国仍然可以享受降低后的船钞标准。最早签订条约的俄国尽管在《中俄天津条约》中没有提及船钞标准这一款，根据片面最惠国待遇条款，俄国同样利益均沾。

1858 年条约进一步降低了税率，同时规定从事对外贸易的外籍船只在 4 个月以内无论进出通商口岸多少次，只需纳一次船钞。

(4) 关税管理制度的变迁。上海外籍税务监督制度建立之后，建立并完善一套防止关税舞弊的办法，所以偷漏税的情况在一定程度上得到遏制；但是宁波、福州海关仍在清朝官员管理之下，他们贪污腐败，受贿纵私，一仍其旧，偷税漏税层出不穷，地区之间征税宽严之别，影响了上海茶叶出口

① 汤震著：《危言》卷 2 第 23 页，转引自邹振环编校的《危言三种》，上海古籍出版社 2013 年版。

优势的发挥。因此，上海许多外商害怕因废除外籍税务监督制度而引起市场的混乱，甚至希望此种制度推行到其他口岸，以免上海洋货进口被其他口岸所夺取。所以，以怡和洋行为首的外商认为关税管理委员会是在现有情况之下可以公正地征税、维护老实商人权利的唯一制度。1858 年 6 月签订《天津条约》，该条约附约中英、中美、中法《通商章程善后条约：海关税则》第十款"任凭总理大臣邀请英（法、美）人帮办税务并严查漏税"等内容，条约明确了外国人在海关征管中的地位。随着任用外国人规定的改变，外籍税务监督制度也就演变为外籍税务司制度。中国海关的征税权相继被英、美、法等国取代，中国的关税征收管理权也相继落入西方列强之手。

第二次鸦片战争以后，协定关税方面确定了值百抽五的原则。此外，还建立了免税和存票制度。

此间，关税管理制度的最大变化是西方列强夺取中国海关行政管理权，成立并最终确认外籍税务司制度。外籍税务司制度自 1854 年上海小刀会起义致使上海海关职能丧失开始，西方列强夺取江海关行政管理权并设立外籍税务监督制度，经历 1858 年《通商章程善后条约》规定邀请外国人帮办税务及正式建立外籍税务司制度，最后于 1861 年上谕总理衙门统辖海关，清政府和各国驻华公使对海关外籍税务司制度的确认和支持①。历经 7 年，外籍税务司制度最终在中国确立并合法执行，协定关税和外籍税务司制度为晚清殖民贸易提供了便利。但该制度采用西方先进的行政管理制度、人事管理制度、财务管理制度及征税制度等，提高了办事效率，增加了关税收入。

3. 甲午中日战争后的关税变化

中国在甲午战争失败后，被迫与日本于 1895 年 4 月 17 日在日本马关（今山口县下关市）签订了《马关条约》，该条约及随后签订的《中日通商行船条约》使日本完全取得了与英、法、美等列强相同的贸易通商权益，如《中日通商行船条约》第十款："凡各货物日本臣民运进中国或由日本运进中国者，又日本臣民由中国运出口或由中国运往日本者，均照中国与泰西各国现行各税则及税则章程办理。凡货物于中国与泰西各国现行税则及税则章程之内，并无限制禁止进、出口明文，亦准任便照运。"这些权益包括相同的进出口关税税率、船钞及其他贸易特权。

所不同的是日本《马关条约》第四款还规定："日本臣民得在中国通商

---

① 陈诗启：《中国近代海关史问题初探》，中国展望出版社 1987 年版，第 5～21 页。

口岸、城邑任便从事各项工艺制造；又得将各项机器任便装运进口，只交所订进口税。日本臣民在中国制造一切货物，其于内地运送税、内地税钞课杂派以及中国内地沾及寄存栈房之益，即照日本臣民运入中国之货物一体办理；至应享优例豁除，亦莫不相同。”该款明确规定了日本在中国投资建厂，输入的设备同普通商品一样按协定关税缴纳进口税。同时，在中国建厂制造的产品销售于内地，亦同进口商品税负一样，即纳5%的关税及2.5%的子口税就能遍运全国。

自此，协定关税由进出口商品扩展到在华外资企业生产的产品，相对于国内企业在生产、流通及销售环节所承担的各种苛捐杂税，外来直接投资所生产的产品具有非常强的竞争力，《马关条约》的签订，为西方国家对华资本输出打开方便之门。

总之，甲午战争后，关税税率并没有调整，只是协定关税的范围由中国进出口商品扩大到在华外资企业生产的产品，资本主义国家剥削方式由商品输出开始向资本输出转变。

4.《辛丑条约》后的关税变化

《辛丑条约》与此前一系列条约最大不同在于其巨额的赔款，为了使清朝政府有能力偿还这些赔款，帝国主义列强被迫在关税上作出让步，同意大幅减少关税免征的范围。同时，对关税据实征收，切实做到“值百抽五”。《辛丑条约》第六款第五项：“新关各进款，俟前已作为担保之借款各本利付给之后，余剩者又进口货税增至切实值百抽五，将所增之数加之。所有向例进口免税各货，除外国运来之米及各杂色粮面并金银以及金银各钱外，均应列入切实值百抽五货内。”相对于《中英通商章程善后条约》中32种免税进口商品，此次关税免税的范围大大缩小，同时，帝国主义国家为了自身的利益，不得不强化关税的征收，打击偷漏关税的行为，使名义税负与实际税负接近。出口免税品方面，虽然条约尚未明文规定，但下列商品出口环节免税：(1) 金银块，外国货币；(2) 中外书籍；(3) 水路各图，新闻纸，教育用图书；(4) 货样；(5) 山东金沙，海南之铜；(6) 机器仿造洋货等六项以及专案免征之茶叶等[①]。其中，仿造机制洋货之免税，尚可视为奖励出口贸易政策。只是由于国内技术水平所限，机器设备出口数量有限，尚无法与国外商品竞争。

---

① 武堉干：《中国关税问题》，山西出版传媒集团山西人民出版社2014年版。

随着物价不断上涨，以从量税为主的进口关税税负不断下降。到19世纪末，我国实际进口税率已减低至大约平均为值百抽三[①]。为了达到切实“值百抽五”，1902年重新修改关税税则，当时定的从量税是以1897年、1898年、1899年三年平均市价的5%制定，如果此后物价不出现大幅波动，以此制定的从量税大体相当于从价税值百抽五。然而，税则刚修订不久，1899～1912年物价大涨，新税率税则下的实际税率回到1896年旧税则下的大致水平[②]，直至1918年重新修订税则，中国进口税率才根据物价水平对从量税重新调整。

关税管理方面，以英国为代表的西方国家在完全取得新关的关税征收权之后，《辛丑条约》要求“所有常关各进款，在各通商口岸之常关，均归新关管理”。自此，常关税的征收、使用、管理也开始丧失自主权。在赔偿总额确定前，国际共管中国财政的叫嚷甚嚣尘上，使赔偿总额悬而未决。1901年3月22日，英、法、德、日四国公使组成赔款偿付委员会，研究中国财源，以摸清中国偿付能力的最大限度。中国海关总税务司赫德意识到国际共管中国财政，有可能导致各国争夺关税，危害海关行政的“完整性”。为保障英国对中国海关的统治，赫德在幕后纵横捭阖，千方百计利用各国间的矛盾，使国际共管中国财政方案终遭放弃。

海关税务司制度建立以后，资本主义控制了中国海关的征税权和分派权，由于历次赔款和外债大都以海关税收担保和偿付，税务司既是海关税的征收者，同时又是债权国的代理人，如“汇丰银款”合同中竟规定如届期不能付息还本，“大清政府准允该银行前往各通商口岸征收税款”[③]。到了宣统末年，帝国主义玩弄两面手法，愚弄清政府和革命党，迫使清政府同意把海关关税的保管权为总税务司控制，存于上海的三家外国银行的关税，作为偿付赔款和外债之用。

5. 中国政府为收回关税自主权所做的努力

关税主权丧失之后，西方列强通过主导中国的关税制度变革达到其获取贸易利益的目的。不仅如此，西方列强以介入中国关税制度变革和管理为契机，影响甚至左右晚清内政外交、政治、经济等各个方面，进一步加深了中

① （美）里默著：《中国对外贸易》，卿汝楫译，三联书店1958年版，第88和89页。

② 同上。

③ 彭雨新：《清代关税制度》，湖北人民出版社1956年版，第61页。

国的半殖民化程度。晚清直至民国，各届政府不遗余力地进行收回主权的斗争。

1906 年，清廷欲收回主权特设税务处。以军机大臣铁良任督办税务大臣，外务部右侍郎唐绍仪为会办大臣，各海关华洋人员同归节制。政府相关的机构由总理衙门—总税务司—税务司变为财政部（外交部）—税务处—总税务司—各地税务司及税务处—各地海关监督（常关）。税务处的成立对于清代财政体制是一个巨大的变革，从此洋税、常税、厘金等有了一个统一的管理机构，改变了洋税归诸税务司，常税归诸海关监督，厘金归诸督、抚或藩司的复杂局面，促进了税权的统一。但此次政府机构调整因横遭列强反对，只得悻悻作罢。

1902 年以后，尤其是 1911 年的辛亥革命以后，地方省政府财政发生了以下四点变化：第一，把以往在地方省政府管辖之下的重要财源常关，委托给外国税务司管理，使地方各省的财源被削减。1911 年以后，海关总税务司将关税权限全部集中于一身，亦即有关征集、管理、运营、支付的权限，当时的总税务司弗兰西斯 A. 安格联在汇丰银行开设了自己的账户，并将包括上海巨额税收在内的全部海关税收入，都被转入他的账户[①]。1912 年，各帝国主义国家借口其“债权国”地位，组成“管理税收联合委员会”，决定以汇丰、德华、道胜三家银行作为“上海存管海关税项之处”，各口岸海关税务司须将“净存税项每星期汇交上海一次”[②]。

1913 年以后，盐税也被置于外国的管理之下，海关的金融性、财政性机能更加强化了[③]。

从 1928 年起，南京国民政府对北洋政府遗留下来的税制进行了多方面的清理、整顿和改革，在税制建设特别是关税制度建设做了大量工作。南京国民政府成立后，宣布“采取攻势外交策略”，并单独宣布以关税自主作为第一步。1928 年 7 月 20 日，南京国民政府宣布，自 9 月 1 日起实行关税自主，遭到列强特别是日本的反对，被迫放弃自主决定，改为采用协商方式，通过废除旧约，另订新约，逐步实现关税自主。1928 年 7 月 25 日，国民政府首先派代表与美国全权代表马慕瑞签订了《整理中美两国关税关系之条约》，随后于 12 月 7 日与英、法、德、比、意、挪威、荷兰、瑞士、丹麦、

---

① Stanley Wright , op. cit. . p. 3 – 10.

② 王铁崖：《中外旧约章汇编》（第二册），三联书店 1959 年版，第 795 页。

③ Sir Richard Morris Dane 在 1913 ~ 1918 年间就任盐税总税务司职位。

葡萄牙、西班牙等11国订立关税新约。各国都声明取消在中国的一切关税特权，承认中国有完全的关税自主权。条约规定：双方实行最惠国条款；华洋商人纳税平等待遇；陆路和海陆关税平等待遇；裁撤国内通过税等，并制定了7.5%、10%、12.5%、15%、17.5%、22.5%、27.5%的七级进口税率。此于1929年2月实行，成为鸦片战争以来第一个国定税制。日本先以“西原借款”问题为借口，拒绝修约，但在中国人民的全国性抵制日货运动的打击下，被迫于1930年5月6日与中国签订中日关税协定，最终承认中国关税自主权。自此，中国基本结束了自鸦片战争以来“协定关税”的历史，获得了关税自主权。

尽管在当时的情况下，关税自主权是通过重新修订新约协议取得的，但与清后期及北洋政府时期比较，毕竟是以国定税制代替了协定税则，成为中国关税史上的重大转折。

此次关税税则调整之后，国民政府又对关税税则调整3次，经过前后4次关税税则调整，关税税率大幅上升。国民政府的关税自主政策，带来了关税收入的大幅上升，从1928年的1.21亿元增加到1931年的3.88亿元，增加了2.2倍。海关税收入占南京政府全部收入的63.1%，占财政岁入的51.8%①。

（二）晚清关税制度变迁的特征

1. 关税制度变迁进程前快后慢

第一次鸦片战争之后，英国急于打开中国市场，希望通过降低海关相关税费来实现其商业利益，所以，在扩大通商口岸的基础上，不断要求清朝政府修改关税税率及船钞。而两次鸦片战争之后，中国的进口关税一方面降无可降；另一方面，为了偿还不断增加的战争赔款，维护清政府的腐朽统治，清政府也需要稳固的财政收入，在当时中央集权程度不断削弱的情况下，关税是实现维护清政府运转和及时足额赔款的保障，因而，晚清后期，关税制度特别是关税税率、船钞等变化不大。具体关税变迁进程如下：

1842年《南京条约》及1843年贸易条约制定以后，把英国与中国之间的交涉用年表如下：1843年税则制定、1858年《天津条约》及税则制定、

---

① A. N. 杨格：《1927～1937年中国财政经济情况》，陈泽宪、陈霞飞译，中国社会科学出版社1981年版，第55页、第483～485页。

1860 年《北京条约》、1868 年阿礼国协定（英国方面没有批准）、1876 年芝罘协定、1902 年中英通商条约（马凯条约）及税则制定等。

可见，如不考虑没有被英国批准的阿礼国协定，从 1860 年直到 1902 年的 40 多年间中英两国之间没有对税则进行任何修订，而在《五口通商章程：海关税则》中有税则“十年后重新审定”的条款，可见，第二次鸦片战争后，晚清关税制度变迁缓慢。

2. 关税制度变迁是由外部强制因素造成

鸦片战争前，以英国为代表的西方列强多次向清政府表达扩大通商的愿望，都遭到清政府的拒绝。由于清政府对对外贸易实施管制及中国自然经济根深蒂固，使英国在中国取得的贸易利益极为有限。为攫取贸易利益，西方侵略者竟将鸦片偷偷运入中国，致使中国白银大量外流，威胁清政府统治，从而引发“禁烟运动”。英国以此为借口，发动鸦片战争。自此，形成了西方提出不合理要求→清政府拒绝→列强发动战争→清政府战败被迫满足其条件→列强再提出要求→再拒绝……的循环，随着一次次的战败，清政府被迫签订一系列不平等条约，关税制度也随着不平等条约的签订而不断变迁。

因此，晚清关税制度变迁过程是以满足列强利益为前提，以牺牲中国利益为代价的被动变迁。

3. 围绕关税管理权的争夺贯穿晚清关税制度变迁的整个过程

清政府第一次鸦片战争战败后，西方列强从协定关税开始，参与清政府海关税则的制定。继而以维护对外贸易秩序为借口，借助上海小刀会起义导致江海关瘫痪的契机，强行成立英、法、美三国关税管理委员会，取得江海关关税的征收权，逐步形成了外籍税务司制度。由于外籍税务司制度保障了不平等条约下所要求的税收收入，并且对防止贪污腐败效果明显，所以它被晚清政府所接纳，从而使外籍税务司制度在中国推广开来。以英国为首的西方列强攫取了中国关税的征收权。

19 世纪晚期，随着汇丰、德华、华俄道胜等银行在中国的发展壮大，以英国为首的西方列强要求将关税存入这些外资银行，用于支付战争赔款等，中国相继失去了关税的保管权和支配权，而《辛丑条约》签订之后，为保证清政府能够足额支付巨额赔款，西方国家将距海关 50 华里以内的常关也纳入外籍税务司制度进行征收管理，国外势力不但完全控制了中国海关，连常关关税的征收、保管和支配也开始染指。

海关管理权的丧失，使中国海关完全沦为西方列强侵华的工具。晚清关税制度变迁过程也是西方国家逐步夺取海关管理权的过程。

4. 晚清关税制度变迁顺应了当时资本主义国家侵略方式由商品输出为主转向资本输出为主的利益取向

19 世纪末期，资本主义发展阶段由自由竞争的资本主义阶段逐步过渡到帝国主义阶段。在自由竞争的资本主义阶段，资本主义国家主要通过商品生产和销售完成资本积累，在掠夺原料和对外倾销商品的过程中，资本主义国家对殖民地关税非常关切，如何降低这些国家的进口关税是资本主义国家打开殖民地国家大门的关键。为此，侵略者对殖民地国家关税关注的重点是殖民地进口关税的高低，殖民地关税制度变迁以进口关税的逐步下降为主线，进口成本的大幅下降为最终目的，晚清中国作为西方列强的殖民地，侵略者强制其降低进出口关税成为其必然的选择。学者姚贤镐又将此阶段在细分为两个时期，分别为第一次鸦片战争后到第二次鸦片战争的 20 年间及第二次鸦片战争后至甲午战争年间两个时期，前一个时期由于中国自然经济的顽强抵抗，进口商品规模有限，资本主义经济侵略方式以鸦片走私和“苦力”劫掠为主；后一个时期资本主义国家取得“经济大门的钥匙”——海关行政管理权之后，资本主义国家经济侵略的方式以垄断中国进出口市场进行不等价交换为主①。而到帝国主义阶段，资本主义侵略方式由商品输出为主变为资本输出为主，关税变迁的重点为资本流动降低壁垒，体现在甲午战争失败之后，《马关条约》中关于进口设备关税税率的诉求及生产的产品在中国降低流通税率的诉求等，两个阶段关税制度的变迁正是资本主义侵略方式转变的体现。

三、晚清关税制度变迁的后果

（一）关税制度的变化使其无法发挥关税的基本作用

按照李斯特的幼稚工业保护理论，关税作为壁垒，其首要职能是保护国内幼稚产业。鸦片战争后国门洞开，海盗式掠夺和商品倾销，对于弱不禁风的明清资本主义萌芽无异于雪上加霜，五口通商后，自然经济受到冲击，资本主义萌芽的趋势被阻断，一些行业甚至遭到毁灭性打击，棉纺织业首当其

① 姚贤镐：《中国近代对外贸易史资料（1840～1895）》（第一册），中华书局 1962 年版，第 2 页。

冲。松江太仓，“洋布盛行，价当梭布，而宽则三倍，是以布市削减，蚕棉得丰岁，而皆不偿本。商贾不行，生计路绌”[①]。有些行业如沙船业则遭到灭顶之灾，上海沙船业在道光年间有3000多艘，清政府改变漕运政策，实施以银代粮，又改漕运为海运后，沙船业即日见其绌，而外国夹板、轮船挤入航运业，更加速沙船的淘汰进程，到同治年间只剩200～300艘。由此可见，晚清关税制度的变迁非但没有促进中国工商业的繁荣，反而加速了工商业的衰败和家庭手工业的破产。“盖自关税协定制度成立以来，以进口税率之低，外国纷纷以其过剩制品输入我国而莫之能御，因以造成外商垄断之势力。而同时以出口税之不能免除，致应奖励对外贸易之物品，亦不能免税，此出口贸易之不能发达也。”[②] 关税的变革不但不能保护国货，反而处处有保护洋货压迫国货之倾向。

征收关税的另一个目的就是筹集财政收入。鸦片战争前，清政府每年财政收入4000余万两，而每年关税收入约400万两，占财政收入总额的十分之一左右，与农业税相比微不足道[③]。随着西方列强对华经济侵略的不断扩大，海关税收额日益增长。从1855年的186万两增至1864年的787万两[④]，占清政府岁入的12%，到1885年上升到18.8%，1887年达到24.35%，1894年关税额增至22528605两，30年间增长近3倍[⑤]，1910年增至34518859万两，1911年达到36179825两[⑥]，此后清政府财政收入中关税所占比重一直保持在25%以上。即使扣除抵押外债，关税余额仍为数不少。故清朝《续文献通考》称：“自咸丰、同治以来，各省出入迥非乾隆年间可比。近来岁入之项，转以厘金、洋税为大宗。”[⑦] 但海关税收的迅速增长不是由于中国工农业生产和贸易正常发展而出现的，而是随着帝国主义经济势力的日益深入、洋货进出口贸易的不断增长，税务司职权的日益扩大和征收税种的扩展导致的。由于关税收入主要用于偿还外债和战争赔款，其对财政收入的贡献非常有限，对百姓福祉的改善更无从谈起。

---

① 包世臣：《安吴四种》，卷二十六。

② 武堉干：《中国关税问题》，商务印书馆1930年版，第4页。

③ 马金华：《中国外债史》，中国财政经济出版社2005年版，第31～37页。

④ 彭泽益：《十九世纪后半期的中国财政与经济》，人民出版社1983年版，第15页。

⑤ 姚贤镐：《中国近代对外贸易史资料（1840～1895）》（第二册），中华书局1962年版，第800～801页。

⑥ 庞淞编：《中国商战失败史（1876～1915）》，（台北）文海出版社1982年版。

⑦ 刘锦藻：《清朝续文献通考》卷六八，商务印书馆1937年版，第8267页。

（二）晚清关税制度畸形变化加速了封建王朝灭亡的进程

伴随着晚清进口关税的一降再降，船钞的不断降低，子口税的实施，国内产业失去关税的保护，国内的各产业被迫直面国际市场的竞争，其直接后果是相关产业衰败、破产。同治元年（1862 年），登州与牛庄的大豆贸易开始解禁，这给本来依靠南北帆船贸易维持生计的航运业带来了巨大打击，表现在："自同治元年暂开豆禁，夹板洋船直赴牛庄等处，装运豆石，被顶货价因之昂贵，南省销路为其侵占。两载以来沙船资本亏折殆尽，富者变赤贫，贫者无生理。……其在船水手十余万人不能存活，必致散而为匪肆行抢掠，商贾难安。"①

同时，为支付战争赔款，清政府加重对百姓的搜刮，百姓生计艰难，被迫反抗。为镇压起义筹集军费而产生厘金，为战败赔款而被迫举借外债，军费、外债和赔款压榨着中国人民最后的血汗，正如汤象龙所说："军费、外债和赔款为中国近代财政史上国家三宗最大的支出，三宗的总数常占国家岁出的三分之二以上，各时期的财政盛衰和变迁与此有莫大的关系。一旦对外战争爆发或对内镇压农民起义，政府军费随之膨胀，军费膨胀，外债又随之。这种连带的关系构成中国近代财政史的主要基础之一。"②

鸦片走私及进口的合法化，摧残了中国人民的身体，毒害了其心灵，削弱了国内的生产能力。同时，国内政治的腐败，国外西方列强的掠夺一步步挤压着普通民众的生存空间，在接二连三的农民起义的打击下，清朝政府风雨飘摇，辛亥革命的致命一击，最终倾覆了统治近 300 年的清朝大厦。

（三）晚清关税制度变化加深了中国的半殖民化程度

西方列强通过关税税则的调整、关税管理制度的变革强行将中国纳入世界资本主义体系，使中国沦为西方列强工业品倾销对象和原材料市场；19 世纪末 20 世纪初，国外资本加速流入中国，投资矿山、铁路、工厂、航运、保险及借贷等，不断强化对中国经济的搜刮。海关外籍税务司制度的建立，在扩大海关税收收入规模的同时，使国外势力渗透到中国政治、经济、外交和社会等领域，国家和商业秘密一览无余，在对外经济和政治交往中更加被

① 《北洋豆货上海一口请归华商转运折》，同治三年九月初十，《李文忠公全集—奏稿七》第 36 页。

② 《中国近代经济史研究集刊》第 3 卷第 2 期，1935 年 11 月。

动，晚清政府成为西方列强利益的代言人，中国逐步沦为半殖民地。

第四节　晚清对外贸易结构、范围及对象的变化

中国的传统出口商品为茶叶、丝绸及瓷器等，进口商品主要为棉麻制品及其他手工业品。在传统商品的贸易中，由于清政府实行闭关锁国的政策，中国自然经济保存完好，对国外商品的需求非常有限，中国对外贸易一直处于出超地位，但鸦片的输入彻底改变中外贸易的格局，并由此引发了贸易战争，中国闭关锁国的政策彻底破产。

一、晚清对外贸易结构的演进

（一）商品贸易结构的变化

商品贸易包括出口贸易、进口贸易和转口贸易，由于以沿海开放口岸为转口的贸易仍属国内贸易的范畴，本书探讨的商品贸易主要指出口贸易和进口贸易，亦即出口贸易结构和进口贸易结构的变迁。

1. 印、英、中三角贸易的形成

19 世纪中叶的中国贸易的特征被理解为亚洲三角贸易关系。这主要是指印度、英国、中国三国之间的贸易关系，三角贸易商品流向为英国将本国生产的工业品输往印度，换取在印度当地种植的鸦片，然后将鸦片输往中国，以换取中国的茶叶和丝织品等，从而形成贸易循环。由于中国自然经济根深蒂固，英国工业品无法在中国打开市场，而随着工业革命的兴起，生活习惯的改变，英国对中国茶叶的需求越来越大，中英贸易出现巨额的贸易逆差，英国商人为改变这一现状，阻止白银外流，竟私自将鸦片偷偷运进中国，两次鸦片战争即为延续鸦片贸易而进行的战争，战争的的结果是鸦片贸易的合法化和鸦片输入规模的扩大，进一步巩固了印、英、中三角贸易的关系。

在这个三角贸易中，英国居于主导地位，同时也是三角贸易的最大获益方，中国是牺牲品，而印度只是英国实现其贸易利益的工具。

2. 进口贸易结构的变迁

（1）通商初期的进口贸易格局。五口通商之初，英国资产阶级一想到

将和超过3亿人贸易欣喜若狂。但他们对中国人民的消费习惯茫然无知，把钢琴和吃西餐用的刀叉大批运到中国来。菲尔德一家有名的商行向中国运进的刀叉，售价几乎抵不上运费。伦敦一家商行向中国出口钢琴，“乃彼泰西各国之工商，欲以其棉毛制品销售与华人，而于此等货物是否即为华人所需，抑如钢琴、刀叉之供非所求，则绝未有所考量，无怪其无从推销也”[①]。中国人口众多，对棉纺织品有着巨大的市场需求，英国资产阶级为此掀起狂热的投机浪潮。

亲手签订中英各项条约的英国全权代表璞鼎查公开向英国纺织资本家宣称，他已打开中国的大门，任凭他们进出，而“这个国家异常强大，倾所有兰开夏纺织厂的生产，都不足供给他一省消费之用的”[②]。他们有人甚至说，“所有英国兰开夏纺织厂的出品都供应中国一省的制袜的需要，犹恐不足”[③]。美国侵略者也唱着同一个调子。美国总统泰勒（J. Tyler）在给国会的咨文中说：“西方国家的产品，在中国方面已有相当的销路”，“若能将数个连贯该帝国各部分的口岸为过去欧美人士所未曾进入者，予以开放，对美国产品的需求之扩大，必无疑义”。[④] 总而言之，五口通商之初，弥漫于英美侵略者头脑中的是一幅美妙的狂想图景。

为了达到预期目的，英国资本家拼命将商品涌向中国，在1842～1845年的短短3年里，运到中国的棉纺织品总值由70万镑扩大到170万镑，3年之中，增加了近一倍半[⑤]。但在高速增长之后，该总值又开始出现衰退，出现中国进口额停止不前的情况（见表2－8）。

表2－8　　1838～1962年英国工业品输华值（年平均数）　　单位：镑

年度	数值
1838～1842	882495
1843～1847	2090406
1848～1852	1664416
1853～1857	1738872
1858～1862	4127611

资料来源：《英国蓝皮书》（1864年），第92卷，第23页。

由表2－8可以看出，在经历五口通商初期的迅猛增长之后，由通商初

① 永格乐扶·顾克著：《1857至1858年之中国》，第203页。

② 英国蓝皮书：《额尔金伯爵赴华赴日有关文件，1857～1859》，第244页。

③ 班思德：《中国对外贸易史》，第64页。

④ 卿汝楫：《美国侵华史》第1卷，第51页。

⑤ 严中平：“两次鸦片战争史料”，《经济研究》1955年第1～2期。

期的年均882495镑增长到2090406镑，在18世纪50年代初期和中期出现了进口值的明显下降，这种下降趋势直到第二次鸦片战争之后，直到中国通商口岸的进一步扩大才重新恢复了增长。五口通商后大约10年，即19世纪50年代初，泰晤士报的特派员库克（Cooke）对英国的对华贸易作了评论。他认为英国的对华贸易不但没有扩大反而处于停滞状态。基于这一认识的基础上，他阐明了以下四点：第一，英国失败于与中国商人之间的公平条约下的竞争；第二，英国的制造业者对于中国国内的商品需求完全无知；第三，英国的对华出口贸易，对于英国商人来说是一个完全没有吸引力的领域；第四，中国的市场对于英国商品并不开放。①

正如库克自身所指出的那样，前三个原因在当时并没有得到一般性的广泛认识。和中国有利害关系的英国本国制造业者、贸易商人、银行、驻中国的商人和商业团体以及外交官等都共同认为第四个原因——即中国方面的内部原因是贸易停滞的主要原因。他们认为中国方面不遵守条约，有意采取封闭的政策。对此库克认为，英国的产品就算是价格下降也未必能销售出去，因为中国人有着独特的服饰习惯。他强调说，英国产品前途之所以不光明，其原因就在于英国方面自身。本书认为，究其原因，无外三点：

第一，小农经济对外来商品的抵制。鸦片战争之前，中国经济的支柱是工农结合的小农经济，这种经济的最大特点就是多种家庭手工业和农业的结合，其中分布最广的手工业是棉纺织业。在残酷的封建剥削下，农民无论单靠家庭手工业，还是单靠农业生产，都无法维持全家的生计，只有采取工农兼营，耕织结合。鸦片战争后，这种经济形态对进口棉纱布发挥了极其顽强的抵制作用。在19世纪40年代初至70年代初这30年里，西方棉纺织业生产力还不能广泛摧毁这种经济形态，而洋纱的充分供应，解除了手织业原料不足的问题，促成洋纱土布的生产结合，外力造成了纺织分离，却使耕织结合更加紧密了。

第二，土布的特性及中国人独特的服饰习惯。中国出产的土布虽然价格比洋布稍贵，但土布具有柔软、结实、耐用、容易上色、容易修补等优点。同时，广大农业劳动者在农忙之时从事农业生产，农闲之时纺纱织布，农村发展落后，没有其他更好的就业机会，纺纱织布的机会成本很低，换言之，是低收入的广大土布生产者的存在，造成了这种流通领域的壁垒。并且，农

---

① G. W. Cooke, China. London. 1858, p. 185 - 203.

村长期以来形成的服饰习惯也在短期内难以改变，穿着自制的土布衣服从事农业生产在农村亲友面前亲切自然，进口到中国的棉织品只以都市人口为对象[①]。为此，进口棉制品对农村自产的土布替代有限，远远无法满足英美商人的巨大胃口。进一步打开中国市场，扫除贸易壁垒是英美等资本主义国家的不二选择。

另外，鸦片贸易也是英国工业品在中国市场失败的重要原因。马克思认为：人们过高估计了中国老百姓的需求和购买力；在以小农经济和家庭手工业为核心的中国社会经济制度下，谈不上什么大宗进口中国货[②]；并且，"我们证明过鸦片贸易的增长与西方工业品的销售成反比"[③]。鸦片贸易消耗了有限的中国财富，降低了普通百姓对外来正常工业品的需求，成为英国工业品在华销售不及预期的重要原因。鸦片走私、战争赔款以及各种封建剥削的不断加重，加重了农民的负担，大大消耗了农民有限的购买力。

鸦片战争后，初期中国进口的商品最多的是鸦片和棉毛制品（表2－9），晚清后期则进口商品日趋多元化。

表2－9　1849～1857年中国自英国进口商品的申报价值　单位：镑

年份	棉制品	毛织品	总计
1849	1001283	370878	1537109
1850	1020915	404797	1574145
1851	1598829	373399	2161268
1852	1905321	434616	2503599
1853	1408433	203875	1749597
1854	640829	156959	1000716
1855	883985	134070	1277944
1856	1544235	268642	2216123
1857	1731909	286852	2449982

资料来源：严中平主编：《中国近代经济史（1840～1894）》（一），人民出版社2012年版，第377页。

从表2－9可以看出，中国进口的英国棉毛制品很不稳定，总量增长极为有限，棉制品由1849年的1001283镑增长到1857年1731909镑，增长近70%，而同期毛织品不增反降。这也客观印证了此间英国对华出口增长停滞状态。在进口方面，如果不考虑鸦片，英国输华棉纺织品的价值在19世纪

① BPP. Commercial Report of China, Chinkiang, p, 22.

② 《马克思恩格斯全集》第12卷，第604～605页。

③ 《马克思恩格斯全集》第13卷，第601页。

50 年代达到输华货物总值的 70% （1856 年）到 80% （1853 年）[①]。美国输华纺织品在输华货物总值中所占的比重，最高甚至接近 90%[②]。19 世纪 60 年代下半期，中国进口的棉纺织品，仍占进口总值的 30% 以上[③]。

与正常商品进口受阻相反，鸦片贸易却欣欣向荣，中国自印度进口的鸦片数量快速增长，短短 10 年，印度输华鸦片的数量增长近两倍（见表 2－10）。

表 2－10　　1844～1854 年中国鸦片进口量的估计

年份	马士的估计（箱）	其他估计	
		箱	元
1844	23667	40000	20000000
1845	33011	38000	23000000
1846	28072	42000	25000000
1847	33252	39000	21000000
1849	43075	50000	30000000
1854	61523	65000	24000000

资料来源：严中平主编：《中国近代经济史（1840～1894）》（一），人民出版社 2012 年版，第 380～381 页。

由于暴利的存在，英国在中国不遗余力地推销成瘾性消费品——鸦片。鸦片日益融入中国人正常的生活，有人戏称鸦片成为开门七件事（柴、米、油、盐、酱、醋、茶）之后的第八件事了，可见鸦片被人们接受的程度之广泛。吸食鸦片，在任何地方人们不仅不需要避讳，而且成为日常的待客之道，犹如现在的烟酒待客。同时，社会上除纯粹的鸦片馆外，各种休闲娱乐场所，如茶馆、说书馆、戏院、公园及妓院，都有鸦片供应，鸦片成为人们休闲文化不可或缺的一部分。中国的鸦片消费量不断扩大，尽管中国官方在第一次鸦片战争中仍然禁止贸易，但由于战败及海关腐败，鸦片走私日益兴盛起来，中国鸦片进口量自 1844 年的 23667 箱剧增至 61523 箱。鸦片成为中国当仁不让最大的进口商品。

1843 年耆英奏："为鸦片烟一项，上年夷酋璞鼎查在江南时，奴才即与要约严禁，该酋答称：买之者既多，贩之者即众，严禁恐难。"[④]

1843 年 10 月上谕，谕军机大臣等："耆英奏，通商事竣，夷酋恳请抽

① 严中平："两次鸦片战争史料"，《经济研究》1955 年第 1～2 期。

② 潘序伦：《美国对华贸易史》，立信会计出版社 2013 年版，第 206 页。

③ 姚贤镐：《中国近代对外贸易史资料（1840～1895）》（第三册），中华书局 1962 年版，第 1608～1609页。

④ 《筹办夷务始末》道光朝，卷 70，第 7～8 页。

收鸦片烟税。该大臣以夷务甫定，操纵两难，密片具奏，所见真切。朕反复深思，鸦片烟虽来自外夷，总由内地人民逞欲玩法，甘心自戕，以致流毒日深。如果令行禁止，不任阳奉阴违，吸食之风既绝，与贩者即无利可图。此后内地官民，如再有设烟馆及贩卖烟土并仍前吸食者，务当按律惩办，毋稍姑息。总之，有犯必惩，积习自可渐除，而与贩之徒，亦不可不禁而止矣。"①

1845 年 4 月 26 日，德庇时致耆英函："我必须声明，不仅英国船只在黄埔走私，同时许多其他国家定期航行的船只也泊在黄埔出售鸦片，这是人所共知。这种买卖是在白天公开进行的，而且中国政府的低级官员就是主要的贩卖者，获利甚厚。"②

19 世纪 50 年代初，在中国的大船运公司，例如怡和洋行、颠地洋行、旗昌洋行、华记洋行、仁记洋行、帕栖人的洋行等洋行中，鸦片和茶叶贸易已有平分秋色之势③。鸦片贸易一向故意背人耳目，而茶叶贸易则大肆宣传。经营鸦片生意的主要洋行是英国的怡和洋行和颠地洋行，它们在香港有规模巨大的机构。旗昌洋行是代表美国人利益的，而波纳济地方的帕栖人的公司，则代表着印度的利益④。

（2）鸦片贸易的合法化及进口商品的多元化。第一次鸦片战争后，英国当局鉴于清政府已经屈服，事实上开放了鸦片贸易，所以没有强迫清政府在条约中承认鸦片贸易合法化，这是英国政府极为高明的策略；否则，如果激起中国民族主义的高涨，并从而引发排外狂潮，将极不利于鸦片贸易的进行，更将危及从中国大量进口国内急需的茶叶。而客观上，清政府没有能力以武力遏制外国人的鸦片贸易，也别无他途，只好容忍鸦片贸易，并尽力从中取得好处。⑤ 到第二次鸦片战争结束时，鉴于中国土产鸦片的竞争力日益增强，中国鸦片消费的大幅度提高以及中国对鸦片较为普遍的接受，英国政府才强迫清政府签订了鸦片贸易合法化的条约。

在鸦片政策问题上，清政府经历了否定——肯定——否定的过程。第一

---

① 《筹办夷务始末》（道光朝），卷 70，第 8 页。

② B. P. P：Papers Relating to the Opium Trade in China，1842 - 1856，p. 18.

③ Basil Lubbock：The China Clippers，p. 320.

④ Basil Lubbock：The China Clippers，p. 3 - 7.

⑤ 凯瑟琳·布鲁纳、约翰·费正清等主编：《赫德日记——赫德与中国早期现代化》，陈绛译，中国海关出版社 2005 年版，第 8 页。

个过程中，清政府严禁鸦片，结果导致中英冲突，中国社会经历了19世纪以来的第一次大震荡；以第二次鸦片战争为标志进入第二个过程，既然鸦片不能禁止，清政府索性放开鸦片的进口，而且默许国内自产鸦片，这是造成鸦片深重灾难的一个直接原因；第三个过程中，在清王朝谢幕前夕，清政府开始全面禁止鸦片的生产、进口、销售和吸食。鸦片贸易随着清王朝的倒台而走向绝迹。表2-11列示了1864~1882年中国进口鸦片贸易的情况。

表2-11　　1864~1882年中国进口鸦片贸易统计

年度	向中国各港的输入					
	猫里雾①	帕坦②	巴那拉斯③	其他	合计	总额
	担	担	担	担	担	两
1864	29998	16412	5063	610	52083	20233200
1865	27488	17823	9601	1221	56133	25821180
1866	35385	19076	9172	883	65416	34838640
1867	34006	14809	11488	645	60948	28823942
1868	31234	12315	9179	1187	53915	23538621
1869	29284	13990	8771	1368	53413	23727165
1870	34045	14443	8671	1658	58817	24967196
1871	35050	15281	8023	1316	59670	26045878
1872	37803	15473	7039	878	61193	25295131
1873	40910	14974	9326	587	65797	26255295
1874	43706	17422	7916	800	69844	28564782
1875	38696	15420	7521	1312	62949	25355065
1876	43909	16020	8618	1304	69851	28018944
1877	41705	15237	10822	2415	70179	30257812
1878	37005	18588	12373	4458	72424	32262957
1879	40139	21151	16279	5482	83051	36536617
1880	32892	16504	17297	4961	71654	32344628
1881	36481	17996	18067	6530	79074	37592208
1882	29336	15379	15017	5977	65709	26746297

资料来源：CIMC. Reprorts on Smuggling at Canton: Commissioners' Depatches, etc, 1871-1885. p.89.

鸦片贸易合法化之后，鸦片的进口由一个急剧增长发展到一个平稳增长

① 地名，在今菲律宾。详见陈佳荣："金猫厘、合猫里、猫里雾考"，《中外关系史论丛（第一辑）》，1981年版。

② 地名，在今尼泊尔。

③ 地名，在今印度。

的过程。从鸦片进口数量看，鸦片总的进口量由5万担增加到1881年的近8万担，1879年甚至超过8万担，达到83051担，增长幅度超过50%。而相对于数量的增长，进口金额的变化则要剧烈得多（见图2-2）。1864~1866年，短短3年，进口金额增长超过70%，随后几年又急剧下降，直到18世纪70年代末，才达到1866年的水平。进口总量持续攀升而进口金额剧烈波动，原因在于鸦片国内市场价格的变化，而鸦片国内价格的变化主要源于国内鸦片供求的变化，国产鸦片的大量上市有效地抑制了进口鸦片价格的上涨。

说明：此图根据表2-11中的数据绘制，为了便于对比，将进口鸦片的数量由担变为斤。

图2-2　1864~1882年中国鸦片进口金额的变化

中国国内种植鸦片面积的不断扩大，促进了中外鸦片的竞争。国内用于吸食鸦片的罂粟大规模种植大约始于19世纪20年代①，最直接最重要的原因是种植罂粟能获得相对较高的经济回报，用以维持生计、缴纳政府税收及地主地租。道光十六年（1836年），江南道御史袁玉麟上奏称："查罂粟冬种春收，冬春……，今鸦片之利，数倍于农。小民无知，孰不弃农而趋利乎？"② 种植罂粟的收益是种麦的收益3倍以上，甚至超过10倍，如《清宣宗实录》卷476道光十八年十一月壬寅记载，"种植罂粟花，取浆熬烟，其利十倍于种稻"，经济利益的驱使使罂粟的种植在中国遍地开花，尤其在云

① 仲伟民："19世纪中国鸦片的生产替代及其影响"，《文史哲》2009年第5期。

② 许涤新、吴承明主编：《中国资本主义发展史》第2卷《旧民族主义革命时期的中国资本主义》，人民出版社2003年版，第310页。

南、贵州、四川等地，罂粟是当地非常重要的经济作物，也是地方政府重要的税收来源。另外，国产鸦片的价格大大低于进口鸦片，也正因为如此，进口鸦片受到国内鸦片激烈的竞争，客观上也抑制了鸦片的进口。当然，国产鸦片和进口鸦片市场定位不同，国产鸦片质量低下，受到普通消费者的欢迎；而进口鸦片口味纯正，适于有较高品位的吸食者。

19 世纪末 20 世纪初，中国进口商品结构发生变化。鸦片的重要性在下降，而一些生活必需品如棉线、棉布等逐步取代鸦片的地位成为中国进口最多的商品见表 2－12 和表 2－13。在 1884 年，鸦片的进口额 2615 万海关两，重回到 10 年前的进口水平，原因在于：一方面，源于国内鸦片的竞争；另一方面，始于 1882 年，爆发于 1883 年的晚清金融危机，致使大量钱庄破产，导致银根普遍紧张，对对外贸易带来巨大的冲击，鸦片贸易也不例外。到 1904 年，鸦片贸易有所恢复，但印度棉线、棉布的进口取代鸦片的地位占据中国进口额的前两位。与此同时，进口来源地也日趋多元化，英国和英属印度商品的进口比重下降，日本、美国、俄国、法属越南（西贡米）等国商品的进口逐渐上升，但是，英国的老大地位仍然无法撼动。

表 2－12　　中国主要进口产品（1884 年）　　单位：1000 海关两

进口品种	进口金额
1. 鸦片	26150
2. 棉制品	16557
3. 棉线	5584
4. 毛织物	3709
5. 棉花	1784
6. 煤	1492
7. 锡	1168
8. 油	826
9. 海产品	776
10. 火柴	717
11. 胡萝卜	602
12. 铁	548

资料来源：CIMCC. Trade Reports and Returns，1884. p. 8－10.

表 2－13　　中国主要进口产品（1904）　　单位：1000 海关两

进口品种	进口金额
1. 印度棉线	42406
2. 棉布	30885
3. 鸦片	29258
4. 金属	12511
5. 西贡米	8380

续表

进口品种	进口金额
6. 精制糖	6839
7. 火柴（日本）	4743
8. 小麦粉	3591
9. 竹板	2943
10. 棉花（孟加拉）	1013

资料来源：CIMCC. Reports on Foreign : Trade, 1905, p. 26 - 27.

印度棉线向中国大量出口是从19世纪80年代开始的，其背后的深层次原因是：19世纪70年代晚期，由于英国将从中国取得的贸易特权分享给印度，印度纺织品出口中国可以按照英国产品享受税收优惠，所以，印度棉纺织品在中国市场份额逐步增加，原棉出口开始超过鸦片，棉纱、棉线、棉布等棉制品的出口出现了显著增长。但就进口棉制品结构而言，各国又有各自的优势。印度祆教商人、犹太商人所贩运的印度棉线有18万~23万包（6、8、10、12、20支），日本棉线有0.6万~1万包（16、20、32支），而英国棉线则有0.2万~0.3万包（30、32、40支）。印度向中国提供适合中国土布需要的支数较低的棉线，就价格而言，平均每包棉线的价格如下：印度棉线，10支的78~96美元，20支的105~125美元；日本棉线，16支的118~120美元，20支的118~128美元，32支的175美元以上；英国棉线，32支的180美元以上，40支的200美元以上。

从这个价格可以看出，印度棉线价格最便宜。这些印度棉线被发送到云南、广西、汕头、广东、福州、厦门、牛庄等地[①]。印度粗支棉纱与中国本土棉纱掺合织成南京式的土布，这种布便宜且耐用，适合劳动人民的需要。印度主要提供低支棉线，日本则主要提供中支棉线，英国则主要提供高支棉线，虽然在价格方面看不出有什么明显的差距，但是在中国市场的棉线贩卖方面上则可以看出很强的地域分割性。比如说，日本棉线在华北市场的影响力很大。从19世纪末到20世纪初，日本棉线加入此前占绝大部分市场份额的印度棉线市场，两者地位发生了巨大的转变，在那之后，日本棉线和印度棉线一道，与中国的机制棉线进行着激烈的市场竞争。这种倾向一直持续到第一次世界大战期间中国棉线得到飞跃性发展的时期。[②]

棉布的进口也日益增长。外国棉布尽管没有土布耐穿，但比土布柔软美

① 伊藤武男：《香港转口商业报告》，第56~58页。

② 陈荣华、何友良：《九江通商口岸史略》，第84页。

观，在要求细腻而不要求结实的用途方面，外国布较土布合用。进口布的主要消费者是中国的富裕阶层，他们能常常换制新衣，并且愿意为了漂亮和新奇而不太在乎布匹是否耐穿[①]。另外，虽然普通中国人穿上轻而且薄的英国洋布衣服感觉不舒服，可是很乐意用这种廉价的英国布给死人做寿衣。"或早或晚，此地的中国人也和各处的中国人一样，会备办到另一个世界的行装……"[②]，沙太细不耐穿，穿烂了没法补，布硬而脆，穿破之后不能做中国厚鞋底之鞋垫，丧葬用布或许是廉价的英国洋布最好的去处。

鸦片贸易的合法化使鸦片在中国泛滥，给中国社会带来严重危害。根据鸦片进口量、国内产量及人均消费量，《香港德臣报》估计，1855 年中国吸食鸦片的人数在 300 万人左右，占当时中国总人口的 1% 左右[③]。鸦片贸易合法化后，吸食鸦片的人数成倍增长。鸦片贸易促使中国对外贸易由出超变为入超，引起白银外流而银价上涨、银钱比例失衡、税负变相增加。同时，吸食鸦片使很多家庭陷入贫困，民众健康受损，社会风气败坏，军队战斗力下降等一系列问题，这些问题无一不与鸦片贸易息息相关。"洋烟之瘾，能改者百无一二。其性又足耗精血，损志气，使君子不能劳心，使小人不能劳力。……今计天下之财，耗于洋烟者，每岁不下数千万，以数千万之银，易无限之灰烬，此如漏卮之不可不塞也。"[④] 为顺应社会潮流，挽救晚清危亡，自 1901 年起，清廷发起新政改革，改革内容包括奖励工商、兴办学堂、废除科举、鼓励留学、改革政体等，在此过程中，出于改良社会风气，振兴经济的考虑，政府意欲再次禁烟。但倘若无列强配合，禁烟必将无功而返。

1905 年，英国代表工业资产阶级利益的自由党战胜保守党，成为英国议会执政党，自由党代表更乐于看到中国对工业品的消费而不是将资金消耗于鸦片。在自由党的推动下，中英两国国政府于 1907 年签订《禁烟条件》，英方承诺，自 1908 年开始，每年输华鸦片自动减少 10%，10 年后停止向中国输入鸦片，前提是中国同步减少国内鸦片的种植和销售。协议生效后，英方对中国禁绝本土鸦片的成效作了多方面的考察，认为总体来说中方的努力是切实有效的。因此，未待协议到期，便停止了印度鸦片向中国的出口。

中英鸦片贸易否定——肯定——否定的轮回，终于由畸形的一股独大的

① Trade Reports，1869 年，宁波，p54.

② Commercial Reports，1878 - 1880 年，宜昌，p42 - 43。

③ B. P. P：Papers Relating to the Opium Trade in China，1842 - 1856. p53.

④ 薛福成：《答友人论禁洋烟书（1867 年）》，《庸庵海外文编》，卷 3，第 29 ~ 30 页。

鸦片贸易走向正常商品贸易，这也适应了当时中国的经济发展方向和外贸结构的变化。中国国内经济自19世纪晚期开始发生结构性变化，使中国的外贸结构相应出现显著的变化。中国在19世纪末进口工业品的总价值和占进口的份额都急剧上升。在进口的工业品中，棉制品占相当大的份额。而到了20世纪初，为满足国内工业化的需要，进口的机械品规模迅速上升，1900年之后迅速增长，在1910年达到工业进口总值的15%[①]。从海关贸易报告可以看出，晚清早期进口的商品主要有鸦片、棉制品、棉线、火柴、大米等日用生活用品，晚清后期则增加汽油、火车头、水煤车、纺织机及机动车等。中国进口商品由日用工业品逐步扩大到日用品以外的机械产品，充分说明了中国国内蓬勃发展的工业对国外工业原料和机器的需求迅速增长，鸦片贸易的停止不仅使英国在道义上免受中国乃至世界的谴责，也顺应了中国正在起步的工业化进程带来广阔的市场机会。

中国进口商品结构的变化缘于欧美发生第二次产业革命的影响。19世纪70年代到20世纪初，欧美主要国家发生第二次产业革命，使世界产业结构和生产的地区分布发生巨变，重工业逐步在西方工业中占据主导地位。这些重工业包括钢铁业、汽车业、石油业、化学工业及电气工业等，西方国家的产品结构决定贸易结构的变化，以纺织品、火柴等轻工业品为主的贸易商品逐步被钢铁、机械、电气等重工业品所取代。同时，生产的增长快于市场的增长，生产和市场的矛盾更加尖锐化，导致列强各国对世界市场的争夺更加激烈。在自由竞争时代，资本主义列强采取商品输出的方式破坏落后国家的自然经济，并以超经济强制手段开拓市场。到了垄断资本主义时代，资本主义工业生产迅猛发展，不仅要获得国内规模经济利益，还要追求国际规模经济利益。

甲午战争后，国内政治运动接踵而至，戊戌变法、义和团运动、立宪运动、辛亥革命相继发生，它们都直接或间接地推动中国社会经济的发展。19世纪后半期，价廉物美西方工业品持续渗透，中国传统农业和家庭手工业相结合自然经济形态逐步遭到破坏，客观上促进了近代中国资本主义工商业的发展。被迫开放的沿海、沿江出现了一批新兴的工商业城市，西方工业品的消费市场逐步培育起来，它们逐渐成为中国对外贸易的区域中心，成为国际

---

① 颜色："绅士的慈悲还是利益的角逐？——中英鸦片贸易终结过程的研究"，《清史研究》2012年第3期。

市场与中国经济联系的桥梁，同时也是中国近代的经济中心。

3. 出口贸易结构的变迁

晚清中国的对外贸易，向欧美市场持续出口并深入渗透到欧美市场的产品主要是茶叶和生丝。中国出口产品茶叶和生丝在国际市场上的优势，晚清早期在国际市场上无人能及，但在晚清后期，随着印度茶叶市场的崛起及日本茶叶和生丝的兴盛，中国这两种传统优势出口产品在国际市场面临严峻的挑战。

（1）茶叶的出口确立中英贸易优势。茶叶的种植和消费在中国有悠久的历史，明清时期，政府通过茶叶专卖制度、征税等增加了财政收入，中英贸易中的茶叶是中国外汇的主要收入来源。茶叶何时进入英国的，没有确切的时间可查。威廉·乌克斯在《茶叶全书》里，梳理了中国茶进入英国的一段历史。[①] 大约在1657年，英国伦敦有一家叫加威的咖啡馆，首次向市民出售茶叶，价格高达6～10镑，在加威的出售海报里，茶叶的功能被描述为“质地温和，四季皆宜，饮品卫生、健康，有延年益寿之功效”。在这份“第一张茶叶海报”上，还有更多关于茶的信息，比如能让人身体轻快，提神醒脑。海报还特别提醒，由于茶的功效众多，意大利、法国、荷兰等地的医生和名人都已经争先饮用了，无论是在中国，还是在异邦，茶的医疗作用都是首先被提到的。

1660年，英国开始征收饮茶税，1689年开始征收茶叶关税，之后不断提高税费。1768～1772年按原价的64%征收关税，1773～1777年税率平均为106%，1778～1779年下降到100%，但1783年达到114%，1784年上升至119%。其后，为了抵制茶叶走私，英国政府不得不出台了“抵代法案”，茶税从119%降到12.5%，由此杜绝了走私，拉动了茶叶的消费繁荣。以1784年为分界线，茶叶无论在绝对额还是就其输出总额中的比重而言，都成了绝对重要的商品[②]。茶叶贸易不但关乎英国东印度公司的生死，而且对英国财政收入也至关重要。1815年起，该公司每年在茶叶贸易中的获利都在100万英镑以上，占其商业利润的90%，提供了英国国库全部收入的10%[③]。经济上的单向依赖，让英国人必须面临一个巨大的难题：如何支付

① 威廉·乌克斯：《茶叶全书》，东方出版社2011年版。

② 严中平：《中国近代经济史统计资料选辑》，科学出版社1955年版，第14页。

③ 庄国土：“茶叶、白银和鸦片：1750～1840年中西贸易结构”，《中国经济史研究》1995年第3期。

茶叶费用？英国输出的产品在中国并不好卖，除了在以物易物的置换贸易中获得一些茶叶外，大部分茶叶需要用白银支付，为此英国付出了巨额的白银。庄国土估计，1700～1823 年，英国东印度公司共输出 53875032 两白银到中国，1700～1840 年，从欧洲和美国运往中国的白银约 17000 万两[①]。18 世纪后，东印度公司扩大了对华贸易，却带来了更大的贸易逆差，白银问题导致了公司在广州资金周转困难。为了平衡贸易逆差，东印度公司决定对华输出鸦片。

随着出口茶叶的激增，其关税收入对政府财政的贡献越来越大。茶叶在出口中所占的比重稳定在 60% 左右（见表 2－14）。

表 2－14　广州一口通商时期各主要出口商品的货值变化　单位：千元

商品名称/商品金额/年份	茶	丝	丝织品	土布	白铜	其他	共计
1817	10707.0	635.4	984.0	1048.9	907.5	1283.6	15566.4
1825	13572.9	2319.0	2820.3	1010.3	3.9	2483.4	22209.8
1830	10551.4	1693.3	2226.8	617.6	19.2	2494.1	17602.4
1833	10541.2	3417.6	1471.4	66.4	—	2183.3	22009.9

资料来源：上海社会科学院经济研究所、上海市对外贸易学会学术委员会编：《上海对外贸易》（上册），上海社会科学院出版社 1989 年版，第 11 页。

注：常关两 100 两＝182.82 元（墨西哥元）。

此后直至鸦片战争前，中国茶叶出口一直平稳增长，年均达 42.3 万担，价值 1692 万元，约占当时中国出口总值的 63%，这不包括从陆路运往俄国的茶叶[②]。鸦片战争后，茶叶出口一直在中国出口商品总值中稳居第一，其出口值占整个出口总值的比重甚至达到 80%。

（2）茶叶贸易的衰落及出口商品的多元化。在 19 世纪早期及之前，茶叶作为中国特有的土特产行销世界，很多欧美国家了解中国也是从了解中国茶叶开始的，中国的茶叶出口为政府创造源源不断的外汇收入。茶叶进入英国市场之后，随着英国人对中国茶叶的依赖日益加深，为保证茶叶的安全供应，英国在殖民地印度不断尝试茶叶的栽培，最终在 19 世纪 30 年代末成功培植阿瑟尔茶，1839 年创立了本卡尔茶叶公司、阿瑟尔公司。到 19 世纪 40 年代末期，英国大规模的资本投资印度茶叶种植，大批茶园广泛开办起来。

① 庄国土："茶叶、白银和鸦片：1750～1840 年中西贸易结构"，《中国经济史研究》1995 年第 3 期。

② 马士：《中华帝国对外关系史》（第一卷），张汇文译，三联书店 1957 年版，第 191～192 页。

这些茶园生产的茶叶加工后运往英国同中国产茶叶直接竞争，由于印度的茶叶采取公司生产模式，质量标准统一，机械化水平高，同中国单个家庭分散经营生产茶叶相比成本低、质量有保证，很快在英国市场获得认可并逐步取代中国茶叶的地位。同时，作为中国茶叶的竞争对手，日本茶叶也开始登上历史舞台。英国驻日领事阿礼国对19世纪的日本市场有如下论述：从通商方面来分析港口开放后最初一年间实际达成的情况，可以清楚地发现，日本和中国产品进行竞争，能够供给在品质与价格上都为本国市场带来满意的茶叶和真丝。……品质极高的真丝，比中国最好产品的价格还要高①。由于印度茶和日本茶的强力竞争，中国茶叶在国际市场上的地位趋于下降，茶叶出口在中国出口商品值和比例均呈现下降趋势（见表2－15）。

表2－15　　　　中国的出口商品值及比例（1868～1913年）

年份	1868	1880	1890	1900	1905	1913
总值（千海关两）	61826	77884	87144	158997	227888	403306
茶叶（%）	53.8	45.9	30.6	16.0	11.2	8.4
丝、丝绸（%）	39.7	38.0	33.9	30.4	30.1	25.3
籽仁和油（%）	—	0.1	0.6	2.5	3.4	7.8
豆类（%）	1.0	0.2	0.4	1.9	3.0	5.8
皮类（%）	—	0.5	1.4	4.3	6.6	6.0
棉花（%）	0.9	0.2	3.4	6.2	5.3	4.1
羊毛（%）	—	0.4	1.6	1.9	3.7	2.4
煤（%）	—	—	—	—	—	1.6
蛋类（%）	—	—	—	—	0.9	1.4
其他（%）	4.6	14.7	28.1	36.8	35.8	37.2
总计（%）	100.0	100.0	100.0	100.0	100.0	100.0

资料来源：《中国海关报告》，转引自郑友揆：《中国的对外贸易和工业发展（1840～1948）——史实的综合分析》，程麟荪译，上海社会科学院出版社1984年版，第23页。

从贸易关系上来看，亚洲市场进入1850年以后，茶叶出口构成出现了变化，到1880年末，出口英国的印度红茶数量超过了中国茶②。美国独立后，为了和英国划清界限，英国人饮红茶而美国人饮绿茶。为此，中国出口英国以红茶为主，而出口美国则以绿茶为主。由于印度茶的崛起，英国的红茶市场逐步被印度红茶占据，而日本则在绿茶市场上同中国进行激烈的竞争。19世纪后半期，日本逐步取代中国成为美国绿茶的主要出口国，中国两大传统出口市场受到前所未有的挑战，茶叶在对外贸易中的主导地位也逐

① 阿礼国：《大君之都》，岩波书店1962年版，第121页。

② 角山荣：《茶的世界史——绿茶的文化和红茶的社会》，中央公论社1980年版，第118～124页。

步边缘化。到清朝末期，茶叶出口占整个出口总值的比重10%左右（见表2－15），远远低于鸦片战争前的高达60%的比重（见表2－14）。与此同时，随着英美两国对中国茶叶需求的下降，俄国在第二次鸦片战争之后与中国贸易增加，进口的中国茶叶数量增加，但相对于英美的巨大消费量，出口俄国茶叶数量的增加部分很难抵消英美茶叶对中国需求的下滑，而且俄国需求的茶叶主要是中国的砖茶。

日本茶、印度茶上市后，中国茶叶已经逐渐退出了垄断地位。由于茶叶在亚洲国家激烈的出口竞争，以致背离受地理条件限制的土特产品的地位，成了直接联系伦敦、纽约等国际市场的国际商品。因此，围绕茶叶出口，原来的三角贸易得到改变，而在向西欧出口茶叶上，亚洲三国形成了有竞争关系的新的亚洲市场。可见，伴随着世界市场的价格运动，出口受到限制。在这一世界市场下不断变动的亚洲茶叶出口市场形成了新的结构。

生丝出口因出口对象不同而不同。对英出口的生丝几乎全是湖丝，这种丝细而软，色泽光滑纯净，非华南各省生产者所能及。运往美国的丝主要是广州的甘竹丝和九江丝，在运往美国之前，需要重缫并改为箱装。这种丝比湖丝粗些，色泽也较次，但是匀称而结实。两种丝用途也不同，运往美国的丝用于织造丝线和丝边，而运往英国的丝则供织绸缎之用[①]。伴随着茶叶和生丝出口的下降，茶叶及生丝之外的其他商品的出口占比则相对上升，中国出口额总体还在不断增长，但出口商品结构日趋多元化。中国商品的出口总值由1868年的6182.6万海关两持续增长，到清朝末期已接近4亿海关两，增长近6倍。其中的原因，一是随之对外贸易的不断扩大，国际分工的影响日益加深，中国自给自足的自然经济逐步破产，中国被迫纳入世界分工体系；二是自19世纪80年代以来，中国出口关税税率总体呈下降趋势，鼓励出口，降低出口成本，提高了国内产品在国际市场的竞争力。而对于出口结构而言，以茶和生丝及其制品在通商早期在出口中的绝对优势地位随着印度和日本的竞争相对地位下降，一些原材料及其制品则在出口中所占份额越来越大。最突出的就是棉花、大豆及毛皮等。详见表2－16。

---

① S. W. Williams: The Chinese Commercial Guide, p. 137－138.

表 2－16　　中国主要出口产品（1884 年）　　单位：1000 海关两

出口商品名称	出口商品金额
1. 茶	29055
2. 生丝	23182
3. 砂糖	3860
4. 麦蒿制品	1953
5. 皮革	960
6. 纸	622
7. 棉花	614
8. 烟花爆竹	483
9. 棉布	454
10. 皮制品	401

资料来源：CIMCC. Trade Reports and Returns，1884. p. 8－10.

1884 年，传统优势出口产品茶和生丝占据出口产品总额的前两位，遥遥领先第三位的砂糖出口（见表 2－16），但 20 年之后的 1904 年，茶叶出口让出第一的宝座，生丝跃居出口额第一位，并且，前两位出口产品生丝、茶和第三位出口产品棉花的差距在缩小（见表 2－17）。同时，一些新的原材料及制成品开始出现在中国出口商品总额的前十名，比如大豆及豆粕、羊毛、草席及麦秸编织物等，出口的原材料及原材料初级制成品也日益广泛。

表 2－17　　中国主要出口产品（1904 年）　　单位：1000 海关两

出口商品名称	出口商品金额
1. 生丝产品	51465
2. 茶	30021
3. 棉花	24812
4. 大豆、豆粕	7282
5. 毛皮	7142
6. 羊毛	4602
7. 麦秸编织物	4503
8. 榨油	4278
9. 草席	3389
10. 烟草	2565
11. 南京棉布	1433
12. 肉桂	1058

资料来源：CIMCC. Reports on Foreign Trade，1905，p. 26－27.

总之，晚清作为工业化国家的半殖民地，出口以土特产和原材料为主，进口以鸦片和纺织品为主，这在晚清早期尤为明显。晚清后期，中国的出口中也开始出现手工艺品和轻工业品，出口结构有所优化，但传统优势出口产品茶和生丝的国际地位逐渐丧失。随着英国工业资产阶级在国内政治地位地提高，在对外政策和对外贸易中话语权的增强，代表资产阶级的自由党出台禁烟措施，英国自印度向中国出口的鸦片逐步减少直至消失，中国对英国工业品的需求上升。同时，随着日、美、德等新兴资本主义国家的崛起，英国对华贸易垄断地位受到挑战，但英国仍然是中国最大的贸易国。

（二）贸易结构从商品贸易向商品与服务贸易并重转变

晚清时期的外贸中，商品贸易向服务贸易逐渐转变。西方列强以协定关税为手段，通过扩大进口商品的免税范围，降低进口税率及实行子口税等手段，国外商品顺利进入中国市场。中国成为工业化国家工业品倾销地和原材料及农产品的搜刮地。在不断扩大商品对华贸易的同时，工业化国家也逐步实施对华服务贸易，抢夺中国人的饭碗，追逐高额利润。从 19 世纪后半期开始，西方列强陆续在中国开展航运、保险及银行业等，中西双方从商品竞争向商品和服务全面竞争。

1. 航运业对外开放

按照国际惯例，外籍船舶无权参与国内航运服务，第一次鸦片战争后签订的《中英南京条约》及随后签订的《通商章程》也没有关于中国放开航运业的相关条款。此间，在中国虽偶尔有华商雇佣外籍船舶运输货物，但都因海关当局的警告而使从事沿海贸易的外籍船舶数量极为有限。第二次鸦片战争后，同各国签订的《天津条约》也不允许外籍船舶从事沿海航运业，中英《通商章程》也不过允许外籍船舶在通商口岸贩运铜钱、米谷、豆石、豆饼而已[①]。由于外国侵略者对沿岸贸易利益的垂涎，同时，中国海岸海盗横行，华商为避免损失，逐渐雇佣洋船载运货物。1850～1860 年，从事中国沿岸贸易的外国船迅速增长，例如 1850 年，英国轮船公司只有 1 艘轮船定期航行于上海至香港之间的各个口岸，3 年之后增加到 5 艘[②]。

对于既成事实的外籍船舶航运业的开放，总理衙门对此行为并不明确反对，却倾向征收重税。并向英法两国公使提出：或者在复进口时课以进口税，并划拨税款十分之二偿付赔款，或课半税，而不划拨赔款[③]。英法公使

① 参见《筹办夷务始末》同治朝，卷三二，第 19～20 页。因太平天国占领杭州、宁波，总理衙门于同治元年正月奏明“请暂开豆石之禁，以结其心，而资其力，当经奉旨允准”。

② 莱特：《中国关税史》，第 187 页。

③ 见《中国近代海关历史文件汇编》，第六卷，第 97～98 页。作者是 The Inspector General Of Customs，出版者是上海的 Statistical Department of the Inspectorate General，1937 年出版。

同意了后项办法[①]。于是外籍船舶取得从事土货沿岸贸易的合法权利。1861年9月8日，海关总税务司发布通令，凡外籍船舶从事土货沿岸贸易，在出口口岸缴纳出口正税，在进口口岸缴纳半税[②]。同年十一月又补充规定，凡已缴纳复进口半税的土货，如再欲运往他口，发给免重征执照，俟到他口，不再纳税。如运往国外，以3个月为期，发还已缴半税[③]。1863年又将复出口往其他通商口岸或外国的时间延长1年，对复出口往外国的土货以存票代替发还现款。随后又规定复出口往其他通商口岸的土货也可给存票，以代替过去发给的免重征执照[④]。

沿岸外籍船舶运输贸易的开放给中国的帆船贸易造成沉重的打击。由于外籍船舶拥有速度快、载重量大等优势，且武装齐全，能够保证货物安全，使中国从事运输的帆船劣势尽显，业务逐步被外籍船舶夺去。船东亏损，水手失业。“因为外国船由于行驶迅速、防范盗匪周备、可以保险和取费低廉等等原因，已经为人们所喜爱了。”[⑤] 咸丰三年八月初四（1853年9月6日）发生上海水手起义，就是因受洋船沿海贸易的排挤而滞留于上海的福建、广东失业水手在刘丽川等人的率领下发动起义，史称“上海小刀会起义”[⑥]。同治元年（1862年），登州与牛庄的大豆贸易开始解禁，这给本来依靠南北帆船贸易维持生计的航运业带来了巨大的打击。“自同治元年暂开豆禁，夹板洋船直赴牛庄等处，装运豆石。北地货价因之昂贵，南省销路为其侵占。两载以来沙船亏折殆尽，富者变而赤贫，贫者绝无生理。”[⑦]

19世纪末期，由于沿岸贸易权及所征税率已载入条约，外籍船舶所运货物税负固定，而帆船常关厘金税率却可任意增加，这样就使外籍船舶载运土货时享有低税负的待遇。土货运输，更趋洋船，国内帆船业更趋衰落。

为抵制外籍船舶对国内航运业的逐步垄断，洋务运动时期，李鸿章采取官督商办的形式成立轮船招商局，与外籍船舶进行竞争。李鸿章对其提出的设想是，将它处于海防、洋务事业的中心位置，从事对“国计、民生”有裨益的活动，担负夺回外国利权的重任。轮船招商局将主要基地设在天津、

① 见《通商章程成案汇编》，卷六，第25页。
② 见《中国近代海关历史文件汇编》，第1卷，第5页。
③ 见《中国近代海关历史文件汇编》，第1卷，第6～10页。
④ 见《中国近代海关历史文件汇编》，第1卷，第32页。
⑤ 泰勒·丹涅特著：《美国人在东亚》，姚曾广译，商务印书馆1959年版，第274页。
⑥ 参见《福建·上海小刀会档案史料汇编》，316～317页，福建人民出版社1993年版。
⑦ 《筹办夷务始末》（同治朝）卷28，第38页。

上海、汉口，其主要业务包括三点：（1）从事沿海贸易，特别是漕运；（2）参与长江贸易，在内陆航运事业方面，与英国和美国争夺内河运输的利权；（3）从事东南亚贸易，从事与新加坡、菲律宾之间的贸易①。1886年，马士以“顾问”资格加入轮船招商局。据马士观察，当时轮船招商局与外国汽船相比未必有竞争力优势。例如，从印度支那到中国的朝贡米，从越南顺化运到越南海防，轮船招商局收的运费为每担56钱，而以42钱的价格与法国的汽船公司签了协议②。尽管如此，轮船招商局的成立和运行对欧美船舶对国内运输业的垄断起到很好的抵制作用。

当然，船运业的开放也并非一无是处。外国轮船排挤中国帆船，从而使许多人失业，但是对中国，特别是中国的南方各省也带来了一定的好处。由于主要粮食作物歉收而引起的威胁已不存在，因为一旦收到灾荒的威胁时，就可以由轮船迅速地从暹罗和西贡大量运入大米。这对于人口稠密的国家的好处是不可估量的；甚至在年成较好时，从这些国家输入的米谷量也很大，足以充分维持对当地市场的供应，以致粮价很少波动，让最贫穷的人也可以购买③。仅1888年，中国向外国购入洋米达到空前的数量，计7132211担④。

出于维护社会稳定的需要，晚清政府完全禁止向外国输出谷类。在中国各省之间，有着相当数量的大米交易，并雇佣从事沿岸贸易的外国船舶来运输，但无论怎样丰足或低廉，也不准输往国外，东北平原适宜种植大豆和豌豆，被运往华北、华南，或日本等外国，这两种农产品也是唯一允许进行对外贸易的谷类。19世纪后期，国际运费的下降和白银的贬值，使许多之前出口得不偿失的大宗货物出口变得有利可图，除茶和生丝外，中国其他商品的出口逐渐增长。

2. 金融业被外资操纵和控制

鸦片战争失败后，外商开始染指中国的银行业。最早来华设立分支机构的银行是丽如银行，该行于1845年在香港和广州设立分支机构，随后又有汇隆、麦加利、汇川、利生及利华等银行⑤。这些银行总行一般在国外，主要从事宗主国与殖民地贸易的银行，初来中国其业务的核心是汇兑业务。之

---

① 《李文忠公全集·奏稿二五》，第4～5页。

② 1886年4月16日，马士给泰特林克一封信。Albert Feuerwerker. China's Early Industralization. Harvard University Press，1958，p. 137－144。

③ Commercial Reports，1875，Guangzhou，p. 14.

④ Trade Reports，1888，p. 3.

⑤ 严中平：《中国近代经济史》（第三卷），人民出版社2012年版，第1147～1150页。

前的汇兑业务主要由实力雄厚的洋行完成，这些银行一般竞争不过大洋行，当时的大洋行叫嚷“经纪汇票是商人独享的合法业务，从来不是银行家的业务”①。19 世纪 60 年代前期，很多银行在上海进行大量的外汇投机，市场利率经常保持在较高水平之上，即使最低利率也超过 12%，有时高达 36%②。过度的投机终于付出惨重的代价，1866 年，伦敦金融市场的动荡使上海金融市场爆发第一次金融危机，大量银行被迫改组甚至倒闭。

就在 1866 年危机前夕，一家以控制中国金融市场为目的的银行——汇丰银行成立了，其总部设在香港，主要股东为在中国具有长期侵略历史和多年贸易经验的洋行老板。从 1850 年到 1894 年甲午中日战争，大约 1.5 亿两对地方官僚以及清政府的借款中，洋行约占 9000 万两，外国银行约占 6000 万两。而汇丰银行一家就占到全部借款的 20%，占外国银行全部借款的 50%，亦即 3000 万两。③

19 世纪 70 年代前期到 90 年代前期，一些资本主义国家运用国家政权的力量支持本国银行在中国开展业务，先后出现德国的德华银行、俄国的华俄道胜银行及美国的花旗银行等，这些银行从控制中国进出口贸易的外汇市场入手，逐步发展到向清政府借款，办理华侨汇款等，通过控制金融市场来控制中国的经济命脉。

此外，资金实力雄厚的外国洋行除从事航运、金融、保险之外，还投资于其他与航运业直接关联的码头、仓库业、土地投资、加工业等，从 1860 年代末到 19 世纪末，无论是从数量还是从投资额上来看，都在急速扩大。另外，汇丰银行摆脱了作为殖民地银行的消极自我防卫的性格，试图成为各种事业的中心。

从商品贸易到服务贸易，西方列强的侵略触角深入晚清中国经济的各个方面，在不断攫取巨额利益的同时，这些洋行老板和资本家对中国的经济、外交政策也产生越来越大的影响。

二、对外贸易的范围由南方扩大到北方和周边区域

（一）贸易的中心由广州转移到上海

鸦片战争前夕，清政府实行一口通商的政策，所有的进出口贸易只准广

---

① 《北华捷报》1852 年 8 月 7 日，第 3 页。

② 严中平：《中国近代经济史》（第三卷），人民出版社 2012 年版，第 1148 页。

③ 徐义生：“甲午中日战争前清政府的外债”，《经济研究》1956 年第 5 期。

州一口贸易，广州是当时中国对外贸易的中心。第一次鸦片战争后，五口通商，贸易范围由南向北扩散，特别是上海，由于其毗邻当时中国主要出口产品茶叶和生丝的产地江浙地区，许多以前经过广州出口的商品都由上海来完成，上海逐步取代广州成为中国最大的对外贸易集散地。第二次鸦片战争之后，长江内地口岸被迫开放通商，国外的商品经过上海沿长江进入内地，同时长江流域的商品沿江而下通过上海出口，上海的对外贸易地位进一步巩固。由于贸易量的不断增长，江海关也成为晚清政府征收关税第一大海关。

此外，中国国内的大宗贸易商品——大豆，作为中国的新型出口商品，逐步成为主要的出口商品。这一点也表明20世纪之后，中国出口商品的构成变化。伴随着这一动向，由此前的对外贸易以华南、华中为中心，开始转变为华北、东北对外贸易比重逐渐提高①。

（二）贸易的范围由沿海向沿江及沿边扩散

第一鸦片战争的五口通商都在沿海地区，第二次鸦片战争后增加九个通商口岸，其中镇江、九江和汉口都深入内地，沿海贸易逐渐向内陆渗透，外国商人甚至沿长江直至重庆，中国开放的范围进一步扩大。

与此同时，内陆周边贸易也发展起来。随着俄国势力在东北的持续扩张，中俄边境贸易持续扩大，主要贸易地点在贝加尔湖南边的恰克图。除边境地区的易货贸易外，俄国商人可在张家口或天津（距恰克图1500公里）购买茶叶和其他中国商品，然后用骆驼和毛驴运往俄境。从1867年起，恰克图贸易纳入了中国海关的管理范围，历年均有贸易统计。根据1869年签订的一项条约，在天津全额缴纳出口税后，货物沿陆路运往俄国即可免除沿途税。此外，各类在中俄边境地区设立的免税区的协定相继签署。从19世纪70年代开始，向俄罗斯的茶叶出口开始激增，它与中国向英国、美国茶叶出口减少形成互补的关系。从《南京条约》签订、五口通商以来，中国在茶叶出口，进而在对外贸易关系上，从关注华南沿海的对外贸易转变为华中扬子江贸易及周边贸易也开始占有一定的分量。而且，伴随着俄罗斯向亚洲的贸易进展，经由蒙古、俄国的贸易重要性也开始增强。此前俄国与清朝政府之间的贸易关系，直到18世纪中叶为止一直是俄国的毛皮出超状态，从18世纪后半期开始，中国茶叶的出口开始增加。俄国把原来经由卡夫塔

① China, Maritime Customs, Beans in Manchuria. Shanghai. 1883.

的英国棉布作为与中国茶叶交换的等价物，但中国开始重新开放的五个港口进口棉布之后，俄国在1854年解除了白银出口的禁令，这就为与中国的贸易提供了更加有利的条件[①]。

在西南地区，思茅于1897年开埠通商，从这里利用驮畜运货至法属东京（指河内）边界需要6天。腾冲（腾越）于1902年开埠，从这里利用驮畜运货至缅甸巴莫需耗时7天[②]。这些水陆边境贸易大多数享有税收优待，甚至根据有关条约在一定时期可免税贸易。

与贸易范围的扩大相对应，随着通商口岸的不断增多，设立的海关也由19世纪60年代的14个增加到20世纪20年代的近50个。19世纪60年代晚清的海关多集中在长江和华南沿海，北方沿海只有3个。到了20世纪20年代，海关设关地点遍及全国，从西南地区的中缅边界到最南端的海南岛，以至东北角的阿穆尔河均有海关存在。有海关的地方就有对外贸易，海关范围的不断扩展意味着对外贸易范围的不断扩大。

三、对外贸易的对象由朝贡国转向西方资本主义国家

自秦汉以来，朝贡贸易是中国对外贸易的重要形式。鸦片战争爆发，西方列强的入侵，造成了中国内部权威的衰落和国家地位的边缘化。鸦片战争的失败使“天朝帝国万世长存的迷信受到致命的打击，野蛮的、闭关自守的、与文明世界隔绝的状态被打破了”[③]。中国自此开始认识世界，融入世界大潮之中。

（一）宗藩关系的解体和朝贡贸易的结束

回溯朝贡历史，一国向中国朝贡，或表示期望回报更大的物质利益，或出于通商目的，或表示臣服，都会被中央政府视为藩属国。鸦片战争失败后，中国的国际地位大幅下降，基于臣服基础上的宗藩关系受到挑战，朝贡贸易开始受到影响。

在19世纪中叶以前，中国同朝鲜、琉球、越南、缅甸以及锡金之间存

---

① 吉田金一：《俄罗斯与清朝的贸易》，载于《东洋学报》第45卷第4号，1963年。

② 托马斯·莱昂斯著：《中国海关与贸易统计（1859～1948）》，毛立坤等译，浙江大学出版社2009年版，第26页。

③ 马克思：《中国革命和欧洲革命》，《马克思恩格斯选集》（第9卷），人民出版社1972年版，第110页。

在的宗藩关系是双方进行朝贡贸易的基础。晚清时期，由于国力衰落，中国传统上的对周边地域关系，发生了宗藩关系与殖民地关系之间的冲突。俄国从 1858 ~ 1860 年开始从中国割占领土，日本于 1879 年吞并了琉球群岛。1883 ~ 1885 年的中法战争结束后，中国结束了对越南的宗藩关系，越南成为法国的殖民地。1888 年，为了向中国西藏就近倾销茶叶，英军悍然发动第一次侵藏战争。这场战争后使清政府被迫与英国先后签订了《藏印条约》和《藏印续约》，承认锡金归英国保护。1894 ~ 1895 年甲午中日战争战败后，中国被迫承认朝鲜独立，结束了对朝鲜的宗主权。殖民主义的扩张导致中国传统宗藩关系的逐步解体（见表 2 – 18）。

工业化国家殖民主义的拓展破坏了中国长期建立起来的朝贡体系及其该体系所形成的缓冲区，使中国被迫与新邻国达成新的协定，以便在边境地区开放新的贸易口岸。在西南地区，思茅和腾冲的开埠正是宗藩关系解体的表现。

表 2 – 18　　　　晚清时期中国宗藩关系的破产

领土	条约条款
锡金和缅甸	承认英国队对先前中国的藩属锡金和缅甸的控制，与中国在 1866 年、1890 年、1894 年、1897 年进行了四次划界。（但缅甸每隔十年向中国派出一次朝贡使团）。 1893 年在西藏开辟互市地点，允许跨境旅行和贸易。 1894 年准许中缅边境自由往来通过，承诺改善商路条件。 1893 年、1894 年准许中国与锡金和缅甸边境贸易暂时免税，将来也享有减税优待
越南	1885 年承认法国占领越南，终止中国对越南的宗主权。 承诺对往来中越边境的货物实行减税优待。 认可法国享有优先开发云南的权益。 1898 年赋予法国自越南边境修筑铁路至云南昆明的权益（1910 年滇越铁路建成，全长 465 公里）
琉球群岛	1874 年结束了中国与琉球间的宗藩关系（琉球很早就是中国的藩属。17 世纪初，日本开始与中国争夺对琉球的宗主权，最终于 1879 年吞并琉球）
朝鲜	1895 年中国承认朝鲜独立，结束了对朝鲜的宗主权。（1905 年朝鲜沦为日本的保护国，1910 年日本正式吞并朝鲜） 1913 年起中国实行对朝进出口贸易减税优待

资料来源：根据托马斯·莱昂斯著，毛立坤等译的《中国海关与贸易统计（1859 ~ 1948）》，浙江大学出版社 2009 年版，第 27 页的“1931 年以前的邻国”相关资料整理。

和商品贸易不同的是，朝贡贸易贡使团携带的物品是代表藩属国向中央政府敬献的贡品，凡是朝贡船都有确定的进港地，经过海关只需登记即可，不需缴纳关税。并且，贡使团到京后的食宿费用也由中央政府承担，贡使团一边准备皇帝的接见，一边不紧不慢地打理自己的生意，不但可以从皇帝赏赐中获取丰厚的回报，私下交易也可以获取丰厚的利润。所以，对朝贡国来说，朝贡贸易是非常划算的买卖，按朝贡制度，朝贡一般为三年一贡，很多藩属国却两年一贡甚至更为频繁，经济上的利益是其中最重要的原因。而对帝国而言，获取远方珍奇巧物是一方面，更重要的是获取臣服的心理满足感，象征皇恩浩荡，恩泽远人。

（二）中西贸易关系的确立及对外贸易规模的扩大

中西海上贸易始于葡萄牙。早在1516年，拉法尔·裴勒斯特罗（Raphael Perestrello）驾船到达广州[①]。随后，西班牙、法国、荷兰、英国先后达到中国，但在鸦片战争前夕，中国的对外贸易中，80%~90%的进口来自英国，65%~80%的出口到英国，中英贸易是中西对外贸易的最重要组成部分。

鸦片战争之后，伴随着中国关税的持续下调，西方主要工业化国家相继完成工业革命，这些国家强化对中国的贸易争夺，中外贸易额持续扩大（见表2-19）。1864年，中国对外贸易额9486.5万海关两，到甲午中日战争前夕（1893年）增长到26799.5万海关两，30年间增长了近3倍。到了晚清末年，中外贸易额已突破84884万海关两，比1893年增长超过3倍，这次超过3倍的增长只用了19年，中外贸易规模呈现加速增长的趋势。

表2-19　　1864~1911年晚清对外贸易额的变化表　　单位：1000海关两

年份	进口额	出口额	总额	贸易逆差（-）
1864	46210	48655	94865	2445
1865	55715	54103	109818	-1612
1866	67174	50596	117770	-16578
1867	62459	52158	114617	-10301
1868	63282	61826	125108	-1456
1869	67109	60139	127248	-6970
1870	63693	55294	118987	-8399
1871	70103	66853	136956	-3250
1872	67317	75288	142605	7971
1873	66637	69451	136088	2814
1874	64361	66713	131074	2352
1875	67803	68913	136716	1110
1876	70270	80851	151121	10581
1877	73234	67445	140679	-5789

① 姚贤镐：《中国近代对外贸易史资料（1840~1895）》（第一册），中华书局1962年版，第121页。

续表

年份	进口额	出口额	总额	贸易逆差（-）
1878	70804	67172	137976	-3632
1879	82227	72281	154508	-9946
1880	79293	77884	157177	-1409
1881	91911	71453	163364	-20458
1882	77715	67337	145052	-10378
1883	73568	70198	143766	-3370
1884	72761	67148	139909	-5613
1885	88200	65006	153206	-23194
1886	87479	77207	164686	-10272
1887	102264	85860	188124	-16404
1888	124783	92401	217184	-32382
1889	110884	96948	207832	-13936
1890	127093	87144	214237	-39949
1891	134004	100948	234952	-33056
1892	135101	102584	237685	-32517
1893	151363	116632	267995	-34731
1894	162103	128105	290208	-33998
1895	171697	143293	314990	-28404
1896	202590	131081	333671	-71509
1897	202829	163501	366330	-39328
1898	209579	159037	368616	-50542
1899	264748	195785	460533	-68963
1900	211070	158997	370067	-52073
1901	268303	169657	437960	-98646
1902	315364	214182	529546	-101182
1903	326739	214352	541091	-112387
1904	344061	239487	583548	-104574
1905	447101	227888	674989	-219213
1906	410270	236457	646727	-173817
1907	416401	264381	680782	-152020
1908	394505	276660	671165	-117845
1909	418158	338993	757151	-79165
1910	462965	380833	843798	-82132
1911	471504	377338	848842	-94166

资料来源：China，Martime Customs. Decennial Reports，1922～1931. Appendix，p. 170。

伴随着贸易规模的持续增长，中国的贸易逆差也逐步扩大。1870 年之前，中外贸易中国也有逆差，但逆差规模非常有限，多数年份都在几百万海关两。在 19 世纪 70 年代初期甚至出现顺差，但后期又陷入逆差的泥潭。随着资本主义剥削程度的加深，以及中国传统出口产品丝茶优势的逐步丧失，逆差规模呈现增长趋势。在 19 世纪 90 年代，逆差规模在几千万两，而进入 20 世纪之后，逆差规模突破亿万海关两，在 1905 年，达到峰值 21921.3 万海关两。此后从1908年开始，由于中英两国之间就鸦片限制进口达成协议，英国在中方限制国内鸦片种植的前提下，每年自动削减向中国出口鸦片的数量，中外贸易的逆差才开始减缓。

西方国家的入侵导致中西贸易规模的扩大，入侵中国的过程也是中国传统宗藩关系解体的过程。西方国家中，除日本曾属于中国朝贡贸易圈范围之外，其他国家都不属于中国朝贡贸易圈的范围。经过明治维新的改革，日本也走上自强道路，不但摆脱中国藩属国地位，而且吞并琉球和朝鲜，挤压了中国朝贡贸易的范围。

宗藩关系的破产和朝贡贸易的结束是西方对华侵略的必然后果，也是中国殖民程度深化的体现。

第五节　对外贸易的变化对晚清中国的影响

晚清时期，随着中国对外开放的广度和深度逐渐加深，中国传统的自然经济结构开始走向解体，中国被迫纳入整个资本主义发展体系。由于主权的丧失和关税失去对国内产业的保护，中国向世界开放市场，从而日益沦为工业化国家的原料供应地和工业品倾销市场，在工业化国家把持下参与国际分工，给中国政治、经济、社会带来一系列问题。

一、晚清政府对资本主义国家依附程度不断加深

因鸦片贸易纠纷而引起的鸦片战争中，夜郎自大的清政府被打败，被迫按照英国的要求降低关税壁垒，开放口岸。虽然鸦片贸易仍属非法，但鸦片的输入持续增加，一举成为中国进口的头号商品。被寄予厚望的中国市场并没有对英国工业品产生急剧增长需求，除开放前几年进口有所增长外，英国工业品在中国的需求陷入停滞甚至下滑，不甘于此的英国发动第二次鸦片战争，要求晚清政府进一步开放口岸，扩大免税范围并实施鸦片贸易合法化，晚清政府据此成为西方国家的利益代言人和政治附庸。利益暂时得到满足的西方列强面对中国人民的反抗斗争，毅然帮助清政府镇压人民反抗，维护自己的既得利益。同时，它们帮助清政府改革海关，建立外籍税务司制度并推广至全国通商口岸，通过子口税、常关纳入海关管理等形式将地方的财政收入上收中央，维护中央政府的集权和财力，延缓了清政府的破产。

《辛丑条约》签订之后，面对4.5亿两白银的巨额赔款，西方列强提出

三种方案以保证赔款的履行：一是瓜分中国；二是成立由西方列强组成的委员会接管中国财政；三是维护满清政府的统治，改革关税制度以增加政府收入以保证条约的履行。在海关总税务司赫德的斡旋之下，西方列强接受了第三种方案，死里逃生的晚清政府又得以苟延残喘，列强维护晚清政府统治，而晚清政府维护列强在华的政治和经济利益，彼此各取所需，晚清政府完全沦为西方列强的政治附庸。

二、晚清中国沦为工业化强国原材料产地和工业品倾销市场

由于鸦片战争战败，晚清政府被迫与英国协定关税。在此制度下，中国出口关税税率长期高于进口关税税率，不但无法保护国内的幼稚产业，还抑制国内商品在国际市场的竞争，其结果是出口产品竞争力下降而进口产品竞争力提升。晚清早期，中国传统优势出口产品茶叶和生丝在国际市场上所向披靡，晚清政府没有强化这种竞争优势，在“抑内护外”的关税制度下，这两种商品的竞争优势在晚清末期消失殆尽。与此同时，对本应课以重税的奢侈品，清政府却实施免税的关税政策，一方面消耗了有限的国内财富，另一方面，免税导致政府无法取得财政收入，削弱政府财力。如果说晚清早期，在没有竞争或竞争力很小的情况下中国靠两种土特产轻易获取对外贸易的优势并保留大量顺差的话，那到了晚清后期，随着印度茶推广的成功及日本茶、生丝的崛起，“抑内护外”的关税制度使茶叶和生丝在贸易优势迅速缩小，中国出口产品中棉花、毛皮、菜籽乃至后来的煤炭等原材料的比重迅速上升，彻底改变了鸦片战争之前中国的出口贸易结构。

另外，国产产品由于失去关税的保护，传统手工业日益没落甚至破产，大量廉价的国外棉织品、火柴等生活用品充斥国内市场，一度占有优势并出口海外的南京布销声匿迹。中国成为西方列强原材料供应地和产品倾销市场。“洋布、洋沙、洋花边、洋袄、洋巾入中国，而女红失业；洋煤油、洋烛、洋电灯入中国，而东南数省之柏树皆弃为不材；洋铁、洋针、洋钉入中国，而业冶者多无事投闲，此其大者。尚有小者，不胜枚举。所以然者，外国用机制，故工致而价廉，且成功亦易；中国用人工，故工笨而价费，且成功亦难。华人生计，皆为所夺矣。”[①]

三、日益激化的社会矛盾动摇了清朝统治的基础

在帝国主义、封建主义及官僚资本主义的三重剥削下，普通百姓生活日

---

① 郑观应：《盛世危言》，卷7，第20页。

渐艰难。传统优势产品因出口需求逐步减少而限制了就业，大量外国工业品的涌入打破了传统手工业者的饭碗；鸦片贸易的合法化和进口的不断增长，使白银大量外流，银贵钱贱，使民众赋税负担翻倍；战争军费、战败赔款及财政支出的无度增长压榨普通百姓最后一丝血汗，一步步挤压人民的生存空间；社会矛盾激化，农民的反抗斗争此伏彼起。

为抵制进口鸦片，中国西南地区也大量种植鸦片以实现进口替代。鸦片的大量消费，毒害了身体，麻醉了精神，社会风气也随之日益腐化堕落，整个帝国患上了“鸦片依赖症”。鸦片税收、鸦片就业、鸦片贸易、鸦片消费等一系列围绕鸦片的活动使整个社会看起来欣欣向荣，却在慢慢侵蚀着有限的社会财富，昔日庞大的帝国大厦正一步步倾覆。

20 世纪初，伴随着英国工业资本家逐渐走上政治舞台，其主政下对国家政策和对外贸易政策作出调整，签订《禁烟条例》并承诺在清政府减少国内鸦片种植和消费的前提下，英国自愿逐步减少对中国鸦片的出口，并提前履行承诺，逐步停止对中国鸦片的出口。但帝国沉疴已久，这仍然挽救不了灭亡的命运。

晚清贸易结构的变化，是主权丧失之后在对外贸易上的必然结果，西方列强通过一次又一次战争打开中国大门的最直接目的就是获取政治和经济利益，把中国纳入世界资本主义分工体系，为资本主义的经济发展和繁荣作出牺牲，以更好地实现资本家的利益。晚清对外贸易结构的变迁也顺应了这种要求，只是由于偏利贸易导致晚清政府失血过多，勉强支撑 72 年就灭亡了。

第三章
晚清关税影响对外贸易的实证分析

第一节 关税对对外贸易发挥作用的机理

关税被称为对外贸易的“壁垒”。关税的高低可以直接影响进出口商品的规模和结构。一国关税税负的高低不仅取决于国际间的关系，也与一国经济发展水平息息相关。

一、关税是国家政治经济主权

（一）关税代表国家政治主权

关税虽然只是众多税种中的一个，但作为对外经济活动中国家存在的表现，关税体现的是整个国内政治经济的运行态势，它具有配置资源和财富再分配的强大功能，这种经济职能的实现是以国家政治主权的存在为前提的。

首先，关税的课税范围以关境为界。关境指主权国家的关税法令实施的领域，国境指主权国家行使行政权力的领域。两者所包括的范围有时一致，有时不一致。任何主权国家都有权根据国家利益需要合理确定本国的关境，以更好地维护和实现本国利益，关税主权也是国家尊严的象征。

其次，在制定关税政策上，主权国家在国际公约的约束下，独立制定符合本国经济利益的关税政策。关税政策是一国对外贸易政策的重要组成部分，奉行自由贸易抑或保护贸易，都由主权国家自主决定，这是国家主权最直接的体现。附属国或殖民地是没有权力独立确定本国的关税政策的。因为关税的涉外性，这些主权丧失的国家在制定关税政策时不得不考虑宗主国和殖民者的利益。

因此，关税代表一国政治主权。但是，独立的关税政策并不排斥关税政策的制定要受国际公约的约束，国际公约是各个主权国家讨论通过的为促进国际贸易扩大化而共同遵守的准则，遵守国家公约一般并不损害一国政治主权。

（二）关税是政府提供市场保障和服务的必要经济补偿

国家行政管理机关为进入本国境内的商品流通提供各种公共服务，如安全、交通、法律等，征收关税是对本国利益的必要补偿。因此，国家是关税征收的主体，海关就构成关税征收的机关。威廉·配第在《赋税论》中讲到："关税是对输入或输出君主领地的货物所课的一种捐税，……关税最初是为了保护进出口货物免遭海盗劫掠而给君主的报酬。"据《大英百科全书》对"customs"的解释，古时商人进入市场时要向当地领主交纳一种例行的入市税"customary tolls"，后来就把 customs 和 customs duty 作为海关和关税的专用英文名称。

对当代关税职能的定位方面，其固有职能中的财政收入职能，将随着经济的发展和全球化、经济一体化进程的加快而变得风光不再，而保护本国产业和调节经济、配置资源的职能将更为突出。

二、关税影响进出口规模

关税属于间接税，关税的征收会提高进出口商品的成本。在进出口行业利润率一定的前提下，进出口经营者通过提高销售价格将税收负担转嫁给购买者，通过层层税负转嫁，这部分税负最终由消费者承担。根据需求定律，在其他条件不变的情况下，正常商品的需求会随该商品价格的提高而减少，反之依然。为此，当关税水平普遍降低的情况下，各国之间的分工合作加深，对外贸易规模迅速增长；相反，各国采取以邻为壑的贸易政策，提高关税壁垒，对外贸易的规模迅速萎缩。

（一）进口关税的高低与进口规模的相关性

进口关税的高低决定进口规模。当一国提高进口关税税率时，进口需求会迅速下降；降低进口关税税率时，进口需求上升。在中国近代史上，晚清海关于1864年开始对外贸易统计，当时统计的贸易规模按市场价格来计算的，统计的进口额大于实际进口额；统计的出口额小于实际的出口额[①]。1904年以后，我国的进出口额统计标准与国际惯例一致，即进口采用CIF价格。以此标准，则海关公布的的进口额与CIF标准下的进口额之间的关系表述为：

修正后的进口贸易额＝CIF＝原进口贸易额－（5%的进口关税＋2.5%的子口税）－7%杂费。

晚清关税实行的是从量税和从价税，大部分商品实施的是从量税，少部分则实施的是从价税。从量税征收的结果会出现随着商品价格的上升关税税负相对下降的现象。但在晚清早期，由于鸦片进口导致白银外流，银价上涨，商品价格总体下降。因此，从量税在晚清早期提高了关税的实际税负。19世纪60年代以后，海关行政权掌握在以赫德为代表的外国人手中，大范围的减免税、偷税、走私等，使关税的实际税负远远低于名义税负。19世纪末，随着西方工业化国家相继采取金本位制，工业化国家在国际市场上大量购买黄金而抛售白银，致使白银价格大幅下跌。晚清政府仍然采用银本位且对外贸易仍用白银来结算，以白银计价的商品价格上涨，导致实际进口关税税负下降。而从价税则不同，其关税税负不会因商品价格的波动而变化。清政府被迫打开大门之后，大量商品涌入中国，进口关税实际税负整体下降是其中最主要的原因。

现代相继产生了消费税和增值税，进口关税也成为进口环节消费税和增值税的计税税基，关税税负越高，相应地，消费税和增值税也高。而同样作为间接税的消费税和增值税，其税负最终也会转给消费者，价高则需求下降，反之亦然。现代关税有从价税、从量税、复合税及滑准税等，下面以从价关税为例来说明关税、消费税及增值税的关系：

关税完税价格＝成本＋运费＋保险费＝CIF

进口关税＝CIF×进口关税税率

组成计税价格＝CIF＋进口关税＋消费税[②]

进口环节消费税＝组成计税价格×消费税税率[③]

---

① 滨下武志著：《中国近代经济史研究（上）——清末海关财政与通商口岸市场圈》，高淑娟、孙彬译，凤凰传媒出版社、江苏人民出版社出版，第172页。

② 指在中国征收消费税的商品，若该进口商品不属于消费税的征收范围，则组成计税价格不含消费税。

③ 现行税法中的特定消费品消费税有3种，即从量税、从价税和复合税，此处仅以从价税加以说明。

进口环节的增值税 = 组成计税价格 × 增值税税率

从上述公式不难看出，进口关税税率的高低不仅与进口关税税额密切相关，而且直接关系进口环节的增值税和消费税，进口关税税率的提高可使进口环节商品的税负大幅增长，直接提高了进口商品的税负成本；相反，进口关税的下降也使进口成本大幅下降。晚清时期，以英国为首的工业化国家宣扬自由贸易，通过战争手段迫使中国接受协定关税，中国的进口税率低于出口税率，更低于工业化国家正常的关税水平（见表3－1）。半殖民地中国被迫以极低的关税让出国内市场，致使殖民地中国到处充斥外国商品，工业化国家则通过保护关税，适度控制进口商品规模，保持国内行业持续发展。

表3－1　　中美两国进口关税税率比较

年份	美国进口关税税率（%）	中国进口关税税率（%）
1860	15.67	
1865	38.46	6.7
1870	42.23	5.6
1875	28.20	5.76

数据来源：参见姚贤镐："两次鸦片战争后西方侵略势力对中国关税主权的破坏"，《中国社会科学》1981年第5期。

（二）减免关税是促进出口有效手段

根据自由贸易理论，贸易能增加社会财富。而增加社会财富的手段就是鼓励出口，减少进口，从而实现白银的流入。英国早期的重商主义理论对此有着非常深刻的论述。对于如何促进出口，最直接的措施无非两种，减免关税和出口补贴。

1. 减免关税

一国对商品出口环节减免关税，使该国产品能以较低的成本进入他国市场，从而减轻与进口国本土产品的竞争压力，实现扩大出口规模的目的。

第一次鸦片战争后，晚清政府在协定关税背景下，也采取降低出口关税的措施（见表3－2），降低出口关税确实促进相关产品的出口增长，但此次降低关税的目的并非增进社会财富，而是方便资本主义对中国垄断农产品茶叶和生丝的掠夺。实际上，从增加出口规模的角度看，降低乃至免除关税能降低出口商品的成本，提高出口商品的竞争力进而扩大出口规模；但从增进社会福利角度看，并非所有商品降低关税都是最优选择。19世纪中期之前，中国是世界茶叶市场的最大生产者，也是茶叶垄断供应商，对于国外市场需求稳定、供给单一的茶叶而言，适当的关税反而能增加政府财政收入，增进社会福利。学者马建忠谈及各国征税情况时，指出关税过多会影响对外贸易。他认为土特产出口本不该收税，但茶叶是例外，因为这是大利益所在。他还引用了西方某位精于理财者所说的话来佐证："秘鲁之雀粪强销，意大利之硫磺，中国之茶叶，皆为独有之货，自然之利，不妨多征者也。"①

表 3-2　　1843 年中英协定签订后主要出口货物新旧关税比较

商品名称	单位	1843 年前出口关税	1843 年新关税
浙江丝	担	23.73 两	10.0 两
广东丝	担	10.57 两	10.0 两
天蚕丝	担	4.13 两	2.50 两
各种茶叶	担	6.0 两	2.50 两

资料来源：姚贤镐："两次鸦片战争后西方侵略势力对中国关税主权的破坏"，《中国社会科学》1981 年第 5 期。

2. 实行出口补贴

出口补贴也是降低出口产品成本的一个重要手段，最常见的出口补贴为出口退税。出口退税就是对出口的商品全部或部分地退还其在国内已经缴纳各种税（通常指增值税和消费税），使其以不含税的形式进入国际市场。在总结重商主义理论体系时，亚当·斯密提出促进贸易顺差的六种主要手段，包括两种限制进口的手段和四种鼓励出口的手段。其中四种鼓励出口的措施包括退税、奖励和外国订立有利的贸易条约及在遥远的国度建立殖民地②，斯密认为，退税在两种不同情况下实行：如果本国制造品已经缴纳关税或消费税，在其出口时常常退还已纳税额的一部分；如果是为了再出口而进口的需纳税的外国货物，在其出口时退还已纳税额的全部或一部分。对那些刚起步的制造业，或被认为值得特别关注的企业的产品出口，会给予奖金以资鼓励；通过有利的贸易条约，本国的货物和商人可以在某些国外地区获得优于其他国家的特权。毫无疑问，亚当·斯密提出的退税、奖励及订立有利的贸易条约具有其合理性，为此，直到今天，这三种鼓励出口的措施还被广泛使用。

存票制是晚清政府采取的出口退税制度。出口退税的本意是为提高本国商品在国际市场上的竞争力，对其全部或部分已纳税款予以退还的制度。而

① 出自马建忠的《适可斋纪言纪行》卷 4，第 4～10 页。

② 亚当·斯密著：《国富论》，孙善春译，光明日报出版社 2012 年版，第 237～238 页。

晚清实施的存票制则为便利外商销售洋货而设计，最初办法为当洋货复出口时，给予该商品载有已缴纳进口税若干的一张单据，凭此单据可以当作现金抵充其他商品的进口关税，故称为存票。第一次鸦片战争后，各个条约上并无存票的规定。存票制的正式实施是在第二次鸦片战争之后，1858 年中英《天津条约》第四十款规定："欲将该货（进口洋货）运出国外，亦应一律声禀海关监督，验明发给存票一纸张，他日不论进口、出口之货，均可持作税饷之据。"① 1861 年，赫德又擅自通令各税务司，凡已纳出口税和复进口税的土货再行运出国外时，如在复进口时预先声明，并于 3 个月内装运出口，即可享受退还复进口税的待遇②。1863 年，赫德又把 3 个月出口的期限延长为 12 个月，并发给存票替代退还现款③。于是存票制度便由进口洋货推广到出口土货。同年二月又规定：凡已纳进口税的洋货和已纳出口税和复进口税的土货，运往上海和华北三埠时，一律发给存票④。同年 8 月，又允许其他各埠外商享受同样特权⑤。于是，存票制度又由对外贸易推广到对内贸易。

减免关税和出口退税都能降低出口产品的成本，在其他条件不变的前提下，能提高出口商品的竞争力，促进出口规模的扩大。

三、关税影响进出口结构

（一）关税调节商品原材料、半成品、成品结构

调整商品原材料、半成品和成品的关税能够鼓励制造业的发展。原材料、半成品及成品是制造业依次经历的三个环节，在这三个环节中，附加值逐步提高。为此，各国都鼓励半成品、特别是成品的制造，以增加本国的财富，在此过程中，关税扮演着重要角色。关税这种调节作用体现在：在进口环节，提高制成品的进口关税，以减轻国内市场的竞争压力，同时，降低原材料及半成品的进口关税，以降低制成品的生产成本，这也是幼稚工业保护

① 《中外旧约章汇编》，第 102 页。

② 《海关文件汇编》第 1 卷，第 9 页，1861 年总税务司通令，第 8 号（第一类）。

③ 《海关文件汇编》第 4 卷，第 429 页，1863 年总税务司通令，第 19 号（第一类）。

④ 《海关文件汇编》第 1 卷，第 28 页，1863 年总税务司通令，第 12 号（第一类）。

⑤ 《海关文件汇编》第 1 卷，第 32 页，1863 年总税务司通令，第 18 号（第一类）。

理论的主要观点[①]；在出口环节，提高原材料的出口关税，免除制成品的出口关税，甚至对制成品出口予以补贴。如 1884 年的德国，对出口糖一律免税，或退还国内甜菜税，另外，每 100 磅给补助金 2 马克，退还的税款及补助金总计达 9 马克，导致在伦敦买甜菜糖比在德国柏林还便宜。德国的制造业也是靠关税及补贴而完成逆袭，实现后来居上。

同时，由于农业的特殊地位，农业是各国重点保护的部门，对农产品关税各国都十分重视。由于各国农业资源禀赋差异的存在，主权国家非常重视通过关税加强对农业的保护，并对农业生产提供大量补贴，以保护本国农业就业和提高农产品的竞争力。另外，重要的原材料特别是涉及国家安全的原材料也成为各国争夺的重点，各国对这些原材料关税政策的制定非常谨慎。

（二）关税政策体现国家产业政策

为产业发展服务也是关税政策的重要职能，关税政策体现国家产业偏好和促进一国产业升级。国家在制定关税政策时，迎合产业发展需要，对国家鼓励的产业，提高相关产品的进口关税；而对国家限制的产业，往往通过降低关税促进进口，以进口来满足国内生产。同时，运用减免关税、出口退税等手段来促进新兴产业、高新技术产业产品的出口，提高这些产业产品和服务在国际市场上的竞争力。

另外，关税政策也应顺应国家战略的发展需要。进口替代战略和出口导向战略是常见的两种国家经济发展模式。进口替代战略指一国采取限制某些外国工业品进口，促进本国相关工业品的生产，从而实现在本国市场上以本国产品替代进口品以实现工业化。进口替代战略是内向型经济发展战略的产物。按照国际贸易理论，这样实现的经济增长是一种“进口偏向型增长”。进口替代战略的实施将降低整个对外贸易占一国 GDP 的比例。推行进口替代战略最主要的措施就是保护关税，通过提高进口商品的税率特别是进口制成品关税的税率，将国外产品拒之门外，减少国内市场的竞争，从而为国内生产创造条件。与进口替代相对立的是出口导向型的经济发展模式，它主要以出口的增长来带动整个经济的发展。国际贸易理论称之为“出口偏向型增长”。该出口带动的经济增长提高整个对外贸易占一国 GDP 的比例，从而造

---

① 幼稚工业保护论最初由汉密尔顿提出，经过李斯特全面发展而成为最早、最重要的贸易保护理论。参见（德）弗里德里希·李斯特著：《政治经济学国民体系》，商务印书馆 1961 年版。

成一种名副其实的外向型经济。改革开放之后，我国主要实施的是出口导向型的增长模式，该模式要求关税税负大幅降低，以顺应进出口规模扩大的需求。

总之，无论是产业政策还是国家发展模式，关税政策都在其中扮演着重要角色。

第二节　关税收入与对外贸易规模息息相关

关税对对外贸易规模的影响是多方面的。它既包括进口关税对进口规模的影响、出口关税对出口规模的影响，也包括进口关税对出口规模的影响及出口关税对进口规模的影响等。晚清时期，由于中国出口产品以初级产品为主，进口以工业制成品为主，产业链条单一。本书只分析进口关税与进口规模及出口关税与出口规模的关系，而对后两种情况不再涉及。

一、模型构建

晚清进出口额及关税税率变迁构成两组时间序列数据，而很多经济过程的实现需要若干周期，因此，需要在计量经济模型中引入一个时间维度。基于此，本书将滞后经济变量引入模型中，构建一个简单的动态经济模型。

$$Y_t = \beta_0 + \beta_1 X_t + \beta_2 Y_{t-1} + v_t$$

该模型中，影响因变量的不仅包括外生变量，而且因变量的滞后项也对因变量产生影响。

二、数据来源及处理

本章的对外贸易相关数据来源于姚贤镐主编的《中国近代对外贸易史资料》（第 2 卷）。由于从 1904 年开始，对外贸易的统计标准发生变化，进口额以 CIF 计价，而出口额以 FOB 计价，表中的数据为原始数据经调整后的进出口额，从而使各个时期的进出口额具有可比性（见表 3－3）。

表 3－3　进出口平均关税税率及进出口额的变动（1865～1894 年）

年份	进口税率（%）	进口额（海关两）	出口税率（%）	出口额（海关两）
1865	6.7	49271339	8.68	62325682
1866	4.86	59434283	9.18	58305622

续表

年份	进口税率（%）	进口额（海关两）	出口税率（%）	出口额（海关两）
1867	5.06	55150656	9.35	60253969
1868	5.2	55794431	8.63	71165400
1869	5.17	59181212	9.1	69521007
1870	5.6	55915337	9.33	63984707
1871	5.49	61617232	9.55	77447881
1872	5.46	59186093	9.22	87151436
1873	5.71	58434089	8.84	79985558
1874	5.93	56308471	10.02	77584938
1875	5.76	59425891	10.06	80066025
1876	5.78	61571573	8.65	93091262
1877	5.7	64224704	10.15	78543945
1878	5.92	61952820	10.58	78349438
1879	5.89	71967957	10.22	84021939
1880	5.82	69448381	10.62	90810564
1881	5.44	80825245	11.66	84038698
1882	6.03	67919036	11.98	79312073
1883	5.98	64324673	10.76	81972799
1884	6.01	63598409	11.59	78809214
1885	5.75	77308341	12.15	76500778
1886	5.74	76688885	11.14	90417966
1887	5.57	89803783	9.91	99367579
1888	5.32	108240496	8.96	106292991
1889	5.29	96028166	8.47	111092903
1890	5.14	109547087	8.63	100199682
1891	5.34	115023051	8.12	115553640
1892	4.98	116786112	8.11	117218438
1893	4.1	129241804	7.26	131951558
1894	4.04	139569201	6.89	144690042

资料来源：姚贤镐编：《中国近代对外贸易史资料》（第2册），第796－797页和第1082页。进出口额分别按照进口CIF和出口FOB标准进行修正。进出口额修正方法为：修正后的进口额＝原进口额－进口税－7%×(原进口额－进口税)；修正后的出口额＝原出口额＋出口税＋8%×原出口额。

根据表3－3所示数据，进行变量描述性统计见表3－4、表3－5。

表3－4　变量的描述性统计

	(ex_t)	(exp)	(im_t)	(imp)
均值	9.59	87667591	5.49	76459625
中位数	9.34	81019412	5.59	64274689
最大值	12.15	145000000	6.70	1.40E＋08
最小值	6.89	58305622	4.04	49271339
标准差	1.33	20630927	0.54	24757524
观测值	30	30	30	30

注：ex_t代表出口税率；exp代表出口额；im_t代表进口税率；imp则代表进口额。

表 3-5　　各变量单位根检验

变量	ADF 统计量	1% 临界值	5% 临界值	结论	DW 值
exp	0.4985	-3.6793	-2.9678	非平稳	2.1954
Δexp	-5.4651	-3.6892	-2.9719	平稳	1.9902
ex_t	-0.9203	-3.6793	-2.9678	非平稳	1.8583
Δex_t	-5.2077	-3.6892	-2.9719	平稳*	2.0181
imp	2.1451	-3.6892	-2.9719	非平稳	2.0885
Δimp	-6.6783	-3.6892	-2.9719	平稳	1.8417
im_t	-2.2223	-3.6793	-2.9678	非平稳	1.0822
Δim_t	-8.8142	-3.6892	-2.9719	平稳	1.8524
Ln_ex	-0.3222	-3.6793	-2.9678	非平稳	2.1215
Δln_Exp	-5.7873	-3.6892	-2.9719	平稳	2.0833
Ln_Ex_t	-0.6394	-3.6793	-2.9678	非平稳	1.8934
Δln_Ex_t	-5.2461	-3.6892	-2.9719	平稳	2.0186
Ln_im	0.0376	-3.6793	-2.9678	非平稳	2.5687
Δln_im	-7.5719	-3.6892	-2.9719	平稳	1.8726
Ln_im_t	-1.6987	-3.6793	-2.9678	非平稳	1.1886
Δln_im_t	-8.0402	-3.6892	-2.9719	平稳	1.7739

注：Δ 表示一阶差分。

检验结果表明，在 1% 和 5% 的显著水平上，各个变量及各个变量的对数都接受了非平稳过程的假设，而变量的一阶差分及对数的一阶差分则拒绝了非平稳过程的假设。

三、模型估计及结果

将进口额、滞后期的进口额、进口税率及滞后期进口税率尽可能多地列入动态经济模型中，采取逐步回归法，逐步淘汰的不符合条件的变量，利用 Eviews6.0 软件回归，结果如表 3-6 所示。

表 3-6

变量	系数	标准误	t 统计量	P 值
LN_IM_T（-1）	0.7144	0.202051	3.5356	0.0015
LN_IM（-1）	0.9718	0.013846	70.1873	0.0000
LN_IM_T * LN_IM_T	-0.2352	0.061821	-3.8050	0.0008
		OLS 检验		
R-squared	0.9293	Mean dependent var		18.1223
Adjusted R-squared	0.9239	S. D. dependent var		0.2851
S. E. of regression	0.0786	Akaike info criterion		-2.1500
Sum squared resid	0.1608	Schwarz criterion		-2.0086
Log likelihood	34.1754	Hannan-Quinn criter.		-2.1057
Durbin-Watson stat	2.3929			

回归结果表明，在5%的显著水平下，各个变量显然都通过了t检验，说明相关变量都对进口有显著影响。具体而言，在其他条件不变的情况下，上一期进口量每提高1%，本期进口量增加0.97%；本期税率的对数与本期进口量的对数存在倒U型关系；上一期进口关税税率每提高1%，本期进口额增长0.71%。

在其他条件不变的情况下，进口关税税率与进口额成正相关关系，显然不合常理。在晚清半殖民地背景下，产生这种反常现象的原因可能有三种。第一，外籍税务司治下，名义税负上升并不意味着实际税负的上升。晚清时期，协定关税的背景下，不可能会出现进口税负的真正提升，大范围的减免税、大规模的走私及各种对税则的故意误读等，不可能使海关真正做到依法征税，名义税负和进口量的反向变化也就不难理解。第二，宗藩关系与殖民地关系的冲突下，宗藩关系逐步破产。宗藩关系下的朝贡贸易被宗主国与殖民地贸易所取代，原来不计入进口额的朝贡贸易中，现在因开放口岸的设立，贸易双方关系的改变开始纳入进口贸易统计，进口额增长。第三，对外开放程度的不断深入，开放范围的持续扩大，致使中国自然经济逐渐走向解体。在廉价的国外商品的冲击下，家庭手工业破产，晚清对国外商品的依附程度加深，进口贸易额持续增长。

以上事实是晚清进口关税和进口额呈现反常关系的重要原因，这些原因的形成也是中国主权丧失的必然结果。

同样，也可用逐步回归法得出出口额与出口关税之间的关系，回归结果见表3-7。

表3-7

变量	系数	标准差	t统计量	p值
LN_EX(-1)	0.9990	0.0118	84.7430	0.0000
LN_EX_T	-0.8556	0.1716	-4.9865	0.0000
LN_EX_T(-1)	0.8735	0.1896	4.6070	0.0001
		OLS		
R-squared	0.9051	Mean dependent var		18.2753
Adjusted R-squared	0.8978	S.D. dependent var		0.2179
S.E. of regression	0.0697	Akaike info criterion		-2.3927
Sum squared resid	0.1262	Schwarz criterion		-2.2513
Log likelihood	37.6944	Hannan-Quinn criter.		-2.3484
Durbin-Watson stat	2.2858			

回归结果表明，在5%的显著水平下，各个变量显然都通过了t检验，说明相关变量都对出口有显著影响。具体而言，在其他条件不变的情况下，上一期出口量每提高1%，本期出口量增加0.99%；上一期出口税率每提高1%，本期出口量增加0.87%；本期出口税率每提高1%，本期出口量下降0.86%。本期税率与本期出口量呈反向关系，表明随着出口税率的提高，出口成本上升，出口商品在国际市场竞争力下降，出口量下降；出口税率下降，出口成本下降，在其他条件不变的情况下，出口产品的国际竞争力上升，出口量上升。出口关税与出口额之间的反向关系符合对外贸易的常识，而上一期关税税率与本期出口成正向关系似乎令人难以理解。原因在于，自1865～1894年出口关税的变迁，出口关税水平经历了一个先升后降的过程，前期虽然出口关税逐步上升，但中国出口的主要产品茶叶和丝绸在国际市场的垄断优势还在，随着对外贸易范围的扩大，带动整个出口额的增长；后期正相反，随着印度、日本等国茶叶的崛起，中国茶的传统优势丧失，尽管出口关税整体下降，但对出口额仍然产生较大的影响。另外，另一种出口产品——生丝也面临日本、意大利的激烈竞争，部分地取代了中国的国际市场份额。这在一定程度上解释上期的出口关税与出口额背离的原因。

第三节　关税影响对外贸易结构

一、关税对进口商品结构的影响

在进口方面，晚清最重要的进口商品是鸦片和棉纺织品。撇开鸦片不计，英国输华棉纺织品的价值，在19世纪50年代达到输华货物总值的70%（1856年）到80%（1853年）[①]。美国输华纺织品在输华货物总值中所占的比重，最高甚至接近90%[②]。19世纪60年代下半期，中国进口的棉纺织品，仍占进口总值的30%以上[③]。由于鸦片和棉制品进口在晚清进口产品中举足轻重的地位，本节就以此两种商品为例分析关税对晚清进口商品结构的影响。

① 严中平："两次鸦片战争史料"，《经济研究》1955年第1～2期。

② 潘序伦：《中美贸易》，第206页。

③ 姚贤镐：《中国近代对外贸易史料》（第三册），第1608～1609页。

（一）关税对晚清鸦片进口的影响

提到进口鸦片，中国原来只进口印度孟加拉管区在政府管理下栽培的帕特纳鸦片和贝内来斯鸦片。每块鸦片是个 3 斤的球状体，约含有纯鸦片 2.5 斤[①]。中英《南京条约》签订之后，印度中央地区生产的马尔瓦鸦片也开始逐渐进口到中国。它没有一定的形状，大约为四角形，一箱大约可包装 140 磅。这种鸦片纯度很高，基本上都是作为鸦片中的上等品被大量进口到中国。后来，增加了波斯鸦片、土耳其鸦片等品种。进口鸦片虽然逐渐增多，但是其纯度却没有统一的标准，而且各种鸦片自身也有一定的差别。

《天津条约》签订之前，由于鸦片是非法商品，鸦片的进口主要通过走私进入中国，关税对鸦片进口的影响无法体现。1858 年签订的《天津条约》承认了鸦片贸易的合法性，并开始对鸦片的进口征税。但是在收取税金时，则不管鸦片纯度的高低，一律一担鸦片收取从量税银 30 两。这样做的客观结果，是低纯度的鸦片被收缴了相对高额的税金。于是通商口岸出现了鸦片的加工业，开始输出高纯度鸦片和进口鸦片的精加工品。

与此同时，鸦片进口结构中，低端鸦片进口减少，高端鸦片进口比重提升，鸦片进口结构的调整为本土低端鸦片的生产提供了生存空间。与土布生产对外国棉制品起到了进口替代作用相类似，从 19 世纪后半期开始，鸦片也在中国本土大量栽培，并且也开始流动起来。赫德在 1864 年给出的关于中国生产鸦片的项目问卷中，表明中国产鸦片已经上市，只能作为品质低劣、廉价的代用品使用，还没有形成和进口鸦片相竞争的态势[②]。

19 世纪后半期到 20 世纪初期，鸦片进口出现了很大的转变。确切地说是，这种转变从 19 世纪 80 年代中叶开始的。华北、华中的鸦片进口开始减少，华南的进口反而有增加的倾向。进口总额维持在 7 万担到 8 万担左右，但从 1895 年以后，进口总量由 5 万担减少到 4 万担，可以看出中国国产鸦片的影响越来越显著。据海关统计，20 世纪初中国全国的鸦片总量大约 584800 担，是同年进口鸦片 54117 担的 10 倍之多，而同年中国方面的官方资料进口是 146068 担（林满红，1969）。

同鸦片进口结构类似，鸦片消费也出现分层现象。从国外进口的鸦片被

---

① China, Maritime Customs. Opium: Crude and Prepared, 1888, p. 70.

② China, Maritime Customs. Opium: Crude and Prepared, 1888, p. 15 – 30.

有钱人吸食，而中国生产的鸦片被普通老百姓吸食。另外，中国的鸦片栽培都是以内地为中心，是外国鸦片所不能到达之处。这也是进口替代在偏僻地区的表现。从量税导致高低端进口鸦片税负的差异，在一定程度上为中国低端鸦片的种植提供了生存土壤，对抵制进口鸦片产生一定的作用，进口鸦片的数量逐渐减少（见表3－8）。

表3－8　鸦片进口占进口总额的比重

年份	1867	1870	1875	1880	1885	1890	1894
进口量（担）	60948	57851	62949	71655	66645	76636	63051
占比（%）	46.15	37.86	37.4	40.79	28.84	22.78	20.56

资料来源：姚贤镐编《中国近代对外贸易史资料》（第3册），第1602、1608页。

（二）关税对晚清棉制品进口的影响

鸦片战争后，相对于茶叶和丝制品出口的迅猛增长，而进口商品也出现一定程度的增长，详见表3－9。

表3－9　中英合法商品贸易统计（年平均数）　单位：海关两

年度	中国输英值	英国输华值	中国出超值
1837～1839	4273858	911560	3362298
1842～1846	5323388	1783888	3539500
1854～1858	9157001	1964242	7192759
1859～1862	9886403	4440402	5446001
1878～1882	12662927	8054823	4608104

资料来源：英国蓝皮书，《皇家钦定鸦片委员会第一次报告书》，1894年，第1卷，第712页。

由表3－9可以看出，《南京条约》签到之后，由于中国进口关税及船钞的大幅下降，使进口英国商品急剧增长，由战前的年进口911560海关两增加到战后的1783888海关两，进口额增长了近一倍。第二次鸦片战争之后出现同样的情形，战后的输华商品进口量超过战前的一倍。虽然从绝对量来看，对英出口绝对量增长较多，而从相对量而言，1882年英国正常商品输华数量是1839年的近8倍；而同期中国对英出口只增长了3倍，进口增长的速度远超出口增长的速度，关税下降功不可没。英国输华产品正常商品中，主要的是棉纺织品。正常输华商品的增长也意味着输华纺织品的大幅增长。

自19世纪80年代开始的，印度棉线开始向中国大量出口，其背后的深层次原因在于，19世纪70年代晚期英国将从中国取得的贸易特权分享给印度，印度纺织品出口中国可以按照英国产品享受税收优惠。所以，印度棉纺织品在中国市场份额逐步增加，原棉出口开始超过鸦片，棉纱、棉线、棉布等棉制品的出口出现了显著增长。但输华棉纱增长更为迅速，除了关税原因之外，也因为中国大量进口印度棉纱来纺织土布，印度产棉纱是粗支棉纱，织出来的布结实、耐用，很受中国百姓的欢迎。

二、关税对出口商品结构的影响

近代东西方贸易中，茶叶和生丝扮演着重要角色。亚洲市场向欧美市场出口并深入渗透到欧洲市场的产品是茶叶和生丝，这两种商品的出口长期占据晚清出口货物结构中的绝对比重。19 世纪 20 年代以前，生丝出口居于出口首位。鸦片战争前，生丝出口量最高曾经达到14600 担（1836 年）①。直到19 世纪60 年代后半期，丝茶出口仍占出口总值的88%（1869 年）至 94%（1868 年）②。1867 年，中国供给西方世界茶叶消费量的 90%③，生丝消费量的 36%④。本小节以茶叶和生丝的出口变化来阐述关税对这两种商品贸易的影响。

（一）关税对晚清茶叶出口的影响

晚清中国的茶叶在国际市场上经历了盛极而衰的过程。鸦片战争的发生，表面是因为鸦片贸易而发生的战争，最根本的原因则是因茶叶贸易引起。中英贸易因中国茶叶的垄断优势而出现巨额贸易顺差，大量白银流入中国，英国需要茶叶而缺乏相应的产品同中国交换，为扭转贸易中的被动局面，偷运鸦片入中国，从而引起中英矛盾，进而英国发动侵华战争。鸦片战争后，中国茶叶出口增长依旧迅猛（表 3 - 10）。

表 3 - 10　　晚清茶叶出口量变动表

年份	出口量（单位：万担）
1832	40
1843	13
1845	53
1869	153

资料来源：根据严中平主编的《中国近代经济史（1840 ~ 1894）》（第一卷）第 369 页给的资料整理。

① 《中华丛报》1840 年 8 月，第 191 页。

② 姚贤镐：《中国近代对外贸易史资料》（第三册），第 1609 页。

③ （美）马士：《中华帝国对外关系史》（卷 2），三联书店 1958 年版，第 404 页。

④ （美）马士：《中华帝国对外关系史》（卷 2），三联书店 1958 年版，第 405 页。

但晚清末期，随着印度、锡兰及日本茶叶的兴起，中国的茶叶贸易优势开始衰落。茶叶在出口结构中的比重逐步下降，到晚清末期，茶叶占出口的比重低至10%左右（见表3－11）。

表3－11　　中国丝茶出口占比表（1868～1913年）　　单位：1000海关两

年份	1868	1880	1890	1900	1905	1913
茶叶出口额	31123	35728	26663	25439	25523	33878
茶叶（%）	53.8	45.9	30.6	16.0	11.2	8.4
丝、丝绸出口额	22461	22990	29542	48335	68594	102036
丝、丝绸（%）	39.7	38.0	33.9	30.4	30.1	25.3

资料来源：《中国海关报告》，转引自郑友揆《中国的对外贸易和工业发展（1840～1948）——史实的综合分析》，程麟荪译，上海社会科学院出版社1984年版，第23页。

中国茶叶在国际市场上竞争力逐步丧失重要原因是新的竞争对手，而有了对手中国茶叶未必一定被竞争对手打败，中国茶叶在国际市场的失败有多种原因。赫德在1880年的海关贸易报告中分析认为，中国茶和印度茶相比，失去竞争力的原因有三个：一是英国人善于将各处之茶合并公司统领；二是机器焙制，可以提高效率；三是讲求经验良法装焙茶叶，以期省费价廉。印度公司的茶园产量很高，每亩33斤至87斤不等。在汉口海关的报告中，除了赫德所说的资本、机器、制法外，还提到了廉价的劳动力、化学和农业知识、消费者偏好和需求、便利的交通、就近消费地、灌溉工程、大茶园等。

除此之外，承担的关税税负不同也是中国茶叶在对外贸易中处于不利地位的重要原因。1843年7月22日，《中英五口通商章程》在香港公布实施。该章程规定"茶叶出口每百斤贰两伍钱"，此出口税率一直延续到1902年，此间出口茶叶的有效税率一直维持在10%～20%之间，不同口岸出口税率有所差异。1902年对茶叶实行减半征税，直至清朝结束①。而中国的竞争对手日本和印度，为促进茶叶销售，都免收茶叶出口关税。

日本的茶叶免税出口，极大地提高茶叶的出口竞争力。19世纪70年代，日本绿茶在美国市场的贸易量为1200万磅，不到中国绿茶的50%，而到了19世纪80年代后半期，贸易量却激增到4 500万磅，出口量是中国茶叶的3倍②。日本在美国市场上取代中国茶叶的市场地位。

反观印度，为了和中国茶叶展开竞争，印度对英国茶叶出口不但免税，

① CMC, The Trade of China, 1946.

② China, Maritime Customs. Tea, 1888, p. 66.

而且获得英国的扶持，英国对殖民地印度的茶叶进口实施免税。而中国茶叶进入英国市场需要缴纳很高的进口关税。1846 年，英国的茶叶进口税为平均每磅 2 先令 2.25 便士；1851 年降至 2 先令，另外征收 5% 的附加税；1856 年再降为每磅 1 先令 9 便士[①]。相对于中国茶叶出口承受的双重关税，印度茶叶在双重税收优惠下，在英国市场的地位逐步超过中国（见表 3－12）。

表 3－12　　伦敦市场上印度茶和中国茶市场占有率变化比较

年份	印度茶（%）	中国茶（%）	合计（%）
1865	3	97	100
1870	11	89	100
1875	16	84	100
1880	28	72	100
1885	39	61	100
1886	41	59	100

资料来源：CIMC. Tea，1888. p. 66。

伴随着中国茶叶出口英、美贸易额渐趋衰退，取而代之的是汉口向蒙古、俄国茶叶出口的激增。19 世纪 70 年代开始，向俄国的茶叶出口开始激增，它与中国向英国、美国茶叶出口减少形成互补的关系。只不过出口茶叶的结构不同，相对于出口英国的红茶及美国的绿茶，出口蒙古和俄国以砖茶为主。这也意味着，从《南京条约》签订、开放五口通商以来，中国在茶叶出口，进而在对外贸易关系上，从在以华南沿海的对外贸易为中心之外，华中及扬子江贸易开始占有一定的分量。

（二）关税对晚清生丝及丝织品出口的影响

生丝出口的情况与茶叶非常类似，晚清早期，生丝在国际市场优势明显，出口增长迅速（表 3－13）。

表 3－13　　晚清生丝出口量统计表　　单位：担

年份	出口量
1843	1400
1845	10000
1858	69000
1869	48000

资料来源：根据严中平主编《中国近代经济史（1840～1894）》（第一卷）第 369 页给的资料整理而来。

① （美）乌克斯著：《茶叶全书》（下册），依佳等译，东方出版社 2011 年版，第 66 页。

由于日本的出口竞争，中国的生丝在19世纪80年代初失去了此前的独占地位。向美国出口的生丝中，中国和日本从19世纪70年代开始进入竞争阶段，以1883年为分水岭，两国的霸主地位出现逆转。在向欧洲出口生丝之际，中国提供了最便宜的商品，与投放欧洲市场的意大利生丝、土耳其生丝、南德意志生丝以及法国生丝相比，亚洲商品价格比较低，所以并没有遇到新开放的美国市场上的那种激烈的竞争。引入欧洲生产模式的日本，1880年以后在对美出口中占据了首位，并且，在出口结构上由生丝出口变为丝织品占主体地位，19世纪80年代后半期出口的三分之二都是丝织品；从价格方面来看，丝织品1担170美元，而生丝仅为70美元[①]。可见，日本不仅取代中国的生丝出口地位，而且出口产品结构日益优化（详见表3－14）。

表3－14　　中、日出口美国生丝的比较　　单位：捆

年度	由华北的出口	由日本的出口
1877～1878	4613	1411
1881～1882	7070	7022
1885～1886	7802	15034
1890～1891	5585	18343
1895～1896	10146	29284

资料来源：Report of the Sectional Committee of the Shanghai Special Committee on Taxation Regarding Silk Filatures and Raw Silk.

从1882年到1883年，不论茶叶还是生丝，中国的主要出口商品在亚洲区域内的竞争力都开始衰退。其主要原因中，海关税负的差别对中国丝茶出口竞争力的影响不容低估。

① Report of the Sectional Committee of the Shanghai Special Committee on Taxation, Regarding Silk Filatures and Raw Silk . American Diplomatic and Public Papers. Series Ⅲ , Vol, 13, Document No. 13.

第四章
对外贸易规模和政策对关税的影响

第一节　对外贸易规模的扩大推动关税制度的变迁

一、清朝统治者治国方略的转变

（一）由重农抑商到重农便商的转变

在传统封建社会，儒家正统思想强调以农为本。农业不仅是百姓生存的根本，也是封建王朝赋税的主要来源，历来封建统治者高度重视农业，甚至不惜打压商业来凸显农业的重要地位。清朝建立之初，也延续重农抑商的传统政策。

明末残酷的剥削及明末清初的战乱，使清初工商业一片萧条。康熙亲政之后，采取与历代统治者不同的政策，推行重农便商，以期改变了战乱后工商业萧条的景象。康熙即位之际，工商业者不仅“有输纳之苦、有过桥之苦、有过所之苦、有开江之苦、有关津之苦、有口岸之苦”[①]。而且，官吏又有溢额加级的规定，拼命勒索。所以，商民“不苦于关，而苦于关外之关；不苦于税，而苦于税外之税”[②]。更严重的是：东南沿海城市，如江阴、昆山、吴江、松江、嘉定、苏州等，人口锐减，工商业一片萧条，曾有17

① 《文献通考》卷二十八“征榷”三。
② 《经世文献》卷二十八“户政”。

万人口的江阴，只剩下53人[1]。为改变这一现状，康熙采取了一系列有利于工商业发展的政策、措施。第一，肯定商人的社会地位，康熙称“商人为四民之一”[2]。第二，减轻商税。康熙初年刊刻关税条例，公诸于世，严禁各关违例征收。第三，放宽对商业者的限制。一向由官营的盐、茶等，康熙也允许一定数量的私贩煎煮。收复台湾后，康熙撤销了迁海令，并在随后实行四口通商，放开沿海对外贸易。

康熙实施的重农便商政策，使清初经济得到恢复，为后来的“康乾盛世”奠定了基础。

（二）由重农便商向重农扶商的转变

清朝经过康乾盛世繁荣之后，封建帝国开始走向没落。鸦片战争的失败则揭开了清帝国虚假繁荣的面纱，而中日甲午战争的惨败则彻底惊醒了封建统治阶层。为维护封建统治，晚清政府被迫采取了一系列的变革。

1895年7月21日，光绪帝为实现变法自强而向各省将军和督抚征求治国方略。上谕云：自来求治之道，图自强而弭祸患。……如修铁路，铸钞币，藻机器，开各矿，折南漕，减兵额，创邮政，练陆军，整海军，立学堂，大约以筹饷练兵为急务，以恤商惠工为本源，此应及时举办[3]。可以看出，光绪帝从铁道建设、币制、军事、教育以及国政全盘都想到了，重要的是把“恤商惠工”作为本源的思维方式，反映出这一时期清朝商业政策已经由传统的抑商向保商的转变，这一转变使统治阶层逐步看到西欧富强之源，即上下一体积极推进商业政策。

晚清扶商的具体措施包括：

1. 主动开放

甲午战争前，一些人从通商口岸地区的经济发展及对西方世界的考察中已经认识到开埠通商对国民经济的重要意义，纷纷主张对外开放，发展对外贸易。一些思想家也提出开放商埠可以抵御列强的侵略。早在中英《烟台条约》签订时，李鸿章曾道：“西洋各国到处准人寄居贸易，而仍日益强盛，

---

① 项怀诚主编：《中国财政通史》（清代卷），陈光焱著，中国财政经济出版社2006年版，第13～14页。

② 《东华录》“康熙朝”卷二十八。

③ 《光绪朝东华录》，光绪二十一年闰五月二十七日。

可知其病不在添口而在不能自强。”[①] 通商抗侮逐渐得到封建统治的认可。同时，增加通商口岸，扩大贸易规模也能增加财政收入，缓解财政困难。1898 年，清廷发布上谕：“欧洲通例，凡通商口岸，各国均不得侵占，现当海禁洞开，强邻环伺，欲图商务流通，隐杜觊觎，唯有广开口岸一法……著沿江沿边各将军督抚迅速就各省地方悉心筹度，如有形势扼要商贾辅凑之区，可以推广口岸拓展商埠者，即行咨商总理衙门办理。惟须详定节目，不准划作租界，以均利益以保事权。”[②] 主动开埠通商被寄予以夷制夷的目的。根据清廷上谕，1898 年中国自行开放一些商埠，如湖南岳州（今岳阳）、福建三都澳、直隶秦皇岛及江苏吴淞等。这些口岸的开放，不仅带来贸易的繁荣、实业的发展，而且有效避免了被划分租借地的风险。1903 年，清廷重申广开商埠的政策，至清末，中国自开商埠达 19 处之多[③]。

在自开商埠不断增加的同时，清政府还强化对自开商埠的管理。如制定《济南自开商埠章程》，规定中外商人来此贸易的种种优惠待遇、活动区域及行业范围，加速了中国对外开放的进程，促进了晚清对外贸易的发展。如济南开埠通商后，大批外商来此收购棉花，刺激了山东及周边省份棉花的种植，商务局还引进推广美国良种棉，使棉花的单位产量大幅提高，济南很快成为中国棉花交易的最大市场。

2. 改革行政机构和颁布商业法规

清末为振兴商务，采取一系列措施鼓励出口贸易。

首先，改革行政机构，设立商部。1901 年，清政府撤销总理衙门，设立外交部。1903 年，设立商部，1906 年将商部和农工部合并为农工商部。该部下设四个司，其中商务司主管国内外贸易，各省则相应设立商务局，负责本省的工商事务。商部的设立标志着长期处于末位的商业社会经济地位的提高，有利于商业环境的改善和国内外贸易的发展。

其次，制定颁布商务法规。1902 年 5 月，清廷发布上谕：“现在通商交涉，事益繁多。著派沈家本、伍廷芳将一切现行律例，按照交涉情形，参酌各国法律，悉心考订，妥为拟议。务期中外通行，有裨治理。”两位法学家被认定为修律大臣后，参照西方的商法，先后制定了一系列商务法规。如

① 《李文忠公全集》，台北文海出版社 1985 年版，第 141 页。

② 朱寿朋：《光绪朝东华录》（卷 4），中华书局 1958 年版，第 4189 页。

③ 商务部对外贸易经济合作研究院编：《中国对外贸易史》，中国商务出版社 2016 年版，第 91 页。

1904年的《商会简明章程》，随后又相继颁布了《商人通律》、《公司律》、《公司注册章程》、《破产律》等，对商人的身份、公司的设立、组织、解散及破产等权利和义务进行规范。1906年，清政府又颁布了《奖给商勋章程》，章程规定："其创制新法、新器以及仿照各项工艺，确能挽回利权，足资民用者，自应分别酌予奖励，或奖给一至三等商勋，或请商加二至六品顶戴。"①

此外，清廷还颁布法令，鼓励企业参加国际博览会。1905年，颁布的《出洋赛会章程》，该章程共20条，章程明确凡有国际博览会，商部即咨行各省督抚，晓示商人劝谕参加。并对参会的流程，税收优惠进行规定，并由海关统辖出国参展博览会事宜。早在1876年，清政府就曾派官员和商人参加在美国费城举办的国际博览会，清末中国参加的国际博览会有：1900年法国巴黎博览会、1903年日本大阪博览会、1904年美国圣路易斯博览会、1905年比利时列日博览会、1906年意大利米兰赛会及1910年比利时布鲁塞尔博览会等。参与博览会开阔了中国商人的视野，提高了对外贸易中国际竞争的意识，对推动晚清工商业的发展具有重要意义。并且，清廷对于参与博览会的商品，一律准其免税，由该商赴本管关道衙门请给免税单②。

3. 子口税延及华商

源于19世纪50年代的厘金制度，虽在一定程度上缓解地方财政困难，但对国内商品流通危害极大。第二次鸦片战争之后，洋商取得子口税的特权，通过缴纳子口税获得国内货物免税流通的机会。当子口税制度实施之初，只适用于洋商。申领子口税单（仅缴纳条约关税金额之半的子口税，沿途即不再纳税）的权力，自1880年起延及在内陆贩运洋货的华商，自1896年起延及在内陆贩运土货的华商。经过这些修订之后，子口税单制度的覆盖面大为扩展，所有口岸进口准备内销的洋货和打算运往口岸出口国外的土货均可申领子口税单，而不再局限于特定的货主。大大减轻国内贸易的税负，也有利于国内土产的出口和洋货内销。

重农便商、重农扶商政策的实施，逐步打破了"农为邦本"的传统理

① 蒋晓伟：《中国经济法制史》，知识出版社1994年版，第279页。

② 章开沅等主编：《苏州商会档案丛编（第1辑）》，华中师范大学出版社1991年版，第461～463页。

念，为工商业的发展创造了良好的外部条件，促进了国内外贸易的发展。

二、对外贸易不断发展导致关税制度改变

（一）贸易的不平衡引发战争推动关税税率的下降

鸦片战争前，中国丝茶的大量出口造成中英贸易的不平衡，英国为扭转中英贸易的逆差，向中国大量走私鸦片，中英贸易中国由顺差转向逆差。因禁止鸦片贸易导致中英第一次鸦片战争后，英国通过协定关税的形式强迫清政府降低关税，中国关税水平大幅下降。

关税水平的下降，只是带来英国输华商品的短暂增长。英国输华商品总值由1838年的1204256英镑增长到1844年的2305617英镑，此后数年甚至低于200万英镑的水平，直至第二次鸦片战争前夕，英国输华商品才达到1844年的水平①。英国输华商品贸易的停滞是一心扩大中国市场的英国所不能接受的，英、法两国通过发动第二次鸦片战争，继续推动中国关税水平的下降。此后，为扩大对华贸易，中国先后与西方列强签订了《瑷珲条约》、《烟台条约》、《藏印条约》等，降低陆路边境贸易的关税。

对外贸易的变化推动关税水平的下降，而关税水平的下降又进一步推动对外贸易的发展。二者相辅相成，相互影响。

（二）对外贸易的发展推动关税管理制度的变迁

1. 对外贸易的发展推动外籍税务司制度的建立

协定关税制度实施之后，中国对外贸易大幅增长。仅以中国出口英国的丝茶为例，1846年，中国出口英国的生丝由20270包增加到1856年的58551包，增长了一倍以上；而茶叶出口也由1846年的46746千磅增长到1856年的63278千磅②。对外贸易规模的扩大要求关税收入相应增长，但由于海关行政效率低下、贪污腐败横行，关税的增长远远跟不上贸易规模的增长幅度。战争经费的增长、战败赔款的增加及各地此伏彼起的农民反抗斗争，中央政府财政开支浩大。上海小刀会起义之后，江海关的瘫痪更加剧了中央财政的困难。此后，英、法、美成立三国关税委员会，接管上海海关，通过

① 姚贤镐：《中国近代对外贸易史资料》（第一册），中华书局1962年版，第284页、第511页。

② 严中平编：《中国近代经济史（1840～1894）》（第一卷），人民出版社2012年版，第377页。

《天津条约》中邀请洋人帮办税务为外籍税务司制度的创立奠定了法律基础。外籍税务司制度经过威妥玛、李泰国两人的探索、完善，使外籍税务司治下的上海海关行政效率大幅提高，关税收入大幅增长，封建统治阶层看到了新制度给中央财政带来的好处，默许并逐步支持外籍税务司制度，在赫德升任总税务司之后，外籍税务司制度逐步推广。

在外籍税务司制度建立及推广过程中，由于将原属地方的部分关税变为中央财政的收入，原属地方政府支配的鸦片厘金归并为中央收入，原属地方的部分常关关税纳入海关管理等，外籍税务司制度取得封建领导层的认可。同时，随着开放范围的不断扩大，对外贸易规模也相应增长，带来了外籍税务司制度下中国关税收入的持续增长，晚清中央政府对外籍税务司制度推广持欢迎态度，充当了制度变迁的“第二行动集团”。从这种意义上来看，晚清税务司制度推行也是晚清在内外交困的情况下被迫做出的选择。贸易规模的扩大，关税制度的完善，促进关税收入的稳步提高。

2. 鸦片贸易规模的扩大和合法化推动税厘并征制度的实施

鸦片贸易对关税收入有重大影响，第二次鸦片战争之前，鸦片贸易为非法贸易，鸦片贸易虽大量存在，但都是以走私的形式进行，鸦片贸易没有纳入对外贸易统计，其创造的关税收入为零。

第二次鸦片战争之后，鸦片贸易合法化，鸦片进口关税为每担白银30两，在其他商品对外贸易规模不变的情况下，仅鸦片的进口及征收的关税就使关税收入大幅增长。1876年，中英《烟台条约》签订，其宗旨之一就是实施鸦片税厘并征以降低进口鸦片国内流通中的厘金，该条约第三端第三条规定：“洋药一宗，威大臣议请本国准为另定办法，与他项洋货有别，令英商于贩运洋药入口时，由新关派人稽查，封存栈房或趸船，俟售卖时，洋商照则完税，并令买客一并在新关输纳厘税，以免偷漏，其应抽税若干，由各省察勘情形酌办。”① 该条约没有规定具体的厘金征收标准，条约签订后晚清政府谈判代表曾纪泽和英国驻华公使威妥玛经过了长时间艰苦的谈判，“臣思大学士左宗棠奏请洋药税厘并征一百五十两之议，原非专为税厘起见，实欲藉抬洋药价值，使民间吸食减少。其后数处商议，陆续跌至百二十两、百一十两、一百两、九十两，纷纷不一”②。最终于1885年签订的中英《烟

① 《中外旧约章汇编》，第1册，第349页。

② 《恭进烟台条约册片，遵旨议烟台续增专条及先后办理情形疏》，卷5，第9页。

台条约续增专条》，正式确定洋药税厘并征最多不超过 80 两。“《烟台条约》第三端第三节所拟洋药办法，今议定改为，洋药运入中国者，应由海关验明，封存海关准设具有保结之栈房，或封存具有保结之趸船内，必俟按照每百斤箱向海关完纳正税三十两并纳厘金不过八十两之后，方许搬出。”[①] 但直到 1887 年 2 月 1 日，税厘并征的制度才在海关正式开始实施。

贸易规模的扩大，关税收入水平的上升，使中央政府由单纯依赖农业税逐步认识到工商业税的重要地位，支持并推动关税制度的改革，这种支持也获得丰厚的回报，在晚清后期，关税收入成为中央财政的第一大税种，也成为晚清政府最大的收入来源。

第二节 对外贸易规模与关税收入息息相关

关税以对外贸易额或对外贸易数量为计税税基，在关税税率不变的前提下，对外贸易额或对外贸易数量的扩大必然带来关税收入的增长。本节分别以第一次鸦片战争前、两次鸦片战争之间、第二次鸦片战争后及甲午战争之后四个时期分别分析对外贸易规模与关税收入的关系。

一、鸦片战争前清朝贸易规模和关税收入水平

（一）鸦片战争前清朝对外贸易规模变化

清朝早期的对外贸易主要是中英和中美贸易，与朝鲜、日本、暹罗及其他东南亚国家也有贸易，但基本上属于朝贡贸易的范畴，朝贡贸易对朝贡品不征税，只对朝贡随从人员所带的贸易商品征收，这部分关税收入极其有限。

清朝的对外贸易自清政府统一台湾后开始逐步发展。清初出于政治的需要，推行严格的闭关锁国政策，对外贸易非常有限。康熙二十二年（1683 年），清政府收复台湾，为开展大规模对外贸易奠定政治基础。此后通过制定关税制度、四口通商、重农便商等措施，对外贸易规模逐步扩大。1757 年，眼见外夷逐步渗透到东南沿海，出于维护封建统治的需要，乾隆收口广

① 《中外旧约章汇编》，第 1 册，第 471 页。

州一口通商，随后的封建帝王逐步颁布了一系列限制外夷的制度，对外商在华活动进行种种限制，但并没有阻止清朝对外贸易的发展（见表4－1）。

表4－1　1760～1830年清朝对外贸易额变动表　单位：银两

年份	进口额	出口额	进出口贸易总额
1760	1908704	3637143	5545847
1765	1774815	4177909	5952724
1770	2094336	4362676	6457012
1775	1995913	4725989	6721902
1780	1994617	5008263	7002880
1785	4489527	8454720	12944247
1790	5876663	7348420	13225083
1795	5908937	7937254	13846191
1800	8727364	10391797	19119161
1805	12348319	11168783	23517102
1817	9053298	13770740	22824038
1820	7952488	14678252	22630740
1825	9161314	14390108	23551422
1830	9192608	13443641	22636249

资料来源：根据姚贤镐编《中国近代对外贸易史资料》（第一册）第266～267页相关数据整理。

由表4－1可以看出，1760～1830年，清政府进口额增长超过4倍，而出口额和对外贸易总额增长也近4倍。虽然进口额增长的相对数超过出口额，但出口额绝对数的增长远远超过进口额，并且此间对外贸易中，中国一直处于出超地位。乾隆中后期以后，清政府对对外贸易实施严格的管制制度，但由于中国茶叶、丝和丝织品、陶瓷等在国际市场处于绝对优势地位，中国出口产品依然取得较快的增长。

正常商品贸易的顺差并不能掩盖整个对外贸易的逆差。19世纪初以来，特别是1820年以后，英国为改变在中英贸易逆差的不利地位，通过印度向中国大量走私鸦片。鸦片的大量输入改变了中英贸易力量的对比，中国由出超变为入超。鸦片贸易在清朝早期属于非法贸易，其贸易形式主要通过走私贸易进入中国。因此，鸦片没有纳入清政府海关管理的范畴，进而对清朝关税收入也没有直接影响。

（二）鸦片战争前清朝关税收入变化

1685年，清政府开海通商，正式开放江海关、浙海关、闽海关和粤海关四个对外贸易口岸，随后关税制度也逐步建立起来。开海通商之后，随着贸易的增长，关税收入也随之增长（见表4－2）。

表4－2　　粤海关关税收入表（1750～1838年）　　单位：银两

时间	关税
1750年	466941
1760年	356209
1770年	578067
1780年	581802
1790年	1127563
1800年①	1336172
1801年7月6日～1802年6月24日	1540774
1802年6月25日～1803年6月14日	1695389
1803年6月15日～1804年6月2日	1555586
1804年6月3日～1805年5月23日	1641972
1805年5月24日～1806年5月13日	1621376
1806年5月14日～1807年5月2日	1663830
1807年5月3日～1808年4月20日	1470460
1808年4月21日～1809年4月9日	1457202
1809年4月10日～1810年3月29日	1408642
1810年3月30日～1811年3月19日	1165263
1811年3月20日～1812年3月8日	1347937
1812年3月9日～1813年2月25日	1246708
1813年2月26日～1814年2月14日	1235258
1814年2月15日～1815年2月3日	1185462
1815年2月4日～1816年1月23日	1331240
1816年1月24日～1817年1月12日	1446980
1817年1月13日～1818年1月1日	1421304
1818年1月2日～1818年12月22日	1432911
1818年12月23日～1819年12月12日	1380097
1819年12月13日～1820年11月30日	1479820
1820年12月1日～1821年11月19日	1497022
1821年11月20日～1822年11月8日	1485147
1822年11月9日～1823年10月28日	1404913

①　由于中西纪年的差异，清朝以皇帝年号按登帝顺序纪年，而西方按公元纪年，两者在纪年周期有所差异，故史料统计1800年之前的数据为对应年份大约关说收入，但估计数并不影响本书的研究结果。

续表

时间	关税
1823 年 10 月 29 日 ~1824 年 10 月 17 日	1444323
1824 年 10 月 18 日 ~1825 年 10 月 6 日	1298829
1825 年 10 月 7 日 ~1826 年 9 月 26 日	1576637
1826 年 9 月 27 日 ~1827 年 9 月 15 日	1850046
1827 年 9 月 16 日 ~1828 年 9 月 4 日	1441925
1828 年 9 月 5 日 ~1829 年 8 月 24 日	1499581
1829 年 8 月 25 日 ~1830 年 8 月 13 日	1663635
1830 年 8 月 14 日 ~1831 年 8 月 2 日	1461806
1831 年 8 月 3 日 ~1832 年 7 月 22 日	1532933
1832 年 7 月 23 日 ~1833 年 7 月 12 日	1477846
1833 年 7 月 13 日 ~1834 年 7 月 1 日	1669713
1834 年 7 月 2 日 ~1835 年 6 月 20 日	1424944
1835 年 6 月 21 日 ~1836 年 6 月 8 日	1674852
1836 年 6 月 9 日 ~1837 年 5 月 29 日	1789424
1837 年 5 月 30 日 ~1838 年 5 月 18 日	1242044

资料来源：姚贤镐：《中国近代对外贸易资料统计》中华书局 1962 年版，第 307 ~ 310 页。转引自：《粤海关志》，卷 10，第 1 ~ 16 页（由于乾隆十四年以前的案卷霉烂，故此统计自乾隆十五年（1750 年）始）。

由表 4 – 2 可以看出，清政府关税收入由 18 世纪中期的 46 万两增长到最高 1803 年的 169 万两，增长超过 3 倍。在 1760 年，关税收入有过短暂的下降，部分原因在于 18 世纪 50 年代后期，四口开放收口一口开放，对对外贸易产生一定的影响，导致关税收入的下降。

清政府的关税征收采取定额制，也在一定程度上影响了关税的真实增长。前文已经叙及，海关征管制度、海关行政效率、海关关员的业务素质及清朝行政领域贪腐环境等都对关税收入产生影响。清朝关税收入确实增长了，但相对于清政府的田赋和盐税收入，关税收入仍显得无足轻重。

（三）鸦片战争前清朝对外贸易规模与关税收入之间的关系

关税以对外贸易为基础，对外贸易规模的增减变化与关税收入息息相关。无论是从价税还是从量税抑或复合税，在其他条件不变的情况下，对外贸易额或对外贸易量的增减必然带来相应关税收入的增减，这种关系很好地体现在图4－1和图4－2曲线变动上。

在图4－1和图4－2中，中外贸易额变动的曲线与关税收入的曲线基本一致。上文述及，自1760年以来，随之清政府对外贸易额的增长，关税收入也相应增长。此间对外贸易额增长了4倍，而关税收入增长超过3倍。关税收入的增长幅度落后于对外贸易额的增长幅度，原因在于清政府海关行政效率低下，贪污腐败横行，一部分关税收入以各种形式落入了个人腰包。而到了19世纪初，清政府对外贸易基本上停滞不前，此时的关税收入也表现为横向波动。

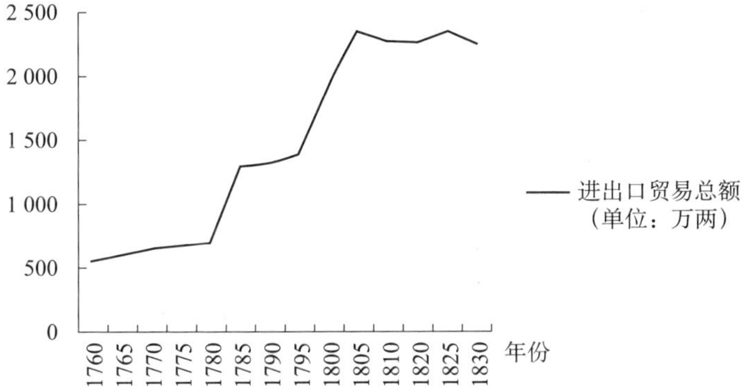

图4－1　1760～1830年进出口贸易总额

注：1760～1830年中外贸易额变动趋势图系根据表4－1数据绘制。

图4－2　1760～1830年关税收入

注：1760～1830年关税收入变动趋势图系根据表4－2数据绘制。

图4－1和图4－2中两条曲线的高度拟合充分说明贸易规模对关税收入的直接影响。

二、两次鸦片战争期间清朝对外贸易规模和关税收入水平

（一）两次鸦片战争期间清朝对外贸易规模的扩大

第一次鸦片战争后，中国的大门完全被打开，关税的大幅下调为对外贸易的发展奠定了基础。但出口贸易的增长幅度远远超过进口贸易的增长幅度。

1. 丝茶出口的大幅增长

晚清时期，中国传统优势出口商品是丝茶，第一次鸦片战争之后，随着对外贸易口岸的增多，对外贸易垄断的取消，中国丝茶出口优势在国际市场上越发明显（见表4－3）。

表4－3　1844～1859年上海茶丝出口量比较表

年份（上年7月1日～下年6月30日）	茶（磅）	丝（包）
1844～1845	3800027	6433
1845～1846	12459988	15192
1846～1847	12494140	15972
1847～1848	15711142	21176
1848～1849	18303074	18134
1849～1850	22363370	15237
1850～1851	36722540	17243
1851～1852	57675000	20631
1852～1853	69431000	28076
1853～1854	50343847	58319
1854～1855	80221245	53965
1855～1856	59299966	57463
1856～1857	40914390	92160
1857～1858	51317003	66391
1858～1859	39135939	85970

数据来源：N. C. H，第493期，1860年1月7日，p4。

由表4－3可以看出，从1845年到1959年，中国的茶叶出口由380万磅增长到3900多万磅，增长了10倍；同期丝的出口量则由6433包增加到85970包，增长超过13倍。中国丝茶出口量的激增，既有国内的原因，也有国际市场的原因。国内方面，由于通商口岸增加，丝茶出口竞争更加激烈，

丝茶价格下降；国际市场方面，欧洲蚕病，使国际市场丝供应量减少等。“中国出口土货，惟其价格，则因增加商埠的缘故，下降幅度很大，如丝茶在四年间即跌落35%，出口数量因之激增。”① “而茶叶运销西方各国，极为畅销，大有一日千里之势，盖以当时茶叶独霸世界市场，故虽有洪杨之乱，国内秩序不宁，而此项贸易，仍每年增加。特别是1853年起，因欧洲生蚕病，致法、意二国所产生丝骤减，于是华丝出口数量激增。同时，由于此间洪杨之乱，南京及其他产绸城邑，纺织机杼，既被毁坏，而各处人民，复迁徙流难，不遑宁处，致各处所产生丝，国内需要锐减，不得不向国外推销以求出路也。”②

2. 进口商品的有限增长

鸦片战争时期，晚清政府的最大贸易伙伴是英国。表4－4以中英贸易的变化来说明19世纪五六十年代晚清对外贸易的状况。

表4－4　1840～1860年英国每年向中国输出的英国产品总值　单位：镑

年份	金额	年份	金额
1840	524198	1851	2161268
1841	862570	1852	2503599
1842	969381	1853	1749597
1843	1456180	1854	1000716
1844	2305617	1855	1277944
1845	2394827	1856	2216123
1846	1791439	1857	2449982
1847	1503969	1858	2876447
1848	1445959	1859	4463140
1849	1537109	1860	4359961
1850	1574145		

资料来源：姚贤镐：《中国近代对外贸易资料统计（1840－1894）》第1册，第637～638页。

由表4－4可以看出，五口通商的第一年，自英国的进口额即由1842年的969381镑增长至1843年的1456180镑，增长率高达50%，1844年和1855年仍然维持高位，但1846年之后中国从英国的进口额骤降，显然是过度贸易的结果。随后接下来的六年进口额都未超过1845年的进口水平。随着中

① 班思德编：《最近百年中国对外贸易史》，海关总税务司署统计科1931年译印，第32～35页。

② 姚贤镐：《中国近代对外贸易史资料》（第一册），中华书局1962年版，第564页。

国人对英国产品了解的逐步深入，北方口岸开通的效果逐渐显现出来，1858年创出新高，之后再次出现高速增长。

英国输华商品没有达到大多数英国商人的预期，原因有两个方面。一是英国人不了解中国市场。1844年，北方口岸开放不久，英国人欣喜若狂，谢菲尔德（Sheffield）一家著名洋行运来大批刀叉，并且声言将以刀叉供应所有中国人，然而中国人不用刀叉，而用筷子，对这种东西当然连看也不看。结果这批刀叉的售价还抵不上运费。另一家伦敦著名的商行运来一大批钢琴。大概这笔投资买卖一定根据“中国有两亿妇女至少两百个妇女中一定有一个是愿意学钢琴”这一推论而决定的。钢琴的销售结果可想而知[①]。二是英国工业品在华缺乏强大的竞争力。五口通商之后，英国输入中国的最主要商品是棉纺织品，由于中国自产的土布柔软、结实且透气，广受普通百姓的欢迎。因此，英国棉纺织品在中国市场需求非常有限。“一个拥有如此庞大人口的国家，消费的英国制造品竟不及荷兰的一半，也不及人口稀少的北美或澳大利亚的一半。印度每年进口英国制造品800万～900万镑，而中国人口抵得上印度的三倍，为什么我们对中国的贸易每年达不到800万镑。这是一个奇怪的结局。”[②] 正常商品打不开中国市场，英国就大量倾销鸦片。马克思说：西方国家扩大对华贸易，就是扩大鸦片贸易[③]，鸦片贸易在中国进口中压倒一切。1842年，鸦片进口占中国进口总额约55.2%，1840～1860年鸦片进口累计达95万箱，占中国进口贸易总额的60%～65%[④]。

由此可见，两次鸦片战争期间中西贸易发展并非像西方殖民者想象的那样，尽管向中国出口商品有所增加，但远跟不上中国商品输出的增长。中国丝茶大量出口，抵消了鸦片走私带来的白银外流，中国的对外贸易由战前的入超转为出超。这也是西方列强发动第二次鸦片战争的原因之一。

（二）两次鸦片战争期间清朝关税收入变化

两次鸦片战争期间，清政府关税收入变化不大。早在1827年，粤海关

---

① G. W. Cook：China，Being the “Times” Special Correspondent from China，Ine the Years 1857－1858，p. 168.

② 《马克思恩格斯全集》（第13卷），人民出版社1972年版，第602页。

③ 马克思：《鸦片贸易史》，《马克思恩格斯选集》（第二卷），人民出版社1972年版，第24页。

④ 商务部对外贸易经济合作研究院编：《中国对外贸易史》，中国商务出版社2016年版，第66页。

关税收入最高曾达到185万两，此后一直在160万~170万两之间徘徊不前，直到1855年才突破1827年的高点达到的186万两[①]。关税收入停滞不前有多方面的原因。

首先，领事裁判权下中国海关关员的隐忍退让纵容了西方商人的走私贩私。在领事裁判权的庇护下，西方商人在中国肆无忌惮地走私贩私，进行超经济掠夺，晚清政府对此无可奈何。1852年，咸丰帝发布上谕称："事关交涉外夷，办理之法，先在严查内地商民，杜绝弊端，使夷商无可借口，断不准稍涉张皇，别生枝节。"[②] 即中国对外商实行隐忍退让政策。以致中美《天津条约》的美方签字代表列卫廉都承认："领事裁判权既要求将我国人民免于当地法律的制裁，而我们自己却不予以惩处，凌害一个弱国实在莫此为甚。"[③] 美国驻华公使蒲安臣也说："我们的国旗曾经被用来庇护在中国的所有（美国）流氓。"[④] 在清王朝的隐忍退让政策下，中国沿海的走私贸易极度猖獗。

"中国政府从来没有要求过，不经英国领事的积极干预，海关就能处罚英商的走私船只，或者没收英商的走私货物。"[⑤] 外国领事深知中国关员胆小如鼠，在和外国人发生矛盾时，宁愿大事化小，袒护外国人，逃避责任。所以外国领事就放肆包庇走私，外国商人也就放肆进行走私。他们报关纳税，或以多报少，以贵报贱，以有报无或者偷运禁品，私自卸岸装船。一经查获，推说笔误，奇怪的是，笔误的结果都指向偷漏关税。例如一家洋行把捆成8包的4000匹市布以2000匹报关纳税，把装运火枪钢帽的9个箱子报成传教士运来的书籍[⑥]。

其次，政治局势的动荡阻碍了关税的征收。1853年，上海小刀会起义破坏上海海关，使当时最大的江海关停止征收关税长达5年之久，直到外籍税务司制度的确立才恢复关税的征收。此间，虽有英、法、美组成的三国关税委员会代替上海海关征收关税并承诺征收的关税上交晚清政府，但最后上交的关税寥寥。作为当时丝茶出口的第一大通商口岸，上海海关征税职能的

① 彭泽益：《十九世纪后半期的中国财政与经济》，人民出版社1983年版，第15页。
② 《清实录·咸丰朝》，卷六十一。
③ 姚贤镐：《中国近代对外贸易史资料》（第一册），中华书局1962年版，第400页。
④ 马士：《中华帝国对外关系史》（第2卷），三联书店1958年版，第130页。
⑤ 莱特著：《赫德传》，上海社会科学院出版社出版，第186页。
⑥ 严中平主编：《中国近代经济史（1840~1894）》（第一册），人民出版社2012年版，第199页。

丧失对关税收入的影响是可想而知的。

最后，海关管理的混乱也影响了关税收入。第一次鸦片战争后，清政府被迫将纳税事宜分散为各个进出口商人。新的纳税面孔需要应对，新的纳税流程需要确立，这些都对海关提出了全新的挑战；同时，1833 年英国取消东印度公司对华贸易的垄断权，大批私商获取对华贸易的机会，这些新的对外贸易商人对纳税规则的熟悉程度、新协定关税的了解程度都影响海关征收效率。当时大部分海关关员都是通过捐官获取职位的，缺乏征收关税所需的专业知识。凡此种种，都影响关税收入。

（三）两次鸦片战争期间清朝对外贸易规模和关税收入之间的关系

两次鸦片战争期间对外贸易规模和关税收入相关性不强。在此期间，出口规模增长近 10 倍，而进口规模也增加近 2 倍，同期的关税收入变化不大。贸易规模与关税收入缺乏相关性的原因，有结构性的原因，也有整体性的原因。

就结构性的原因而言，倘若关税税则实行的是从量税，进出口数量不变，只是商品价格的上涨导致对外贸易规模扩大，则关税收入不会随贸易规模的扩大而增长。同样，如果关税税则主要是从价税，而进出口数量增大，进出口商品价格下降，且商品进出口数量增长的幅度低于价格下降的幅度，对外贸易额下降，进出口商品数量的增长仍然不会带来关税收入的增长。根据中英 1843 年达成的协定关税税则，出口商品 61 个税目全部实行的是从量税；进口商品 46 个税目中仅税目 8 钟表、千里镜、写字台等和税目 20 玻璃片及玻璃水晶器所包含的进口商品全部实施 5% 的从价税，其余 44 个税目中有 6 个税目中的其他类实施 5% 的从价税，剩余税目也全部实施的是从量税，因此，从量税的商品占整个进出口商品的 98% 以上[①]。在从量税主导的税则中，不存在由于进出口数量的增大而因进出口商品价格下降导致关税收入停滞不前的情形。

除了考虑关税的计税依据外，另一个影响关税的就是商品价格。在从量税下，若价格变动而非进出口数量的变动，关税收入也会停止不前。

表 4 –5 中可以看出，茶叶价格最高下降幅度为 50% ；而丝的国际市场

① 详见姚贤镐：《中国近代对外贸易史资料》（第一册），中华书局 1962 年版，第 387 ~395 页的中英协定关税前后税率对照表。

价格变动不明显，但此间丝茶的出口量增长超过10倍，茶叶价格的下降幅度不足以抵消丝茶出口量增长的幅度，出口额仍然有超过5倍的增长。晚清在从量税计征关税的前提下，进出口关税只与进出口数量有关。因此，结构性原因无法解释此间对外贸易规模与关税收入的背离。

表4-5　　1845~1857年上海历年出口茶叶生丝价格变动表

年份（上年7月1日~下年6月30日）	茶叶（两/担）						生丝（元/担）		
	熙春	工夫	屯溪	雨前	小珠	平均	辑里	台山	平均
1845~1846	46.0	27.5	24.5	40.5	46.5	37.0	380	280	330
1846~1847	39.5	20.0	20.5	32.0	34.0	29.2	370	265	317.5
1847~1848	32.5	18.0	16.0	32.5	34.5	26.7	345	245	295
1848~1849	32.0	14.0	16.0	29.0	33.5	24.9	360	250	305
1849~1850	21.5	17.7	11.2	19.5	27.5	19.5	375	285	330
1850~1851	25.5	17.7	14.5	24.0	29.0	22.1	397.5	310	353.8
1851~1852	24.5	14.5	15.0	23.5	28.5	21.2	407.5	300	353.8
1852~1853	21.5	14.0	16.0	24.5	26.5	20.5	375	285	330
1853~1854	24.5	15.5	15.0	21.7	26.0	20.5	270	205	237.5
1854~1855	28.3	15.0	13.7	23.2	24.5	20.9	282.5	215	248.8
1855~1856	23.7	15.0	12.2	18.5	25.7	19.0	295	235	265
1856~1857	23.7	15.0	10.5	18.2	23.7	18.2	365	290	327.5

资料来源：1857年额尔金在上海英商总会上关于海关税则与一般贸易关系的报告书，见英国外交部档案F.0.17/356。

二者的背离只能缘于总体性原因。在对外贸易规模大幅增长的前提下，关税收入停滞不前，原因在于关税没有做到应收尽收。关税无法做到应收尽收则是走私贩私、政治局势动荡及海关管理混乱的必然结果。

三、第二次鸦片战争之后清朝对外贸易规模和关税收入水平

（一）第二次鸦片战争之后清朝对外贸易规模继续增长

两次鸦片战争之后，西方列强通过降低关税、船钞、增开通商口岸及领事裁判权等手段为对华商品输出铺平道路。经过两次产业革命及运输技术的革新之后，西方对外贸易商品生产成本与运输成本大幅降低，为对外贸易规模的扩大创造了条件，中西贸易的发展也从中受益。晚清对外贸易额持续增长，甚至在甲午中日战争期间，对外贸易额也没有停止增长的势头（见表4-6）。

表 4 - 6　1865 ~ 1894 年进出口额及对外贸易总额变动表　单位：海关两

年份	进口额	出口额	对外贸易额
1865	49271339	62325682	111597021
1866	59434283	58305622	117739905
1867	55150656	60253969	115404625
1868	55794431	71165400	126959831
1869	59181212	69521007	128702219
1870	55915337	63984707	119900044
1871	61617232	77447881	139065113
1872	59186093	87151436	146337529
1873	58434089	79985558	138419647
1874	56308471	77584938	133893409
1875	59425891	80066025	139491916
1876	61571573	93091262	154662835
1877	64224704	78543945	142768649
1878	61952820	78349438	140302258
1879	71967957	84021939	155989896
1880	69448381	90810564	160258945
1881	80825245	84038698	164863943
1882	67919036	79312073	147231109
1883	64324673	81972799	146297472
1884	63598409	78809214	142407623
1885	77308341	76500778	153809119
1886	76688885	90417966	167106851
1887	89803783	99367579	189171362
1888	108240496	106292991	214533487
1889	96028166	111092903	207121069
1890	109547087	100199682	209746769
1891	115023051	115553640	230576691
1892	116786112	117218438	234004550
1893	129241804	131951558	261193362
1894	139569201	144690042	284259243

资料来源：姚贤镐编《中国近代对外贸易史资料》（第二册），第 796 ~ 797 页和第 1082 页。进出口额分别按照进口 CIF 和出口 FOB 标准进行修正。进出口额修正方法为：修正后的进口额 = 原进口额 - 进口税 - 7% ×（原进口额 - 进口税）；修正后的出口额 = 原出口额 + 出口税 + 8% × 原出口额。

由表 4 - 6 可以看出，1865 ~ 1894 年，晚清对外贸易额由 111597021 海关两增加到 284259243 海关两，对外贸易增长超过一倍。尽管对外贸易仍有增长，但增长的速度远远低于两次鸦片战争之间增长的速度，原因是多方面的，但最主要的原因在于国际贸易竞争日趋激烈。对中国出口产品而言，出口优势产品茶叶和生丝，在国际市场的竞争优势逐步下降，特别是曾经的垄断优势产品茶叶，遭遇印度和日本的激烈竞争，并不断蚕食中国的市场份额，最终取代中国在英美市场的地位。对中国进口产品而言，日、德崛起，挑战英美一统天下的局面，国际市场上轻工业产品的争夺更趋激烈，国际市场上商品价格总体呈现下降趋势，使晚清此间的对外贸易额虽有所增长，但增长幅度有限。

（二）第二次鸦片战争之后关税收入变化

第二次鸦片战争之后，外籍税务司制度逐步取代传统的海关管理制度，整齐划一的管理外加相对专业的海关人员为关税的增长提供了制度保障，关税收入延续了增长的势头（见表4－7）。

表4－7　**1865～1894晚清关税收入变动表**　单位：海关两

年份	进口关税	出口关税	关税总额
1865	2735524	3894146	6629670
1866	3266650	3661701	6928351
1867	3157445	3923005	7080450
1868	3287792	4393023	7680815
1869	3472821	4570631	8043452
1870	3569250	4266252	7835502
1871	3847989	5246467	9094456
1872	3676089	5840261	9516350
1873	3804855	4978176	8783031
1874	3814121	5535041	9349162
1875	3904439	5640062	9544501
1876	4063582	5772709	9836291
1877	4175075	5703321	9878396
1878	4188092	5803485	9991577
1879	4842524	5958176	10800700
1880	4617773	6696290	11314063
1881	5002011	6869486	11871497
1882	4684007	6588279	11272286

续表

年份	进口关税	出口关税	关税总额
1883	4401387	6159291	10560678
1884	4375372	6289720	10665092
1885	5072770	6294610	11367380
1886	5018156	7034873	12053029
1887	5700462	6638554	12339016
1888	6635263	6499839	13135102
1889	5868263	6389046	12257309
1890	6528914	5629654	12158568
1891	7159813	6120650	13280463
1892	6722756	5495994	12218750
1893	6202087	5694000	11896087
1894	6546299	5847367	12393666

资料来源：姚贤镐编《中国近代对外贸易资料统计（1840～1894）》（第二册），第800页。

从表4－7可以看出，关税收入增加了近一倍。关税收入的增长除了对外贸易规模扩大的原因外，还有三个原因。第一，通商口岸增加，新设海关增多。到1863年底，晚清对外通商口岸已由第一次鸦片战争后的五口通商增加到十四口通商。通商口岸的范围也由沿海深入到内地进而扩展的西南边境地区。通商口岸增加，一方面是迫于西方列强的胁迫，另一方面传统朝贡体系破产也是新增海关的原因。通商口岸增加及新设海关扩大了开放，增加了晚清关税收入。第二，鸦片贸易的合法化及税厘并征制度也增加了关税收入。第二次鸦片战争后，鸦片由非法贸易变为合法贸易，非法贸易下鸦片通过走私进入中国，海关无法取得关税收入，鸦片贸易合法化后，大规模的鸦片报关进口直接增加了关税收入。同时，鸦片税厘并征制度的实施，使原属地方政府的厘金变成中央政府的关税收入，也提高了关税收入水平。第三，从征管制度上来看，外籍税务司制度逐步建立和完善，相对廉洁的海关官吏和较高的征管效率也是晚清后期关税增长的原因之一。

（三）第二次鸦片战争之后清朝对外贸易规模与关税收入之间的关系

贸易规模是影响关税收入的首要因素，晚清贸易规模的不断扩大直接促使关税收入增长。自1865至1894年30年间，关税收入的增长基本与对外贸易额的增长同步，对外贸易额增长幅度稍稍超过关税收入增长幅度

（见图 4－3 和图 4－4）。

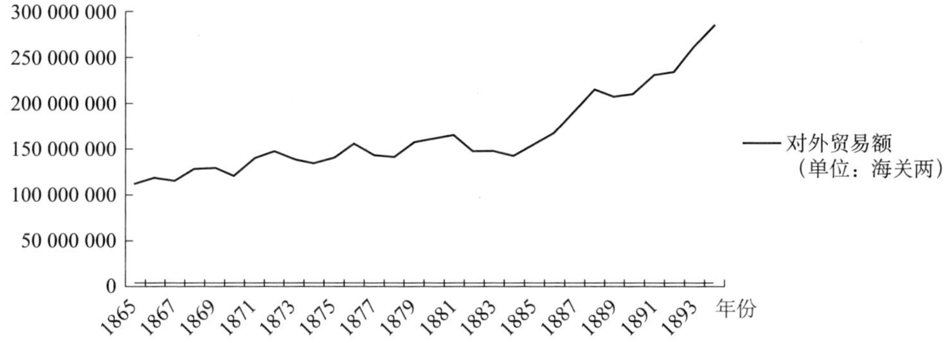

图 4－3 1865～1894 年晚清对外贸易总额变动图

注：1865～1894 晚清贸易额变动趋势图系根据表 4－6 数据绘制。

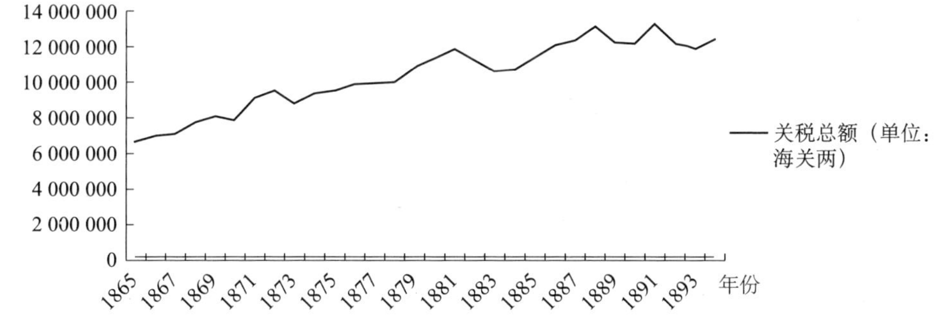

图 4－4 1865～1894 年晚清关税收入变动图

注：1865～1894 晚清关税收入变动趋势图系根据表 4－7 数据绘制。

此间 30 年，既有影响关税收入的正面因素，也有影响关税收入的负面因素。就正面因素而言，鸦片贸易的合法化及税厘并征制度的实施、对外贸易额增长及进出口商品物价总体水平的下降（见表 4－8）等都有利于关税收入的增长。就负面因素而言，关税减免范围的扩大、传统优势产品丝茶在国际市场竞争力的下降影响了关税收入的增长。同时，偷逃税现象依然存在。与第一次鸦片战争后海关官员也参与偷逃税不同，外籍税务司制度的建立和完善有效地防止海关关员内部腐败。但名义上属于中国税务官员的外籍税务司，归根结底维护的是外国商人的利益，故而外商在进出口贸易中，对协定关税的解释、减免税范围的把握、征管的尺度等都站在外商利益的立场。同时，对外商的偷逃税款等虽非听之任之，但打击的力度也非常有限，偷逃关税的现象并没杜绝，税款无法做到应收尽收。

进入19世纪90年代以来，对外贸易规模持续增长，而同期的关税收入停滞不前，这是因为对外贸易额增长更多地源自物价上涨而非进出口数量增长。

表4-8　1867～1894年中国进出口商品物价指数

年份	出口物价指数	进口物价指数	年份	出口物价指数	进口物价指数
1867	99.11	125.85	1881	70.99	89.31
1868	102.61	115.34	1882	69.61	78.73
1869	97.89	111.99	1883	70.46	74.04
1870	95.21	105.04	1884	66.22	74.67
1871	97.61	105.71	1885	68.49	71.58
1872	99.70	104.60	1886	70.49	70.86
1873	100.00	100.00	1887	70.38	71.68
1874	77.42	87.04	1888	70.83	77.14
1875	76.02	84.83	1889	74.33	76.85
1876	82.81	81.88	1890	77.81	73.32
1877	73.33	86.75	1891	78.12	70.66
1878	70.99	88.22	1892	76.04	72.25
1879	71.78	86.13	1893	81.97	86.45
1880	71.81	86.05	1894	82.24	93.15

资料来源：姚贤镐编《中国近代对外贸易史资料》（第3册），第1641页。

从表4-8可以看出，进出口物价指数分别在1891年和1884年达到最低点之后，逐步企稳反弹，而在甲午战争前夕呈现加速上行的趋势。物价的波动主要国际上白银的价格波动引起。晚清货币制度实施的是银铜本位，国际市场白银价值的波动影响晚清对外贸易。1815年英国停止铸造银币作为法定货币。1857年，奥国和德国停止铸造金币。德国于1871年恢复金币铸造，并废止银本位币。美国1873年废止银本位币。欧洲其他实行复本位制度——即同时按需要无限制地铸造金币和银币的国家，现已被迫限制银币的铸造，后来完全停止铸造银币作为法定货币。在1873年以前50年间，整个欧洲实行的复本位制，金银的比价相当稳定，那时伦敦银价变动于58～62便士之间[①]。但是德国在1871年的行动和美国在1873年的行动，迫使欧洲其他国家废止银本位制，减少了白银的需求，结果银价逐渐回落。而在亚洲，1893年，印度停止自由铸造银币，导致银价进一步下跌，银价的下跌

① N. C. H.，1892年4月8日，p.465.

导致以白银计价的商品价格上涨。

因此，即使进出口商品数量不变，物价的上涨也会带来进出口额的增长，晚清关税以从量税为基础，在真实的进出口商品数量不变的前提下，对外贸易额的增长不会使关税收入提高。这就形成甲午战争前期晚清对外贸易规模与关税收入不能同步的现象。

四、甲午战争之后清朝对外贸易规模和关税收入水平

（一）甲午战争之后清朝对外贸易规模快速增长

甲午战争之后，晚清对外贸易规模又迈入增长的快车道。《马关条约》的签订，为大规模资本流入扫清了障碍，帝国主义国家开始大举投资中国，国内手工业纷纷破产，中国对世界的依赖程度进一步加深，大进大出的格局形成，对外贸易规模持续扩大（见表4－9）。

表4－9　　1895～1911年晚清对外贸易额的变化表　　单位：1000海关两

年份	进口额	出口额	总额
1895	171697	143293	314990
1896	202590	131081	333671
1897	202829	163501	366330
1898	209579	159037	368616
1899	264748	195785	460533
1900	211070	158997	370067
1901	268303	169657	437960
1902	315364	214182	529546
1903	326739	214352	541091
1904	344061	239487	583548
1905	447101	227888	674989
1906	410270	236457	646727
1907	416401	264381	680782
1908	394505	276660	671165
1909	418158	338993	757151
1910	462965	380833	843798
1911	471504	377338	848842

资料来源：China，Martime Customs. Decennial Reports，1922－1931. Appendix. p. 170.

从表4－9可以看出，晚清最后17年，对外贸易发展迅速，对外贸易额由31499万海关两增加到84884.2万海关两，增长率超过160%。对外贸易

额的快速增长，首要原因在于随着中国对外开放程度的不断加深，中国越来越融入世界资本主义生产体系。原棉的涨价，提高了手工纺纱的成本；工业技术的进步大大降低了机制纱和工业品的成本，使传统纺纱乃至织布优势逐步丧失，造成了农村家庭手工业和城市手工业的破产，中国市场对世界市场的依存程度加深。其次，甲午战争之后，西方国家加强了对中国的直接投资，投资对象包括煤矿、铁矿、铁路、冶金等。直接投资的增加使过去单纯进口消费品的单一进口结构开始转变，机械设备的进口开始慢慢增长，并逐步提高在进口额中的比重。矿产资源的开采便利了中国工业原料的输出，中国原煤、铁矿石出口大量增加；铁路的大量投资和建设，使原本交通闭塞的边远地区出产的产品进入国际市场成为可能。最后，白银的贬值一定程度上促进了中国出口的增长。1897 年日本也推行金本位制，亚洲的银本位制也开始向金本位制过渡，导致白银价格进一步下跌。银价的下跌使中国这种仍然以银本位制的国家，汇率贬值，刺激并使中国产品以极低的价格大量出口至金本位制的国家。此外，清政府对商业态度的改变，也促进了对外贸易规模的扩大。清末实施的重农扶商政策，设立商务部、颁布商业法规、主动增开商埠等都有利于国内贸易和对外贸易的发展。

（二）甲午战争之后清朝关税收入的变化

相对于对外贸易规模的增长幅度，关税收入增长幅度较小。17 年间，关税收入增长不到一倍。此间对外贸易规模的扩大有利于关税收入的增加，关税税率的上调也增加了关税收入。

表 4－10　　1895～1911 年晚清关税收入变化表　　单位：海关两

年份	进口税	出口税	总额
1895	6039582	9025557	15065139
1896	7669640	8445528	16115168
1897	7575219	8427011	16002230
1898	7223642	8468892	15692534
1899	8437471	10235968	18673439
1900	7249443	8620774	15870217
1901	8556700	9122270	17678970
1902	12388191	9103117	21491308
1903	11493021	9589815	21082836

续表

年份	进口税	出口税	总额
1904	12259381	9808739	22068120
1905	15336528	9846193	25182721
1906	16100954	9825706	25926660
1907	14879247	9454648	24333895
1908	13134509	10983485	24117994
1909	14084736	12335675	26420411
1910	14087232	13128635	27215867
1911	14742801	12622759	27365560

资料来源：滨下武志著，高淑娟、孙彬译，《中国近代经济史研究》（下），凤凰出版传媒集团出版，第 561 ~562 页。

《辛丑条约》的签订，晚清政府面临巨额的赔款，为保证赔款的筹集，西方列强同意中国修订关税，在新的价格水平上真正做到“值百抽五”，此次关税调整以 1897 年、1898 年和 1899 年物价为基础，在此物价基础上调整从量税，使其到达值百抽五的标准，从量税的上调，增加关税收入。因此，1895 年以来晚清关税收入的增长既有对外贸易规模扩大的因素，又有关税税率上调的因素。

（三）甲午战争之后清朝对外贸易规模与关税收入之间的关系

对外贸易规模的扩大带动关税收入的上涨。对外贸易规模和关税收入具有较强的相关性（见图 4 –5 和图 4 –6），但关税收入的增幅低于对外贸易规模的增幅。其中的原因有征管方面的原因，也有物价变动及鸦片贸易方面的原因。

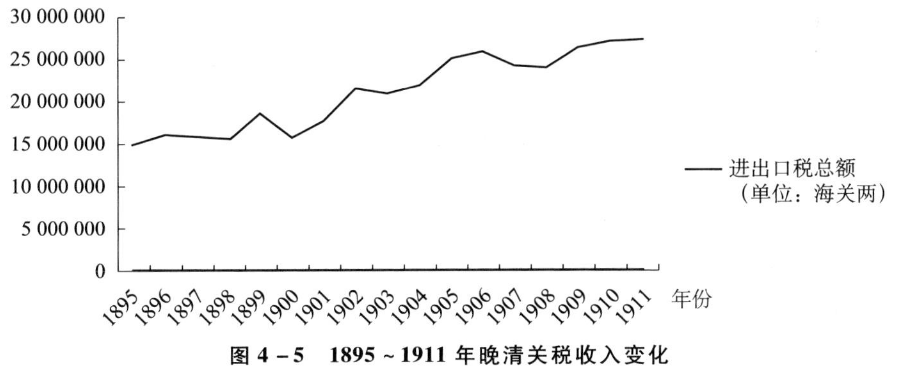

图 4 –5　1895 ~1911 年晚清关税收入变化

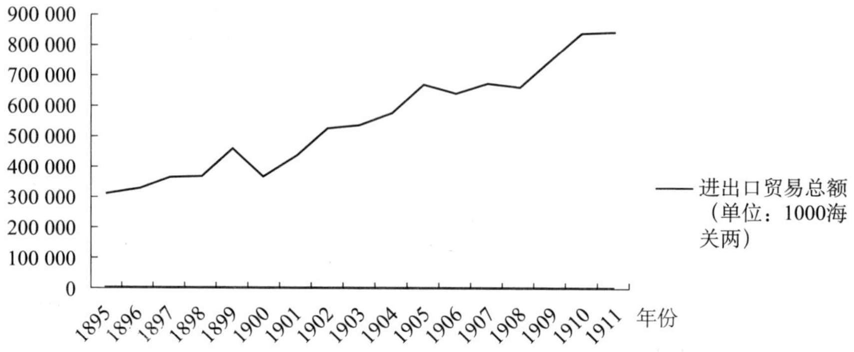

图 4－6　1895～1911 年晚清对外贸易额的变化

就物价变动而言，尽管 19 世纪末因物价上涨而上调关税税率，但此次上调关税是以 1897 年、1898 年及 1899 年三年物价为基础的，进入 20 世纪以来，金本位制实施范围的进一步扩大，世界各国纷纷囤积黄金而抛售白银，使白银价格继续大幅下挫，以白银计价的国际商品价格继续大幅上涨，晚清关税调整的幅度无法跟上物价上涨的幅度，体现在统计中的对外贸易额大幅增长而对外贸易数量没有相应幅度的增长。因此，以从量税为基础的关税收入增长无法跟上对外贸易额增长的幅度。另外，自 1908 年始，英国主动减少向中国出口鸦片，也缩小了鸦片贸易规模，客观上减少了关税收入。物价、鸦片贸易及征管等多种因素影响下，导致对外贸易额增长幅度超过关税收入的增长幅度。

纵观晚清 72 年的历史，对外贸易规模的扩大对关税收入增长的贡献是毋庸置疑的。尽管不同的历史时期贸易额和关税收入存在某种背离，但不改变对外贸易规模和关税收入紧密联系的长期趋势。但无论在哪个历史阶段，关税收入增长的幅度都低于对外贸易规模的增长幅度，这一史实充分说明，在主权丧失背景下，晚清海关及关税的最终目的都是服从于资本主义国家对中国商品输出和原材料掠夺的需要，说明晚清中国的被殖民的本质。

第三节　对外贸易政策与关税政策

一国对外国策决定对外贸易政策。闭关锁国则禁止海外贸易；对外开放则鼓励对外贸易，清政府的对外国策经历了由闭关锁国向被迫对外开放的过程，对外贸易规模也经历了从零到急剧扩大的过程。关税政策作为对外贸易政策的重要组成部分，其变迁也深受对外贸易政策变迁的影响。

一、清朝早期的贸易管制对关税政策的影响

（一）从海禁到开海贸易

清初禁止海外贸易体现其海禁政策。海禁政策之下，对外贸易停滞，关税政策无从谈起。“顺治十三年谕：海氛未靖，必有奸民暗通线索，资以粮物，若不立法严禁，何由廓清。今后凡有商民船只私自下海，将粮食货物等项与逆贼贸易者，不论官民，俱奏闻处斩，货物入官；本犯家产，尽给告发之人。其该管地方文武各官不行盘缉，皆革职从重治罪。地方保甲不行举首，皆处死。凡沿海地方口子，处处设防，不许片帆入口，一贼登岸。如有疏虞，专汛各官即以军法从事，督抚提镇并议罪。”① 顺治年间，由海上从事海外贸易，货物没收充公，家产给告发之人，从事贸易的官民斩首，处罚非常严厉。

严厉的对外贸易禁令一直持续到康熙年间。“康熙四年题准：青、登、莱沿海等处居民，准令捕鱼外，若有藉端捕鱼，在沿海贸易，通贼来往者，照先定例处分。”② “康熙十一年题准：凡官员兵民私自出海贸易，及迁移海岛，盖房居住，耕种田地者，皆拿问治罪。该管州县知情同谋故纵者，革职治罪；如不知情，革职永不叙用。……其转详并未经查出之道府，各降三级调用，总督降二级留任，巡抚降一级留任。”③ 官民对外贸易，除贸易者本人要承担罪责外，各级地方官吏都要承担责任。可见，严禁对外贸易之彻底。没有海外贸易，自然就不需要关税制度。

台湾收复之后，诏开海禁，关税制度也慢慢建立起来。“定开海则例，其海口内桥津地方贸易，悉免抽分。九卿等议覆：户科给事中孙蕙疏言，海洋贸易，宜设立专官收税，应如所请。得旨：海洋贸易创收税课，若不定例，恐为商贾累，当照关差例，差部院贤能司官前往酌定则例。”④ 但直到鸦片战争之前，清政府实施严格的贸易限制措施，表现在一口通商和十三行的贸易垄断。外商来华后，其出口中国的货物不能直接在中国市场上出售，

---

① 《大清会典事例（光绪）》，卷629，第3页。
② 《大清会典事例（光绪）》，卷776，第3页。
③ 《大清会典事例（光绪）》，卷120，第1页。
④ 《皇朝文献通考》，卷26，第37页。

也不能深入内地。同时，外商不得自行从中国市场或生产者手中购买商品，所有的贸易活动都只能由行商办理。

清初对对外贸易的严格限制和管理，制约了对外贸易的发展，也阻碍了海关制度的建立与完善。

（二）限制商品进出口

康熙二十三年（1684年）实施四口通商之后，海禁放开，对外贸易得到发展。但出于维护封建统治的需要，清政府仍然对一些特殊商品进行进出口限制。被限制的商品包括武器及用于武器制造的原料（如铁及铁器、硝磺等），还包括粮食，甚至在特定年份丝及丝织品也被限制出口。“乾隆二十四年覆准：江、浙等省丝价日昂，以该处地方滨海，不无私贩出洋之弊，令江浙各省督抚饬滨海地方文武百官，严行查禁。倘有违例出洋，每丝一百斤发边卫充军；不及百斤者杖一百、徒弟三年；不及十斤……。”[①] 这是对丝出口的限制，国内丝价上涨时，为满足国内需要限制丝出口。特殊商品进出口的限制，影响了对外贸易规模，减少关税收入。

（三）鼓励洋米进口

粮食是基本的生活资料，为保证国内粮食的供应与消费，清政府在严禁米谷出口的同时，鼓励洋米进口。“（乾隆）八年，定外洋带米商船蠲免货税之例。奉谕旨：上年九月间，暹罗商人运米至闽，朕曾降旨免征船货税银，闻今岁仍复带米来闽贸易。似此源源而来，其加恩之处，自当著为定例。自乾隆八年为始，嗣后犯遇外洋货船来闽、粤等省贸易，带米一万石以上者，免其船货税银十分之五；五千石以上者，免其十分之三。”[②] 为鼓励大米进口，乾隆年间进口大米，由最初的免税改为减税。

当时清廷不但在税收上鼓励大米进口贸易，而且在行政上要求，贩卖土货出洋，回船必须携带大米，否则按接济外洋例治罪。“（嘉庆十四年）又定：往贩外番船只，各按船之大小，地方产米之多寡，带米回内地。暹罗大船带米三百石，中船带米二百石；噶喇吧大船带米二百五十石，中船带米二百石；吕宋、柬埔寨、马辰、柔佛四处，大船各带米二百石，中船各带米一

---

① 《大清会典事例（光绪）》，卷630，第2页。

② 《皇朝文献通考》卷33，第13页。

百石；……于入口时将米石数目确查，除米石多余一并造报查实外，如米石不足原数，即严讯偷漏情由，照接济外洋例治罪。”①

对外贸易政策决定关税政策，国家鼓励贸易的商品，在制定关税时给予关税减免待遇；相反，国家限制乃至禁止贸易的商品，则运用高关税甚至禁止通关，外贸政策影响着关税政策。

二、晚清自由贸易的诉求推动关税持续下调

（一）对外贸易规模的扩大要求晚清政府持续下调关税

关税是对外贸易的壁垒。为扩大对中国的贸易，西方列强通过协定关税的手段，将晚清关税特别是进口商品关税定在极低的水平，以适应其对华商品输出的需要。1843 年，中英协定关税签订之后，中国对英国进口商品关税下降超过 50%，出口关税也有一定程度的下降②。1858 年第二次关税协定后，进口关税又进一步下调。两次关税的下调只是名义关税，外籍税务司治下中国海关实际征收的关税远远低于名义关税。因此，实际关税水平远低于鸦片战争前关税水平，尤其是进口关税降低的幅度更大。

同时，船钞的降低和减免税范围的扩大也有助于对外贸易规模的扩大。晚清贸易主要通过海上贸易来完成的，船舶是对外贸易商品的运输工具，船钞的多少也对国际贸易规模产生重要影响。清朝前期，进口商品除正常缴纳关税之外，还要对船舶征收船钞和附加，以载重量 867 吨的船舶为例，其应缴纳的船钞为 1701 两白银，而以规礼为主体的附加高达 1973 两③，远超船钞的数量，这些船钞和附加还不包括海关官员的勒索和敲诈。《中英五口通商章程》和《善后事宜清册附粘和约》两个条约签订之后，载重量超过 150 吨的船舶每吨船钞仅需 5 钱，867 吨的船舶应纳船钞为 433. 5 两，没有船钞附加等杂费，降幅高达 88%。第二次鸦片战争之后，船钞进一步降低，该船舶应纳船钞只有 346. 8 两。

另外，不断扩大的减免税范围也降低了对外贸易成本，经过两次鸦片战争的失败，免税品范围由日用品扩大到烟酒等奢侈品。直到《辛丑条约》的签订，出于偿还大量赔款的需要，西方列强才允许清政府缩小免税品范

① 《高宗实录》，卷 630，第 6 页。

② 参见前文表 2 - 3，1843 年中英协定关税订立前后几种主要商品新旧关税税率表。

③ 参见前文第二章第一节中“关税和附加”部分。

围，即便如此，外商仍然利用中国税制及征管漏洞，千方百计不交或少交税款。

扩大对华贸易规模必然要求以中国片面的最惠国待遇为前提，而对外贸易规模的扩大也提高了清政府的关税收入，在一定程度上挽救或迟滞了清政府的灭亡。同时，伴随着中国自然经济的解体，中国日益融入国际市场，中国的开放程度加深，对国际市场依赖加深，关税政策也迎合了这种需求。

（二）关税从被动下调到主动降低

晚清后期，封建统治者日益认识到商业的重要性，在推动国内商业发展的同时，积极开拓国际市场。在此背景下，由海关组织，晚清先后参与1876年美国费城国际博览会、1900年法国巴黎博览会、1903年日本大阪博览会、1904年美国圣路易斯博览会、1905年比利时列日博览会、1906年意大利米兰赛会及1910年比利时布鲁塞尔博览会等。并且，为降低参加国际贸易博览会的成本，清廷对于参与博览会的商品，一律准其免征进出口关税。

此外，为扩大对外贸易，推行子口税制度、建立外籍税务司制度及协定关税推广到在华外资企业生产的产品，对外贸易推动国内关税制度的变迁，关税制度的变迁也迎合了对外贸易扩大的需求。

三、贸易重点的转向决定关税政策调整的方向

资本主义的发展经历了自由竞争的资本主义和垄断资本主义两个阶段。每个阶段赚取剩余价值的方式是不同的。在自由竞争的资本主义阶段，资本家谋取利益的主要方式是商品贸易，而在垄断的资本主义阶段则主要通过资本输出来获利。

鸦片战争至甲午战争时期，资本主义世界正处于自由竞争的发展阶段，为获取贸易利益，资本主义国家不断通过战争和谈判迫使晚清政府在关税方面作出让步，强迫清政府减免商品进口关税，扩大免税商品范围，降低国内商品流通的税费等，从而为大规模的商品输出铺平道路。此间，不断扩大商品贸易规模是资本家主要诉求，对商品贸易的关注客观上要求其关注商品流通的成本，作为对外贸易成本重要组成部分的关税及关税制度，成为西方列强关注的重点。

在自由竞争的资本主义阶段，除了商品贸易，资本家还通过鸦片贸易、

劳工贸易等手段赚取巨额利润，到垄断资本主义阶段之后，手握巨额资本的资本家逐步摆脱传统的牟利方式，转向对商品输出国的投资来获得利益。资本家对殖民地的投资范围包括金融、矿山、工厂、造船及运输等，这些投资需要大量的机器设备，于是，资本品（主要指机器设备类）的进口关税成为资本家关注的焦点。甲午战争之后，资本品进口关税同商品进口关税同等对待，适应了资本输入的需求。同时，殖民地建厂产品销售税负问题提上日程，中日《马关条约》也对此做出规定，投资建厂生产的产品，其税负等同于进口商品关税，即缴纳 7.5% 的国内税后即可遍运全国。自此，外资投资的矿山、铁路、工厂在中国雨后春笋般出现，充分表明关税调整的方向迎合了此阶段资本主义国家资本输出的需求。

关税政策是对外贸易政策的重要组成部分，对外贸易政策的变迁引导关税政策的调整。闭关锁国的贸易政策必定是高关税壁垒，或者不需要关税制度，对外开放的贸易政策则需要低关税相适应。与现代社会不同的是，晚清的对外开放是被迫的开放，其关税政策的调整也是在西方列强胁迫下的调整。因此，其关税政策是片面的最惠国待遇，即中国给西方列强的出口商品给予关税优惠，而西方列强对于中国的出口商品实施正常关税，致使中国在对外贸易过程中处于越来越不利的地位。这种不利的国际贸易在晚清末期表现的越发明显，中国对外贸易逆差持续扩大。

第五章 主要贸易伙伴关税制度的变迁对晚清贸易的影响

第一节 英国及印度的关税制度变迁对三国贸易的影响

一、英、印、中三角贸易的形成及兴衰

（一）英、印、中三角贸易的形成

中西海上贸易最早是葡萄牙而非英国，但中英贸易后来居上发展迅速。最早从海上到达中国并进行贸易的西方国家是葡萄牙，拉法尔·裴勒斯特罗（Raphael Perestrellp）于1516年到达广州。第二年比利·安剌德率领两艘船进入广州，中葡贸易开始[①]。随后西班牙、法国和荷兰也相继来到中国并同中国进行贸易。

1634年，果阿葡萄牙总督与几个英国商人对于中国及所有葡萄牙殖民地达成“停战及自由贸易协定”，为英国开辟中国市场创造了条件。随后，威忒（Captain Weddell）率领英国商船在澳门的协助下到达广州，乔治·司当东（Sir George Staunton）著作中对此次到访摘录如下：英国人现在已经到了他们的目的地，有两个英国人曾到广州，受到广州高级官吏的礼待，并且

① 姚贤镐：《中国近代对外贸易史资料》（第一册），中华书局1962年版，第121页。

很快便商定了双方同意的办法[①]。这就是英国与中国通商的开端。英国对华贸易发展迅速，并成为世界贸易极为重要的组成部分。这种贸易分为两类：一为与英国直接往来的贸易，即东印度公司的贸易；一为英属印度与中国之间的贸易，这种贸易几乎全部操于私人之手[②]。自此，中英贸易正式开始，中国的茶叶、丝绸和瓷器大量出口英国，而自然经济条件下的中国对英国的商品需求极为有限，致使中英贸易产生大量顺差，白银源源不断地流入中国。为改变这种状况，英国暗地支持印度种植鸦片，通过鸦片走私来改变东印度公司在对华贸易中的逆差。

英国向印度出口工业品，获取的资金在印度采购当地生产的鸦片，把鸦片运往中国，用印度产的鸦片换取中国出产茶叶、丝及丝织品等，或直接销售鸦片在中国购买上述中国商品，并将这些商品运回英国本土及英属殖民地销售，形成英、印、中三角贸易。

（二）英、印、中三角贸易的发展与繁荣

英、印、中三角贸易的核心是鸦片。由于英国工业品在中国市场受到农村家庭手工业和城市手工业抵制，英国出口中国的商品价值无法对冲购买中国丝茶的成本，形成中英正常贸易中的逆差，而印产鸦片却在中国有广泛的需求，英国本土不产鸦片，于是英国将印度生产的鸦片运往中国，形成英、印、中三角贸易的循环。鸦片最初以中药的形式合法进口，而作为吸食的鸦片则在中国销售属于非法，因此，鸦片贸易只能以走私的形式进行。

鸦片战争前夕，鸦片走私畅通无阻，鸦片贸易规模不断扩大。仅鸦片战争前10年（1830～1840年），印度平均每年输华鸦片24000箱，价值1600万元[③]。而鸦片战争后的1845～1849年，据香港殖民官员密切尔（W. H. Mitchell）估计，从印度输出鸦片220717箱，其中四分之三即16500多箱是集中香港分销到中国的，每箱售价以500元计，价值达8270万元，或1845万镑[④]。到爆发第二次鸦片战争的1857年，上海一口就进口32000

---

① A. Ljungsted：An Historical Sketch of the Portuguese Settlements in China；and of the Roman Catholic Church and Misson in China，p. 82－84.

② 姚贤镐：《中国近代对外贸易史资料》（第一册），中华书局1962年版，第122～123页。

③ 马士：《中华帝国对外关系史》（第2卷），张汇文等译，三联书店1958年版，第210页。

④ 费正清：《中国沿海的贸易与外交：1842～1854年通商口岸的开埠》（第1卷），斯坦福大学出版社，1969年版，第556页。

箱，比战前的全国进口量还多8000箱[①]。详见表5－1。

表5－1　印度鸦片产量及其利润率（1835～1859年，5年平均数）

年度	鸦片产量（箱）	每箱成本（卢比）	每箱售价（卢比）	利润率（%）
1835～1839	88774	309	921	198.1
1840～1844	92241	308	1109	260.1
1845～1849	146860	304	1072	252.6
1850～1854	209090	290	903	211.4
1855～1859	169584	291	1376	372.9

资料来源：英国蓝皮书《鸦片文件》，1865出版，第6～9页。

鸦片走私规模的不断扩大和鸦片贸易的巨额利润，促使印度鸦片产量的不断提升（见表5－1）。到1845年，印度鸦片年产量突破10万箱；五年以后，产量增加一倍，年产量突破20万箱。同时，鸦片贸易的利润率并没有随着鸦片产量的提升而下降，利润率超过200%，有时甚至高达300%。

英国从鸦片种植和鸦片贸易获取的利润主要有两个部分：第一部分，从印度种植者手中收购价与加尔各答鸦片拍卖价之间的差价，这部分利润为英属印度殖民地政府获得。同时，鸦片过境缴纳的税收也是英属印度政府鸦片收入的重要组成部分。鸦片在印度实行许可种植制度，种植者按照固定的价格将罂粟汁卖给政府官员，这些收购的罂粟汁被送到各个工厂里加工，制成准备在中国市场销售的鸦片，每箱鸦片的成本大约在300到350卢布[②]。这些鸦片运送到加尔各答并在那里以拍卖的形式出售。第二部分为从印度鸦片竞拍价与鸦片贩卖到中国市场之间的差价。鸦片在印度财政收入中地位举足轻重。鸦片对印度财政的贡献从1839年占财政总收入的5.7%增加到1849年的10%，而到19世纪50年代末期，鸦片对印度财政的贡献高达14.1%。鸦片种植和鸦片贸易成为印度经济重要组成部分（见表5－2）。随着鸦片对中国的持续流入，英国逐步扭转了在中英贸易中的逆差局面，中国的白银持续流入英国和英属印度。

① 马士：《中华帝国对外关系史》（第2卷），张汇文等译，三联书店1958年版，第210页。

② B. P. P: Report from the Select Committee of the Commons on Commercial Relations with China, 1847. p. 351.

表 5-2　　鸦片收入在印度财政总收入中的地位（1835～1869 年，5 年平均数）

年度	财政总收入（镑）	鸦片收入（镑）	鸦片收入占总收入（%）
1835～1839	22521595	1281000	5.7
1840～1844	21809236	1166445	5.3
1845～1849	24865245	2475997	10.0
1850～1854	27831636	3299365	11.9
1855～1859	31731125	4484147	14.1
1860～1864	42980108	5312518	12.4
1865～1869	46417162	6222506	13.9

资料来源：特奈儿：《不列颠的鸦片政策及其在印度和中国的后果》（F. S. Turner，British Opium Policy and its Results to India and China），附录 5。

英属印度殖民地生产的鸦片除出口到中国外，还出口英属殖民地、非洲东海岸、拉达、锡兰、日本、暹罗等国家和地区，印度鸦片经济一度非常繁荣。为抵制印度鸦片，增加地方政府收入，中国内地也逐步扩大鸦片的种植，到 1894 年，国内生产的鸦片商品值已达 8450 万两，几乎相当于国内其他主要商品茶叶、蚕茧和棉花商品值的总和①，但中国自产的鸦片在纯度、口感等方面与印产鸦片存在差距，一般只能占领低端消费市场，而印度出口到中国的鸦片占领高端消费市场，国产鸦片对进口的替代有限。

与此同时，由于第二次技术革命，西方工业品的生产成本和世界贸易的运输成本不断下降，西方工业品的成本优势越来越明显。在西方工业品的持续冲击下，20 世纪末期，中国自然经济逐步走向破产，中英正常商品贸易额稳步提升，鸦片贸易的相对地位在下降。

（三）英、印、中三角贸易的衰落

英国政治领域的进步终结了鸦片贸易，也终结了英、印、中三角贸易。1905 年，英国自由党战胜保守党成为执政党，自由党代表工业资产阶级的利益，他们更乐于看到中国市场对工业制成品的消费而非将资金消耗在鸦片消费上。英国对外政策开始改变，并最终于 1907 年与晚清政府签订《禁烟条例》，英国承诺在清朝政府减少国内鸦片种植的前提下，英国自 1908 年始每年减少 10% 的鸦片出口，直至完全禁绝。中英两国政府都很好地执行了《禁烟条例》，鸦片在中印贸易中的比例逐步下降直至除医用外完全禁绝。

① 周志初：《晚清财政经济研究》，齐鲁书社出版，第 151～152 页。

中印之间正常贸易规模也在扩大，印度出口到中国的棉花、棉纱等逐步上升。鸦片贸易结束后，印度不再成为中英贸易的中介，三角贸易结束。

二、英国关税制度的变迁对中英贸易的影响

（一）清朝早期英国对华关税制度的变迁对中英贸易的影响

1. 中英茶叶贸易及英国茶叶关税变迁

清朝早期，中英贸易的主要对象是茶叶，英国茶叶进口关税变化对中英贸易影响巨大。如第二章第四节曾介绍过的，为了平衡贸易逆差，英国东印度公司决定对华输出鸦片。1790～1838 年，输入中国的鸦片价值白银 239045040 两。[①] 通过鸦片的输入，英国人不仅得到了想要的茶叶等商品，还扭转了中英贸易的逆差局面。

18 世纪末，由于第一次反法同盟战争开始，战费耗资巨大，英国将进口茶叶的关税税率从 1793 年的 12.5% 迅速地增加到 1806 年的近乎 100%；截至 1833 年，该税率就一直停留在 100% 而无重大调整[②]。

2. 英国进口茶叶关税变迁对中英贸易的影响

英国进口茶叶关税的变化影响茶叶的进口成本，进而影响茶叶在英国的需求。茶叶关税下降，茶叶进口成本降低，在其他条件不变的前提下，英国市场销售的茶叶价格下降，促进茶叶市场的需求，“抵代法案”通过之后英国茶叶市场的繁荣就是关税下降产生的必然结果。由于茶叶贸易是中英贸易最重要的组成部分，茶叶关税的下降也直接导致中英贸易的发展和繁荣。英国的茶叶关税长期处于高位，而中英茶叶贸易却持续增长，原因在于：首先，过高的关税（大部分时间里英国进口茶叶关税超过 100%）刺激了英国茶叶的走私，部分抵消了因高关税带来的茶叶进口成本上升而形成的需求下降；其次，饮茶习惯的形成和扩散带来需求的增长，从而部分抵消了因价格上升带来需求的下降；最后，作为“成瘾性消费品”[③]，茶叶的需求具有刚性消费品的特点，其需求价格弹性比普通消费品小。此外，茶叶进入英国市

---

① 庄国土：“茶叶、白银和鸦片：1750～1840 年中西贸易结构”，《中国经济史研究》，1995 年第 3 期。

② A. J. Sargent：Anglo-Chinese Commerce and Diplomacy，p. 49－57.

③ 仲伟民：“茶叶和鸦片在早期经济全球化中的作用——观察 19 世纪中国危机的一个视角”，《中国历史学前沿》2010 年第 1 期。

场时，是作为高档消费品而存在的，其具有部分奢侈品的特征，这也是茶叶的需求对价格不太敏感的因素。

总之，茶叶关税确实影响英国对中国茶叶的需求，也一定程度上影响了中英贸易。但由于茶叶进口走私、茶叶需求刚性、成瘾性及奢侈品的特性等原因，英国进口茶叶的高关税没能阻止茶叶进入英国市场，反而随着需求的持续扩大，中英茶叶贸易持续繁荣。

（二）清朝后期英国关税制度的变迁对中英贸易的影响

1. 英国自由贸易旗帜下，关税下降促进中英贸易规模扩大

1832 年英国《改革法案》获得通过，扩大了下议院的选民基础，意味着英国旧贵族对权力垄断彻底结束。英国政府先后于 1813 年和 1833 年取消东印度公司对印度和中国的贸易垄断权，1858 年取消东印度公司，印度成为英国的直属殖民地。1846 年英国废除《谷物法》，1869 年英国取消谷物进口税，标志着英国海外贸易正式转向自由贸易。“国旗至何处，贸易至何处”，19 世纪的英国达到影响力的巅峰，其推行的自由贸易政策不仅使殖民地与宗主国之间关税下降，也下调了帝国与其他国家之间的关税水平，关税水平的整体下降扩大了世界贸易规模。晚清两次鸦片战争的失败，中国也被纳入世界殖民体系，中英贸易额增长迅速。

2. 英国差别关税造成中国传统出口商品优势的丧失

在鸦片战争初期，十三行贸易垄断的撤销和东印度公司对中国贸易垄断的结束，使中英两国有更多的公司有机会参与中英贸易，对外贸易激烈竞争使商品特别是中国出口商品价格大幅下降，成为中英贸易规模扩大的重要原因。中国的茶叶和生丝出口迅猛增长。

19 世纪 50 年代后期，中国所课各税，合并计算，生丝一项，仅合丝价 16%，茶亦不过 30% 至 37%[①]。而英国对华茶征收的关税，除每磅正税英金 2 先令 1 便士外，另征收附加税 5%，而当时普通的中国功夫茶，每磅约值 3 先令，品质稍佳者，价格较高[②]。将从量税和从价税相加，则普通红茶折合

① 萨吉特著：《中英贸易与外交》，第 131 页，转引自姚贤镐著：《中国近代对外贸易史资料》（第 1 册）第 512 页。

② 周重林、太俊林著：《茶叶战争——茶叶与天朝的兴衰》，华中科技大学出版社 2012 年版，第 81 页。

从价税税率75%，远远高于中国国内税费及出口税之和。由于中国茶叶仍处于世界垄断地位，关税对中国红茶出口的影响尚未显现。

但好景不长，随着英国在印度茶叶培植的成功，印度成为中国茶叶出口市场最有力的竞争者，中国茶叶在世界市场垄断地位丧失。同时，1858年，印度正式成为英国的直属殖民地，英国对中印茶叶进口实施不同的关税政策，进口中国茶需要缴纳35%的关税，而进口印度茶是零关税，再加上采摘、加工、封装等方面的规范化和标准化，印度茶快速占据了英国市场。1880年，印度茶叶的种植面积达到了843平方公里，茶叶产量达到4300万磅；到了1888年，产量高达8600万磅，英国从印度进口茶叶的数量完全超过了中国。

为了向中国就近倾销茶叶，英国于1888年悍然发动第一次侵藏战争。这场战争的结果就是，清政府与英国先后签订了《藏印条约》和《藏印续约》，承认锡金归英国保护，开放亚东为商埠，英国在亚东享有治外法权和进口货物5年不纳税等特权。从此，西藏门户洞开，印度茶长驱直入。西藏当时的茶叶消费市场被英属印度占据，进一步挤压了中国茶叶的市场空间。

纵观中英贸易的整个历史进程，英国关税在中英贸易中扮演的角色在清朝早期并不明显，而后期则加速中国茶叶在英国市场的衰落。

三、印度关税制度的变迁对中印贸易的影响

（一）中印贸易发展状况

在19世纪之前，中印之间的贸易规模非常有限。中印贸易发展缓慢有多方面的原因，首先，英国对印度对外贸易的限制。1651年，英国颁布《航海法案》，规定英国和殖民地的货物只能由英国和殖民地的船只运输；并将殖民地商品分为两类——列举商品和非列举商品，列举商品包括烟草、糖、靛青、毛皮等，列举商品只能在销售到英国或英国其他殖民地，其他商品为非列举商品，可以直接出口其他国家，只要运输船属于英国或其殖民地即可。该法案限制了殖民地贸易的范围，剥夺了货主运输的选择权，维护了英国航海的垄断利益及转口贸易利益，但严重限制了殖民地经济的发展，殖民地产品因缺乏买主竞争，只能低价卖给宗主国，压抑了殖民地人民生产的积极性，尽管《航海法案》后来多次修改，但对殖民地经济危害十分巨大。1849年英国废除大部分《航海法案》，1854年，该法案彻底废除，殖民地真

正实现自由贸易。其次，中印经济结构类似，经济互补性差。中国和印度同属农业国，出产的绝大部分产品是农产品和原材料，没法做到两国间的互通有无。况且，《航海法案》也限制了印度农产品和原材料对中国的出口，导致中印两国之间贸易发展滞后。

进入19世纪之后，作为英、印、中三角贸易媒介的鸦片开始大量进入中国。此外，印度还向中国出口少量的棉花、大米等，而印度则对中国的进口很少。直到1873年3月，印度向中国的出口贸易额为1200万英镑，其中鸦片占1050万英镑，棉花占120万英镑，大米占10万英镑[①]，中印之间的棉纱贸易尚无记载。1874年之后，印度棉纱逐渐进入中国市场，开始了对中国市场的征服，并且进展极为迅速。1885年，仅孟买就有4600担棉纱出口中国，到1889年，出口中国的棉纱达211000担[②]。印度全部出口中国的棉纱则高达628413担，远远高于同期英国输入中国棉纱的数量（见表5－3）。

表5－3　　1889～1894年中国自英国和印度进口棉纱数量的比较

年份	英国		印度	
	数量（担）	价值（海关两）	数量（担）	价值（海关两）
1889	50114	1077081	628413	11884404
1890	88350	1797171	993145	17507547
1891	73059	1507239	1138084	19396855
1892	49019	1002945	1254490	21056464
1893	43940	987102	937883	16807647
1894	67950	1697296	1060542	19072824

资料来源：姚贤镐：《中国近代对外贸易史资料》（第二册），第1165页。

从表5－3可以看出，英印对中国棉纱输入的竞争中，印度优势逐步扩大。绝对额最高的1892年，印度对中国棉纱的出口是英国的20倍以上，英国完败于印度棉纱的竞争。其原因在于，英国棉纺织业的发展，主要靠从其殖民地进口棉花来实现，而美国是英国最大棉花的来源地。19世纪60年代初，美国内战切断了棉花等原材料的输出，欧洲各国涌入印度采购棉花，使印度棉花需求暴涨，棉花供不应求，印度开始大力发展棉花种植业。同时，印度也陆续建立纱厂，由于纱厂临近原材料产地，相对于英国而言，印度生

① S. D. Mehta：The Cotton Mills of India，1854－1954，p. 47.

② 姚贤镐：《中国近代对外贸易史资料》（第二册），第1164～1165页.

产的棉纱距中国市场更近，在同为中国市场的销售的前提下，无论在原材料成本还是成品的运输成本，印度生产的棉纱都比英国生产的棉纱具有优势。这种优势体现在印度棉纱的成本每磅比英国低0.69便士[①]。另外，印度生产的棉纱为粗支棉纱，很适合纺织适合中国劳动阶级穿的粗布，并且棉纱结实、价格便宜，在中国市场逐步走俏，不断扩大英国棉纱原先占据的市场份额。棉纱成为鸦片之外中印贸易最大的商品。

（二）印度关税制度变迁对中印贸易的影响

印度棉纱出口优势除生产成本和运输成本等原因外，还有印度关税制度变迁的因素。1875年，作为英国的殖民地，英国废除了3%的印度棉纱出口税[②]，也在一定程度上降低了印度棉纱出口的成本。此外，自19世纪70年代晚期，英国将从中国取得的贸易特权分享给印度，印度纺织品出口中国可以按照英国产品享受税收优惠，即享受英国对中国出口产品值百抽五的关税。两种关税因素叠加，自19世纪80年代开始的，印度棉线开始向中国大量出口，印度棉纺织品在中国市场份额逐步增加，原棉出口开始超过鸦片，棉纱、棉线、棉布等棉制品的出口出现了显著增长。但输华棉纱增长更为迅速。

中印贸易的另一个主要商品是鸦片，鸦片的种植和贸易都由英国资本控制，殖民地印度对鸦片过境征收一定的过境税，这些过境税也是英属印度政府鸦片收入的重要组成部分。过境税从鸦片贸易自始至终没有变化，不是影响中印鸦片贸易的主要因素。

第二节　美国关税制度的变迁对中美贸易的影响

一、中美贸易发展状况

（一）清朝早期中美贸易情况

中国茶叶帮美国摆脱了经济封锁，使其完成了原始资本积累。1784年，

① 棉花从孟买运到英国曼彻斯特的运费每磅0.54便士，而将曼彻斯特的棉纱运到中国为每磅0.50便士，二者之和为1.04便士，每磅棉纱自孟买运到中国为0.35便士，两者之差0.69便士即为印度相对于英国的运输成本优势。

② N.C.H.，1889年3月1日，p.240。

美国轮船“中国皇后号”（Empress of China）首次到达中国，开启了中美直接贸易的序幕。该船货物管理员山茂召说：“中国人很喜欢她（船）……称我们为新民族。当我们用地图示以我国的疆界及现在和日益增加的人口时，他们看到他们的物产将有这样一个广大市场，很为高兴。”[①] 此次贸易以美国产西洋参和中国茶叶、丝绸交换，取得极大地成功，净利润高达30727美元，投资回报率约为25%[②]。美国人第一次来到中国，就运来重达30吨的西洋参，两年后，美国西洋参输入中国的数量超过了1800担。而从1804年到1829年，美国输入的人参高达43602担。为了向中国卖人参，美国报纸上几乎天天都有刊登收购人参的广告，而美国民众也漫山遍野地挖人参[③]。

初期中美之间的贸易以美国向中国输入西洋参，中国出口茶叶和丝绸为主，但西洋参作为药材而非日常消费品，其消费数量非常有限。为弥补贸易逆差，大量的金银输入中国，中美贸易前景日益暗淡。但欧洲战争[④]改变了这一切，美国从中国大量输入茶叶运往欧洲，供应欧洲市场，1800～1810年，美国每年进口茶叶约540万磅，比10年前的两倍还要多。然而，美国轮船上的中国茶叶并不仅仅供应美国国内市场，其中很大一部分还要运往其他国家，或者从中国直接运送至欧洲，或者从美国重新出口。美国航运业取得飞速发展。同时，美国的毛皮、檀香木等运往中国，缩小中美之间的贸易逆差。

除中美正常商品贸易外，美国很早都参与了对中国的鸦片走私。他们从土耳其和印度将烟土运到中国。有一件寄自士麦那的领事报告中写道：“土耳其和埃及有很多产品，可供美国国内消费或对外推销之用。”[⑤] 但在中国，土耳其鸦片不如印度鸦片值钱。土耳其鸦片售价比印度鸦片便宜，所以有时用来掺杂在比较值钱的印度鸦片中。1821年，严禁鸦片的上谕颁布之后，美国商人领袖约翰·顾盛就停止经营鸦片。至于美国走私鸦片的规模，则无从查考。

---

① 姚贤镐：《中国近代对外贸易史资料（1840～1895）》（第一册），第169页。

② 潘序伦著：《美国对华贸易史（1784～1923）》，李湖生译，立信会计出版社2013年版，第5页。

③ 梁碧莹：“论早期中美贸易的特点”，《史学月刊》，1985年第5期.

④ 指拿破仑战争，拿破仑执政（1799～1804年）和拿破仑帝国（1805～1815年）期间，法国资产阶级为在欧洲建立政治和经济霸权，同英国、普鲁士、俄国等进行的战争。

⑤ 泰勒·丹涅特著：《美国人在东亚》，姚曾广译，商务印书馆1959年版，第101页。

（二）晚清中美贸易情况

1. 五口通商之后中美贸易的快速发展

五口通商之后，中美贸易发展迅速，美国本土货出口在美国对华出口中比例迅速上升。上海口岸的开通，相对于广州，一方面距美国太平洋沿岸和旧金山更近；另一方面距中国传统出口商品茶叶和生丝更近。并且新兴口岸没有旧口岸根深蒂固的传统，对新兴国家美国而言适应起来更为容易。“上海呼吸到比较自由的空气，对于美国人而言，这个地方似乎特别称心如意，因为它比起广州来，所受香港英国居留区的操纵也较少一些。”[①]

中国外在贸易环境的改善，再加上美国产业革命的巨大影响，使美国发展了能够在中国获得良好市场的制造业。美国本国货在对华出口贸易中所占的份额迅速增加：1842 年，外国货出口总值 706888 美元，本国货出口总值 737509 美元。这是美国货对华出口超过外国货的第一年。1845 年，美国本国货出口达到 2079341 美元，占美国对华总出口的 92%。而到 1860 年，美国本国货对华出口增加到 7170784 美元，总计对华出口达到 8906118 美元[②]。美国出口的产品也由中美贸易初期的西洋参、毛皮等转变为棉织品、西洋参、食品、面粉、烟草等。出口产品结构优化。

与此同时，中国对美出口产品大量增加，由 1845 年的 7285914 美元增长到 1860 年的 13566587 美元[③]。在输美商品中，茶叶和生丝占有很高的比重。1821 年，中国茶叶占对美出口总额的 42.5%，1845 年增加到 78.6%，1850 年为 69.5%，1855 年为 61.6%，到 1860 年又增加到 64.8%[④]。此后由于日本的激烈竞争，中国茶叶在美国市场的竞争优势逐步丧失。与出口英国的茶叶不同，中国出口美国的茶叶为绿茶。在中美生丝的贸易中，中国生丝一直占美国生丝进口总额较高的比例。19 世纪 50 年代初期，美国生丝进口中华丝占比 62%（平均总值为 57.5 万美元），至 50 年代晚期，这一比例降至 54.5%，但总值却仍有增加（平均总值为 113.3 万美元）。与生丝不同的是，出口美国的丝织品则大幅下降。1823 年，输入美国的丝织品总值中，

---

① 泰勒·丹涅特著：《美国人在东亚》，姚曾广译，商务印书馆 1959 年版，第 158 页。

② 姚贤镐：《中国近代对外贸易史资料（1840～1895）》（第一册），第 654 页。

③ 同上书，第 656 页。

④ 同上。

中国占60%（总值为520.1万美元），1853年急剧下降为4.1%（总值为2983.4万美元），到1863年进一步下降至0.1%（总值为1265.6万美元）[①]。丝织品在美国进口比重的下降，一方面是由于中国丝织品并非仅为出口而生产，国内也有大量丝织品的需求。当有更适合美国需要的丝织品时，美国有更多的选择。法国丝织品的竞争替代了中国的部分地位。另一方面，美国逐步发展并保护本国丝织品产业，实施进口替代。

由于中美贸易中中国丝茶的竞争优势，中美贸易中中国保持较高的贸易顺差。为弥补贸易逆差，美国在向中国输出工业品的同时，还源源不断地输出银币。美国出口到中国的银币，系从墨西哥和西班牙所属的西印度群岛转运而来的。1860年，此类银币的总值为1556828美元，占外国货出口的比重为90%[②]。

2. 英美棉布在中国的竞争

美国内战之后，实现南北统一，为工业的进一步发展创造了条件。美国盛产棉花，在内战前，南方生产的棉花大部分出口英国，北方发展棉纺织工业缺乏足够的原材料，内战之后，利用南方廉价的原材料，美国纺织工业取得快速发展。相对于英国而言，美国的棉织品有原材料成本优势，但英国产品最早来到中国，较早地进入中国市场。美国棉布用一种较粗的棉纱织成，结实、耐用，适合常洗，与中国土布比较类似，深受中国中下层劳动人民的喜爱。而英国织布则织物稀松，质料低劣，过度上浆而容易腐烂，在中国的口碑越来越差。就重量在12磅以上的棉布，美国的制造商能够胜过英国，而12磅以下的棉布，美国不可能和英国竞争[③]。英美棉布竞争的结果是美国棉布在中国市场特别是低端市场占有率越来越高。

3.《排华法案》对中美贸易的影响

1868年，中美两国签订《蒲安臣条约》，又称《柏林盖姆条约》，条约规定，两国在最惠国条款的基础上，明确承认两国人民自愿移民的权利。该条约是近代中国第一个以平等身份签订的条约，条约规定："……五、两国人民互相往来游历，不得用法勉强招致；六、两国人民互相居住，照相待最

① E. Griffin: Clippers and Consuls, p. 309 - 314.

② Pan, S. L: The Trade of the United States with China, p. 28 - 30.

③ N. C. H, 1892年9月23日, p. 436.

优之国利益均沾；……”[①] 在劳工、留学等方面，该条约对以后的中美关系产生重要影响。

1880年11月17日，清政府被迫与美国在北京签订《管制和限制华工赴美条约》，条约允许美国限制或禁止中国劳工进入美国，为美国歧视迫害华人提供了法律依据。1882年5月6日，美国签署《排华法案》，允许美国暂停入境移民，并规定排除华人劳工的十年期限。1888年10月，美国国会修改相关法律，不加区别地禁止中国劳工；1892年美国通过法案，将排华期限又延长十年，1902年更是无限期延长。《排华法案》使中国移民——无论是居民、商户还是商业旅行代理人，在试图登陆美国的过程中都承受巨大的困苦[②]。

《排华法案》通过和实施，是美国对中国公然的歧视。中美两国之间原本的亲善关系遭到破坏，迫使中国对美国的行为进行持续的抗议和报复。1904年中国驻华盛顿公使梁诚指责美国排华条约苛待中国商人、学生、旅行者；1905年5月，上海的商界领袖和社会名流在上海商务总会召开会议，决定要求全国各地的中国商人停止订购美国货物，以抗议排华条约。数天之内，抗议运动得到了中国25个条约港口城市的名流、商人和学校教师的支持，世界各地的中国人发来电报表示声援。抵制美货的运动虽然在清廷的直接干预下逐步平息下来，但这短暂的运动的影响却是深远的。在接下来的几年里，美国对华出口连年下滑，与之相反的是其他国家的对华出口却在增长。这清楚地表明，由于对美国人的敌意，中国人宁愿使用其他国家的产品以替代美国货。

美国对华歧视成为19世纪后半期中美贸易停滞的重要原因。中国对美国人的这种敌意直到1908年美国退还庚子赔款、1912年美国率先承认中华民国才完全消失。两国亲善关系的恢复直接表现为，从1910年开始美国对华出口逐渐增长。

二、美国关税制度的变迁对中美贸易的影响

（一）差别关税带来美国航运业的繁荣

美国独立之后，为了促进与东方直接贸易以及美国航运业的发展，美国

---

① 《清史稿》，邦交志4，第3页。

② 潘序伦著，李湖生译：《美国对华贸易史（1784～1923）》，立信会计出版社2013年版，第24页。

国会制定了早期的关税条款：对美国轮船从中国直接进口的茶叶征收较为适中的关税，为 6～20 美分/磅；而美国轮船从欧洲进口茶叶的关税是 8～26 美分/磅；至于外国轮船携带的茶叶，其关税高达 15～45 美分/磅。相应地，由外国轮船进口到美国的其他东方产品，需按货物价值的 12.5% 计征关税，这几乎是美国轮船进口货物税率的 2 倍①。美国航运业除了关税上的优惠，还有吨税上的让利。对外国船加征每吨 4 角 6 分的差别吨税。而且他们还享受一种附有复出口退税办法的货栈制度，以及最重要的茶叶关税延期两年缴纳的特别优惠待遇②。

差别关税的实施促进美国航运业的繁荣和对外贸易的发展，到美国内战前夕，美国航运业极度繁荣。

（二）关税的持续下降促进中美贸易的增长（1784～1860 年）

美国自建国到南北战争这 70 多年里，其外贸政策可分为两个阶段：在建国初期的 20 多年里，实施的贸易保护主义；其他时间推行的是自由贸易政策。1789 年，美国通过具有提高联邦财政收入和保护美国工业双重目的的关税法，但规定的进口税率只有 9%。1791 年，著名的贸易保护主义文献——汉密尔顿的《制造业报告》提交国会；随后于 1807 年通过“杰斐逊禁运”③；1816 年，麦迪逊总统又使国会通过进一步提高关税的法令。一系列贸易保护措施使美国的对外贸易一落千丈，中美贸易也受到影响，但美国国内工业却开始发展起来。

此后，美国贸易政策转向自由贸易，关税壁垒维持低位，中美贸易发展迅速。1832 年 7 月，美国总统杰克逊签署《分类保护税则》，更改了 1828 年的保护关税法案；1833 年 3 月，在其第二任期里签署两项法令：一项是必要时可以使用陆军、海军强行收税，这就是所谓的“武力法令”；另一项是亨利·克莱提出的分 10 年逐步减税的妥协税法。1846 年，美国国会通过了一项新的“公开承诺尽可能实施自由贸易原则”的关税法案。茶叶原先是完全的应税货物，现在则免于征收关税，这一松绑措施立刻使从中国进口的茶叶数量迅速增长。其他物品和产品的关税也下降到 30% 的平均水平，使

---

① 潘序伦著，李湖生译：《美国对华贸易史（1784～1923）》，立信会计出版社 2013 年版，第 5 页。

② 泰勒·丹涅特著：《美国人在东亚》，姚曾广译，商务印书馆 1959 年版，第 6～7 页。

③ 1807 年 12 月，美国总统杰斐逊宣布，对大不列颠和欧洲大陆交战国采取贸易禁运，该贸易禁运一直持续到 1809 年 3 月才废止。

中国出口美国的生丝、绢丝、香料、羊毛、毛织品及糖等商品大大增加。美国对华进口从1845年的700万美元上升到1852年的1100万美元，到1860年则达到1400万美元①。关税的下降使美国自华进口短短15年里增加了一倍。

美国贸易政策的摇摆源于不同地区经济发展的差异。代表大商人集团、航海集团、种植园主利益的南方倾向自由贸易政策；而代表制造业集团利益的北部主张实施贸易保护，双方矛盾的焦点集中在外贸政策，尤其是关税政策。

（三）关税的提高阻碍了中美正常贸易（1861～1911年）

1. 美国进口关税的提升

美国内战前夕及美国内战后，美国对外政策趋向保守，进出口关税特别是进口关税大幅提升，阻碍了中美贸易的发展。1861年的《莫里尔法令》将美国进口商品的平均税率从1861年的18.8%提高到1862年的36.2%；1864年的《战争关税法》进一步把进口平均关税提高到1865年的38.46%和1866年的48.3%。详见表5－4。

表5－4　美国进口关税税率变迁

年份	美国进口关税税率（%）
1860	15.67
1865	38.46
1870	42.23
1875	28.20

数据来源：参见姚贤镐："两次鸦片战争后西方侵略势力对中国关税主权的破坏"，《中国社会科学》1981年第5期。

在19世纪的最后10年中，美国先后颁布了3个关税法案，即1890年《麦金利关税法案》、1894年《威尔逊关税法案》和1897年的《丁利关税法案》。《麦金利关税法案》的特殊重要性在于它用一条新的、站得住脚的贸易保护理论代替了不再适用于美国的"幼稚工业"学说。它的理论基础是：世界的发展依赖于各国自己的内部资源的发展，而不是对外贸易。在此理论的影响下，美国对国内的发展关注超过对外贸易。

2. 美国进口关税提升对中美贸易的影响

美国内战期间，美国对外贸易最为依仗的豪华船队陷入衰退，同时为了

① 潘序伦著，李湖生译：《美国对华贸易史（1784～1923）》，立信会计出版社2013年版，第78页。

增加国家财政收入、保护美国工业而建立了高关税壁垒，使从华进口的进一步增长受阻。19 世纪后半期，对两国贸易最有利的因素是贸易距离的缩短。亚洲和美国之间的交流变得快捷、便宜。蒸汽动力的发展使行进速度更快、运费更低的轮船出现；美国横贯大陆的铁路线建造并通行；远洋蒸汽船首次开通定期客运和货运服务；陆上和海底电报被普遍使用。这些发明，使得美国制造业所用机器更加完善，蒸汽动力的应用成倍增加。所有这些工业、商业变化，对促进中美贸易产生了不可估量的影响。

但中美贸易无论从绝对额，还是相对额，都和当时中国整体对外贸易大幅增长格格不入。从绝对额额来看，中国对美出口 1866 年为 5690207 海关两，1872 年为 11942614 海关两，此后 20 年都没有超过此数，1893 年为 11725644 海关两，中国对美出口停滞不前。而从相对额而言，中国对美出口不但没有上升，而且还有所下降。1866 年，晚清对美出口占晚清总出口额的比重为 11.2%；1872 年，这一比重上升至最高 15.9%，此后再也没有超过这一比例。而到 1893 年，对美出口占晚清总出口的比重由最高的 15.9% 下降至 10.1%[①]。在中美贸易客观条件改善的前提下，中美贸易额停滞不前，美国关税特别是进口关税的上调是主要原因。

中日甲午战争后，中美贸易额开始回升，到 1905 年，达到最高的 8133.8 万美元，占中国外贸份额的 15.%，超过英国的 14.9%[②]。其中的原因在于，美国利用日俄战争的契机，给交战双方供应物资。日俄战争后，日本加入对华贸易的争夺，中美贸易额无论是绝对额还是相对额都开始下降，直至清朝灭亡。

第三节　日本关税制度的变迁对中日贸易的影响

一、中日贸易发展状况

（一）清朝早期中日贸易发展

清朝早期，日本处于幕府统治时期（1185 ~ 1867 年），由于当时日本和

① 姚贤镐：《中国近代对外贸易史资料（1840 ~ 1895）》（第 3 册），第 1598 页。

② 潘序伦著：《美国对华贸易史》，李湖生译，立信会计出版社 2013 年版，第 30 ~ 31 页。

清朝政府一样，实行锁国政策，中日贸易规模有限。1683年，康熙朝与日本贸易有利，于1685年派官船13艘载台湾之糖去日本。后来去日本的船舶逐渐增多，而日本以金银铜来支付来日货款，致使日本金银铜流出甚巨。"自正保五年（1648年）至宝永五年（1708年）六十年间，流出金之概数凡二百三十九万七千六百余两；银三十七万四千二百二十贯目；铜自宽文二年（1662）至宝永五年四十六年间，凡一亿一万一千四百四十九万八千七百余斤"。[①] 清朝政府由于铸币的需要，也积极鼓励从日本进口铜。"乾隆三年奏准：各省商人出洋购铜者，报明江浙督抚给予执照，令其出洋购买，如在京家道殷实之商愿赴洋购铜者，取具保结赴部具呈，由部奏明给予执照，行文江浙督抚，亦令其出洋采购。"[②]

贵金属的持续大量流出，引起日本统治阶层的警惕，日本逐步对中日贸易规模进行限制。先是限制贸易额，以达到限制贵金属流出的目的，此限制导致秘密贸易盛行，1688年，日本对来日清船数目进行限制，当年允许来日的船只为70艘[③]。同时，日本实施信牌制度，实行持牌贸易，没有信牌的船舶无法交易。信牌制度相当于现在的贸易许可制度，是对外贸易的总量控制。另外，日本仿效清朝政府，实行划地贸易的措施。长崎是日本严格限制下的对外贸易的唯一港口，并且仅限三个国家半日交易：中国、朝鲜和荷兰。经营这种贸易的外国人都在日本警察的严格监视之下[④]。

中国出口日本的商品种类繁多几乎无所不包，但最主要的商品是糖、马口铁、象牙、铅、呢绒、绿茶等，而从日本进口商品包括铜、樟脑、漆器、咸鱼等。随着日本出产的铜日渐稀少，日本的海参、鲍鱼、鱼翅在中国颇受欢迎。幕府政府也大力奖励这些贸易品的生产。

（二）晚清中日贸易发展

1868年，日本开始实行明治维新，推行具有资本主义性质的全盘西化和近代化改革运动。1870年，日本遣使中国进行通商修约。同年，因中国茶掺假，为美国人所厌弃，而日本绿茶乘机销往美国，至1878年，输出至

① 木宫泰彦著：《中日交通史》（下册），陈捷译，商务印书馆1983年版，第336页。
② 《大清会典事例（光绪）》，卷215，第1页。
③ 木宫泰彦著：《中日交通史》（下册），陈捷译，商务印书馆1983年版，第337页。
④ John Phipps：Pratical Treatise on the China and Eastern Trade，p. 59.

2800余万斤，“销于美国者十之九，于英国者十之一”①。为保证日本茶叶质量，日本于1878年成立共进会，特选委员审查茶叶形状、色泽、火度、水色、茶渣、香、味、收藏、价格等，将茶叶分为8等，以定优劣。其优者，给以赏牌。自此，日本人奋励争进，日制茶叶质量逐步提高。在美国市场上，日本绿茶逐渐取代中国，成为美国绿茶第一进口国。1868年，日本出口美国绿茶870万磅，而中国销往美国绿茶为2660万磅。1875年，日本出口美国绿茶2250万磅，而中国销往美国绿茶为2000万磅②，在美国市场上，日本绿茶出口首次超过中国。不仅如此，日茶还开始侵吞中国华北市场。日本输入天津的茶叶，由1889年的4843担增加到1890年的8363担；同时日本茶末也由1010担增加到1304担③。

在茶叶贸易快速发展的同时，中日棉织品贸易规模也快速扩大。日本棉纺织厂创立于1863年，但直到1877年，纺织厂只增加到3家，产值仅20万元，而棉纱及棉织品的进口达1000万元。自1880年起，日本大规模输入纺机，或建立官营工厂，或借给民间经营，或给予资金担保等，日本纺织行业迅速发展起来。至1890年，棉纱不但能满足国内需要，还开始输往中国。1899年，日本出口的棉纱达28521000日元，远高于同期进口4963000日元。到20世纪初，日本的棉纱进口已经非常有限，棉布出口也与进口相当④。同时日本棉布也在中国市场上与英美棉布竞争，1891年，日本出口中国的棉布达34159匹⑤。日本出口到中国的棉布，不加漂白，用粗纱织成，幅面符合中国消费者的习惯，很受中国人的欢迎。

自1881年开始，日本在中国火柴市场上也取得极大的成功。日本采取仿制的手段，冒充知名的瑞典火柴，大肆倾销低劣的日本造火柴。至1888年，日本火柴占中国进口总数的90%，几乎垄断了中国火柴市场⑥。

到19世纪末20世纪初，日本已经在中国市场上和英美棉布、棉纱及面粉等全面竞争；在国际市场，中国的传统出口优势产品茶叶、生丝及丝织品也在日本、印度的强力竞争下日趋衰落。

---

① 黄遵宪：《日本国志》（上），天津人民出版社2005年版，第8页。

② Decential Trade Report，1876年，福州，第36～37页。

③ Decential Trade Report，天津，第29页。

④ 野吕荣太郎著：《日本资本主义发展史》，张廷铮译，五十年代出版社1953年版，第76～77页。

⑤ Decennial Reports，1882～1991，淡水，第434页。

⑥ Trade Reports，1888nian，琼州，第470页.

二、日本关税制度变迁对中日贸易影响

甲午战争后，日本加大对华产品输出的扶持力度，重点扶持棉纱和棉花对华出口。甲午战争前，中国市场上的棉纱主要来自于印度和英国。甲午战争后，为占领中国棉纱市场，日本政府一方面免除棉纱原料——棉花的国内进口关税和棉纱出口关税，另一方面对输华棉纱予以财政补贴。1898年，日本政府规定，对输华棉纱每包给予2日元的补贴，1902年每包补贴提高到3日元，1908年又进一步规定，对超出预定输出量的每包3~5日元补贴。关税的优惠及出口补贴的推行，极大地刺激了日纱对华出口。在中国华北市场，1893年印纱占92.8%，日纱仅占1.4%；1903年日纱市场份额上升至39.3%，1911年进一步上升至60%[①]。日本的关税优惠及出口补贴政策取得了显著的效果。

与此同时，日本也加强对中国棉布市场的争夺。中国的棉布进口市场最初由英国独占，19世纪后半期，随着美国棉纺业的兴起，美国粗布打破英国对中国市场的垄断，取得在中国市场的竞争优势。到1900年，美、英、日三国出口到中国的棉布分别占63.5%、15.5%和2.6%。日本采取补贴措施以促进日布对华输出。1902年日本纺织联合会开始对棉布出口进行补贴，每300斤棉布补贴1.1日元，并且日本“满铁会社”给输华棉布以运费优惠，正金银行给棉布输出以金融援助。经过扶植的日本企业，在中国棉布市场份额迅速回升，在东北市场，日本棉布所占比重由1906年的1.2%上升至1910年的41.9%。[②]

日本在华商业的发展，离不开其在贸易补贴、贷款和官方奖励等方面的有力支持。日本设在大连的面粉厂得到4%的政府低息贷款，同中国市场上美国面粉抗衡。同时，日本凭借其强大的贸易竞争工具，对日俄战争后所有的重要产业进行国民救助，对商业船队补助，帝国资金投资工业领域，对盐业、樟脑、烟草和铁路实行国家垄断专营，对美国在华的棉织品、面粉、樟脑和其他工业产生巨大的冲击。

中国本是茶叶出口大国，但19世纪末期，天津等地消费的茶叶反而由日本进口。日本出口茶叶免税，中国进口茶叶征收每担2.5两进口税，在天

① 商务部对外贸易经济合作研究院编：《中国对外贸易史》，中国商务出版社2016年版，第110页。

② 同上书，第109页。

津港口销售日本茶的税负成本是每担2.5两；而中国自产茶从南方运到天津，陆路运输关卡林立，每卡都要征收厘金一次，承担的税负远高于日本茶叶；如海路运往天津，即使不考虑运往出口港口的厘金，出口缴纳关税一次，到天津再纳半税，仅关税税负就达每担7.5两。在两国茶叶生产成本相同的前提下，日本茶的售价低于中国。

晚清中国贸易伙伴除英、印、美、日等国外，还有俄国、法国、德国等，由于要么其与晚清贸易规模有限，要么其国内关税制度变迁有限，本书无法全面阐述此间关税制度变迁对彼此贸易的影响，故对这些国家不作一一分析阐述。

第六章 晚清关税制度与对外贸易的关系演进及启示

第一节 关税制度与对外贸易关系回顾

关税制度通过影响对外贸易来调整国家间的利益，这是关税与对外贸易最直接的关系。本章通过梳理晚清关税制度的变迁，来分析晚清政府对外贸易的变化，进一步明确晚清关税与对外贸易互为因果的事实。

一、关税职能的转变

作为一个税种，关税也具有税收的财政职能、调节职能及监督职能，调节职能应当是关税最主要的职能。因为关税作为国家的大门，其首要职责应当是保护本国产业，其次才是调节和监督职能。而在晚清时期的关税制度存在着三大职能的严重错位。

（一）关税财政职能的不断强化

1. 关税绝对额增长

自中国进入封建社会以来，财政收入的主要来源于土地和人口。为促进农业生产和发展，各个封建王朝积极推行重农抑商的政策，商业的地位向来不高，关税对财政收入的贡献也屈指可数。晚清之后，伴随着闭关锁国局面被打破和关税制度的调整，贸易额的大幅增长推动了关税收入的不断增加。

在鸦片战争前10年，每年的关税收入在150万两波动[①]。鸦片战争之后，初期由于海关管理效率低下、贪腐盛行、走私猖獗等原因，贸易规模的急剧增加并没有带来关税收入的明显提高，至1858年，关税收入才突破180万两，关税收入的增长幅度远远低于对外贸易额的增长幅度。进入19世纪60年代以后，由于外籍税务司制度的建立和健全，伴随着贸易规模的扩大，关税收入持续大幅增长（见表6－1）。

表6－1　晚清关税收入情况表　单位：万海关两

年份	关税	年份	关税
1865	662.96	1890	1215.86
1870	783.55	1900	1587.02
1880	1131.41	1910	2721.59

数据来源：根据前文中表4－2、表4－7、表4－10数据整理。

从表6－1可以看出，自1865年至1910年这45年中，晚清的关税收入由662万海关两增长到2721万海关两，增长超过3倍。对于捉襟见肘的晚清政府而言，中央政府能够直接支配的这些财政收入对延续清王朝的统治至关重要。

2. 关税相对额的增长

田赋原是清政府最主要的收入来源，随着厘金的征收、关税制度的改革，以农业为主体的田赋收入占比逐渐下降，而以工商业为主体的厘金和关税收入则占比急剧提高（见表6－2）。

表6－2　1885～1894年清政府主要收入来源及占比表　单位：千两

年份	岁入总额	田赋		厘金		关税		其他	
		数额	占岁入（%）	数额	占岁入（%）	数额	占岁入（%）	数额	占岁入（%）
1885	78276	30213	38.6	13980	17.9	14717	18.8	19366	24.7
1886	82304	31260	38	15693	19.1	15401	18.7	19950	24.2
1887	85787	31187	36.4	16747	19.6	20889	24.3	16964	19.5
1888	94196	31581	33.5	15565	16.5	23559	25	23491	25
1889	86187	30587	35.5	14931	17.4	22192	25.7	18477	21.4
1890	92465	31915	34.5	15324	16.6	22368	24.2	22858	24.7

① 见表4－2，由于当时只有广州一口通商，因此，粤海关的关税收入就是清朝的关税收入。

续表

年份	岁入总额	田赋		厘金		关税		其他	
		数额	占岁入（%）	数额	占岁入（%）	数额	占岁入（%）	数额	占岁入（%）
1891	95394	31816	33.4	16327	17.1	23915	25.1	23336	24.4
1892	88816	31270	35.2	15316	17.2	23072	26	19158	21.6
1893	88670	31535	35.6	14007	15.8	22361	25.2	20767	23.4
1894	93264	31498	33.8	14216	15.2	22904	24.6	24646	26.4

资料来源：严中平：《中国近代经济史（1840～1894）》（第二卷），人民出版社2001年版，第772～773页。

1885～1894年，关税在财政收入的比重稳步上升，从最初的18.8%提高到24.6%，而同期田赋的占比则由38.6%下降至33.8%。晚清以厘金和关税为代表的商业税占比增加，一方面说明商业规模的持续扩大，为商业税征收奠定了基础；另一方面也说明，由于农民起义的持续打击，农业生产遭到破坏，农业税源日益枯竭。“兹再就财政政策上言之，原来国家设立关税之最初目的，即在征收税金以谋国库之充裕。”① 这正是晚清关税财政职能不断强化的真实写照。

（二）关税保护职能日益弱化

作为国家大门的关税，其首要职责就是保护并促进本国产业的发展，这是关税调节职能最直接的体现。晚清时期，由于协定关税的存在，一切关税政策都为了商品和资本品的输入，出现了进口关税低于出口关税，国内商品的流通税负高于国外商品的流通税负等奇怪现象，关税保护与调节无从谈起。尽管掌管海关的外籍税务司也曾做出出国参展商品免税进出口的规定，以促进国内商品走向国际市场，但相对于整体的对外贸易环境，中国商品对外贸易税负沉重，特别是传统优势出口产品丝、茶及制品被日本、印度取代之后，中国商品在国际贸易中的优势荡然无存。

同时，协定关税中对一切商品均值百抽五的征收方法，对于原材料与制成品、奢侈品与必需品、消费品和资本品皆不加区别，它使中国无法运用保护关税以扶植幼小的民族工业、并鼓励对一个国家的经济独立来说必不可少的基础工业的发展。“烟酒二项各国类多应为厉禁，或课重税，如日本烟税

① 武堉干：《中国关税问题》，商务印书馆1930年版，第4页。

之值百抽三百三十五，英烟叶税之值百抽四百六十五，烟丝值百抽五百，白兰地酒税值百抽八百。”[①] 而第二次鸦片战争之后，中国的烟酒竟被列为免税商品。《中英通商章程善后条约》第一款规定：“凡有金银、外国各等银钱、面粟、米粉、砂谷、米面饼、熟肉、熟菜、牛奶酥、牛奶、蜜饯、外国衣服、金银首饰、搀银器、香水、碱、炭、柴薪、外国蜡烛、外国烟丝烟叶、外国酒、家用杂物、船用杂物、行李、纸张、笔墨、毡毯、铁刀利器、外国自用药料、玻璃器皿，以上各物进出口通商各口，皆准免税……”可见协定关税毒害之深。1842 年的《南京条约》规定，出口税率也被固定为 5%，在 1913 年之前，出口税率仅于 1858 年作过一次修正。然而，出于财政上的需要，中国政府也未废除出口税。

关税职能的错位不仅削弱了中国传统产业竞争力，导致大量就业岗位丧失，也进一步激发了社会矛盾，成为清王朝灭亡的重要推手。近代国家之兴盛与工商业之发达至有关系，而工商业之所以能够发达，善能运用关税政策，实为其主要原因之一。

19 世纪后半期，设置海关（洋关）的主要理由之一，就是清朝中央政府需要能够直接支配的财源，1853 年逐步实行外籍税务司制度，其原因一是太平天国运动瘫痪重要海关；二是军费不断增加，以往的定额制征收模式难以为继。

从光绪末年到宣统年间，在财政整顿的名义下，中央政府为了恢复财政上的中央集权进行了各种改革，其主要支柱就是强化海关税。同时，清廷也在整顿地方税，试图把它再纳入中央控制。裁厘加税也就是强化中央财政的方向之一。

二、清政府对外贸易平衡的历史变迁

（一）清朝前期对外贸易平衡状况

清朝前期，清政府的对外贸易政策经历了闭关锁国、四口通商、一口通商三个阶段。在闭关锁国阶段，对外贸易几近停止，不存在对外贸易平衡问题。从四口通商走向一口通商，清朝正常对外贸易中产生并持续了巨额的贸易顺差（见表 6－3）。

---

① 武堉干：《中国关税问题》，商务印书馆 1930 年版，第 135 页。

表 6－3　　**1760～1830 年清朝对外贸易额变动表**　　单位：银两

年份	进口额	出口额	顺差（+）或逆差（－）
1760	1908704	3637143	1728439
1770	2094336	4362676	2268340
1780	1994617	5008263	3013646
1790	5876663	7348420	1471757
1800	8727364	10391797	1664433
1817	9053298	13770740	4717442
1820	7952488	14678252	6725764
1825	9161314	14390108	5228794
1830	9192608	13443641	4251033

资料来源：根据姚贤镐编《中国近代对外贸易史资料》（第一册）第 266～267 页相关数据整理。

从表 6－3 可以看出，1760 年，清朝对外贸易顺差 172.8 万两，到第一次鸦片战争前夕的 1820 年，正常贸易的顺差达到 672.6 万两，增长超过 3 倍。其原因有两个方面：一方面，自然经济条件下，清朝国内对外来商品需求非常有限；另一方面，清朝的丝茶在世界市场中的绝对垄断地位。

正常商品对外贸易的顺差并不能改变清政府整体贸易的逆差。为改变贸易逆差的处境，英国政府向中国输入鸦片，改变了清政府对外贸易的格局（见表 6－4）。

表 6－4　　**鸦片战争前广州的对外贸易状况**①　　单位：银元

年份	进口额	出口额	顺差（+）或逆差（－）
1817	18693440	15566461	－3126979
1821	21430018	20518936	－911082
1825	23269060	22229791	－1039269
1830	26814660	17602365	－9212295

资料来源：马士，《东印度公司对华贸易编年史》，第 3～4 卷。

鸦片战争前夕，鸦片走私进口大量存在，彻底扭转了中国在对外贸易中的顺差，致使白银持续外流，银价上涨，加剧清王朝的财政困难，这也是禁烟运动产生的背景及鸦片战争产生的直接原因。

① 此表中的出口额与表 6－3 同年份差异的原因：一是两张表统计的单位不同，一个是银元，另一个是银两；二是资料来源不同导致数额的差异。此表的进口额中包括同期鸦片的进口额，而表 6－3 不包括鸦片的进口额。

（二）第二次鸦片战争前的贸易平衡状况

两次鸦片战争之间，晚清对外贸易平衡状况发生逆转，由战前的贸易逆差转变为贸易顺差，原因在于第一次鸦片战争之后出口额的增长幅度远远超过进口额的增长幅度。由于第二次鸦片战争之前中外贸易主要是中英贸易，下面就以中英贸易的情况说明晚清政府的对外贸易平衡状况。由于在外籍税务司制度全面建立之前，中国没有全面的对外贸易统计，因此本节只能从总体上描述这段时间的对外贸易平衡状况。

1. 从进口额来看，中英贸易中晚清进口额增长缓慢

以棉纺织品而言，在1845年至1855年的10年中，英国每年输华的棉纱由260万磅上升到290万磅，仅增加11%左右，而每年棉布输华数量则由310万匹下降到200万匹，减少30%以上[①]。从1856至1867年，中国市场每年的棉纱进口量仍不过360万磅，棉布不过420万匹[②]。和战前的1838年比较，棉布进口略有上升，棉纱进口反而减少了25万磅。[③] 历经20年，开放了近20个通商口岸，关税大幅下调，外国棉纱和棉布的进口仍然在原地徘徊。

同时，从棉毛制品的进口情况来分析此间进口额的变化情况（见表6－5），同样能印证上述观点。

表6－5　　1849～1857年中国自英国进口商品的申报价值　　单位：镑

年份	棉制品	毛织品	总计
1849	1001283	370878	1537109
1850	1020915	404797	1574145
1851	1598829	373399	2161268
1852	1905321	434616	2503599
1853	1408433	203875	1749597
1854	640829	156959	1000716
1855	883985	134070	1277944
1856	1544235	268642	2216123
1857	1731909	286852	2449982

资料来源：严中平主编《中国近代经济史（1840～1894）》（一），人民出版社2012年版，第377页。

① 柯克：《中国》，第166页。

② 姚贤镐编：《中国近代对外贸易史资料》（第三册），中华书局1962年版，第1602～1603页。

③ 《中华丛报》（The Chinese Respository），1843年10月，第516～517页。

从表 6－5 可以看出，中国进口的英国棉毛制品数量很不稳定，总量增长极为有限，棉制品由 1849 年的 1001283 镑增长到 1857 年 1731909 镑，增长近 70%，而同期毛织品不增反降。这也反映出，此间英国对华出口接近停滞状态。在进口方面，如果不考虑鸦片，英国输华棉纺织品的价值在 19 世纪 50 年代达到输华货物总值的 70%（1856 年）和 80% 以上（1853 年）[①]。棉纺织品进口的停滞不前说明，晚清进口额停滞不前。

2. 从出口额来看，晚清对英国出口大幅增长

第四章已述及，晚清时期，中国传统优势出口商品是丝茶，第一次鸦片战争之后，随着对外贸易口岸的增多，对外贸易垄断的取消，中国丝茶出口在国际市场优势尽显。中国丝茶大量出口，抵消了鸦片走私带来的白银外流，中国的对外贸易由战前的入超转为出超。这也是西方列强发动第二次鸦片战争的原因之一。

（三）第二次鸦片战争后贸易平衡状况

两次鸦片战争前后形成的贸易顺差是短暂的。进入 19 世纪 60 年代，由于英国对印度茶叶种植的扶持、日本丝茶的崛起，中国丝茶的优势在国际市场消失殆尽，其他商品的出口不能弥补丝茶出口下降带来的对外贸易被动局面。晚清对外贸易又重新陷入入超的泥潭，直至清朝灭亡（见表 6－6）。

表 6－6　1864～1911 年晚清对外贸易额的变化表　单位：千海关两

年份	进口额	出口额	总额	贸易逆差（－）
1864	46210	48655	94865	2445
1865	55715	54103	109818	－1612
1866	67174	50596	117770	－16578
1867	62459	52158	114617	－10301
1868	63282	61826	125108	－1456
1869	67109	60139	127248	－6970
1870	63693	55294	118987	－8399
1871	70103	66853	136956	－3250
1872	67317	75288	142605	7971
1873	66637	69451	136088	2814
1874	64361	66713	131074	2352

① 严中平："两次鸦片战争史料"，《经济研究》1955 年第 1～2 期。

续表

年份	进口额	出口额	总额	贸易逆差（-）
1875	67803	68913	136716	1110
1876	70270	80851	151121	10581
1877	73234	67445	140679	-5789
1878	70804	67172	137976	-3632
1879	82227	72281	154508	-9946
1880	79293	77884	157177	-1409
1881	91911	71453	163364	-20458
1882	77715	67337	145052	-10378
1883	73568	70198	143766	-3370
1884	72761	67148	139909	-5613
1885	88200	65006	153206	-23194
1886	87479	77207	164686	-10272
1887	102264	85860	188124	-16404
1888	124783	92401	217184	-32382
1889	110884	96948	207832	-13936
1890	127093	87144	214237	-39949
1891	134004	100948	234952	-33056
1892	135101	102584	237685	-32517
1893	151363	116632	267995	-34731
1894	162103	128105	290208	-33998
1895	171697	143293	314990	-28404
1896	202590	131081	333671	-71509
1897	202829	163501	366330	-39328
1898	209579	159037	368616	-50542
1899	264748	195785	460533	-68963
1900	211070	158997	370067	-52073
1901	268303	169657	437960	-98646
1902	315364	214182	529546	-101182
1903	326739	214352	541091	-112387
1904	344061	239487	583548	-104574
1905	447101	227888	674989	-219213
1906	410270	236457	646727	-173817
1907	416401	264381	680782	-152020
1908	394505	276660	671165	-117845
1909	418158	338993	757151	-79165

续表

年份	进口额	出口额	总额	贸易逆差（－）
1910	462965	380833	843798	－82132
1911	471504	377338	848842	－94166

资料来源：China，Martime Customs. Decennial Reports，1922－1931. Appendix p. 170。

由表6－6可以看出，自英国人赫德升任海关总税务司之后，尽管出口额也在增长，但相对于进口额而言，其增长的幅度低于进口额增长幅度，导致贸易逆差越来越大。1905年前后，清政府的对外贸易逆差达到最高点，即21921万两，随后因中英之间达成缩减鸦片进口的协议，逆差额开始缩小。

纵观整个清王朝对外贸易发展状况，尽管对外贸易政策的摇摆起伏，对外贸易整体还是不断向前发展的，最直观的证据就是对外贸易绝对额不断扩大。从对外贸易平衡角度而言，经历了最初的顺差、鸦片走私导致的逆差、丝茶优势扩大的顺差、丝茶优势消失的逆差几个阶段。直到清政府灭亡，中国在对外贸易中的被动局面也没有改变，贸易逆差的扩大，白银的持续外流，加重了普通百姓的负担，强化了清王朝积贫积弱局面，提高了清王朝的灭亡速度。

三、关税制度与贸易平衡之间的关系

（一）鸦片战争前关税制度对贸易平衡的影响

鸦片战争前期正常商品贸易顺差与整个对外贸易的逆差与关税制度关系不大。

正常贸易前提下，对外贸易顺差主要源于中国出口优势产品丝茶无与伦比的竞争力。这一时期，中国对国外商品需求有限，主要原因是中国自然经济根深蒂固，中国地大物博，需要的产品几乎都能从国内得到满足，对国外工业品需求有限，这也是国外工业品特别是英国棉麻制品在中国市场打不开的主要原因。当然，中国税制复杂、税制不透明、海关官员腐败及对外贸易的垄断确实也对英国工业品的输入有一定的影响。之所以强调自然经济的作用，是因为第一次鸦片战争之后，关税按照英方的要求进行改革，对外贸易垄断取消，而英国工业品对中国的出口仍然停滞不前。

鸦片贸易以走私形式进口，与关税无关。在鸦片战争前的中英贸易中，英国为扭转对华贸易中国的被动局面，向中国大量走私鸦片，以弥补在与中国正常商品贸易中的逆差。随着鸦片消费在中国的普及，大量鸦片进口改变了中英贸易的格局，中英贸易中方陷入逆差局面。当时清政府的关税制度与这种贸易逆差的形成没有关系，原因在于鸦片的进口完全通过走私进入中国，与关税高低没有关系。

当然，如果清政府加强走私打击力度，对鸦片进口是有限制作用的。但当时的清政府和粤海关缺乏缉私的意愿、缉私能力及缉私手段。就海关缉私意愿而言，关税实施包税制，海关走私很多是在海关官员及地方政府官员的眼皮底下进行的，这些地方官员与走私者形成利益共同体，缺乏缉私的真正意愿。就缉私能力而言，东印度公司将走私的鸦片通过飞剪船走私入关，这些船只航行速度快甚至有武力护送，海关缉私官员无能为力。海关没有有效的手段阻止鸦片走私，致使鸦片走私的规模日益扩大。

（二）第二次鸦片战争前关税在贸易平衡中的作用

第二次鸦片战争之前，晚清对外贸易由逆差转为顺差，这种顺差的出现也与关税关系不大。此间关税的调整主要有两个方面，一是进口关税的大幅下调，二是出口关税的有限增长，二者对此期间进出口贸易额影响甚微。第二次鸦片战争之后，关税特别是进口关税大幅下调，船舶吨税也大幅降低，对进口商品产生直接的刺激作用。通过上文贸易平衡的分析，此间进口额变化并不明显，原因在于国内对进口商品的需求有限。出口关税在第一次鸦片战争之前为2%~4%，《南京条约》签订之后提高到5%，正常情况下对出口有抑制作用，实际情况却正好相反，出口关税上调情况下出口额反而大幅上升。其内在的原因也是当时主要出口商品丝茶在国际市场中的绝对优势，另外，公行制度的废除、出口垄断消失、出口商之间激烈的竞争也促进了出口规模和出口额的大幅增长。

同时，从海关管理角度分析，海关管理混乱、贪腐横行及第一大海关上海关因农民起义几近瘫痪也极大地削弱了关税对对外贸易的影响。外国鸦片贩子不仅走私鸦片，而且在鸦片这种既不受检查又不纳关税的特殊商品掩护之下走私其他商品，造成中国关税的损失，地方政府为保证关税收入，必须查禁其他商品走私，而查禁其他商品走私首先必须查禁鸦片走私。但鸦片贩子受到外国领事的保护，并且这种走私有武力保护，政府官员无能为力。外国商人的走私偷税行为使上海关的征税制度彻底崩溃。据《北华捷报》报道，1854 年 7 月 12 日至 1855 年 1 月 31 日，上海海关实征关税 1267834 两[①]。另据 1855 年正月，包令发给外交部的报告说，过去 6 个月内，单是出口关税就高达 100 万两[②]。由此可见，海关征收的关税基本上是出口关税，进口关税数额非常有限，进口关税对进口贸易的影响甚微。

（三）第二次鸦片战争之后关税制度在贸易平衡中的作用

第二次鸦片战争之后，由于国际竞争背景的变化，协定关税加剧了中国对外贸易的不平衡。首先，随着自然经济的逐步解体，协定关税下极低的进口关税及大范围进口商品免税对国内市场的冲击逐步显现。大量国外商品涌入中国，进口额持续大幅上升。同时，传统优势出口商品丝茶，因印度、日本积极参与同中国的竞争，优势慢慢消失。相对于印度、日本出口零关税甚至出口补贴，中国出口商品国内及出口环节繁重的税费使其劣势尽显，在英美市场的份额逐步减少。进口额持续大幅上涨，出口额缓慢增长，中国对外贸易逆差越来越大。

关税是这一时期影响中国对外贸易平衡的主要因素，除此之外，还有一些因素对对外贸易平衡产生重大影响。首先，中国与欧美航线距离的缩短也大大降低了国际贸易的成本。1869 年，横贯北美大陆的第一条铁路建成通车，使原来美国东部出口中国的货物由大西洋绕非洲好望角到达亚洲的航线可以由铁路运到美国西海岸经过太平洋直达中国，缩短了中美贸易的航线，大大降低了美国商品出口到中国的成本。19 世纪后半期，美国棉布在中国市场上占有率大增与中美贸易成本降低紧密相关。同年，苏伊士运河的通航使中英两国的距离由 14000 英里缩短到 11000 英里。当年由中国输往英国的货物 14% 经过苏伊士运河，1873 年，这一比例上升至 70%，到 1880 年进一步提高到 90%[③]。同时，随着国际航运业的发展，西方大型航运公司进行激烈竞争，中西航运关系及航运距离的变化大大降低了中西贸易的成本。当然，对外贸易航运距离的缩短及航运业激烈的竞争带来的对对外贸易成本的下降是双向的，既包括进口商品，也包括出口商品。

其次，国内营商环境的改变也促进了对外贸易的发展。1895 年 7 月 21 日，光绪为实现变法自强而向各省将军和督抚征求方策大略，上谕云："大

---

① 费正敬："身份问题"，《南开社会经济学报》1936 年 4 月号，第 130 页注 6。

② 科斯丁：《大不列颠与中国》，第 163 页。

③ 兰托姆：《不发达世界的国际经济（1865～1914）》，第 28 页。

约以筹饷练兵为急务，以恤商惠工为本源；此应及时举办。”[1] 从上谕中可以看出，清政府把“恤商惠工”作为经济政策之一，体现了清朝将传统重农抑商政策向恤商、保商的转变。清政府随后设立了专管商业的机构，颁布商业法律，营商环境大为改善，有助于国内商品的生产和出口。

最后，本币的贬值反而恶化了中国对外贸易处境。19 世纪末 20 世纪初，随着金本位制在世界范围内的推行，以银铜本位为货币基础的清政府面临本币贬值的问题。本币持续贬值本应有利于本国商品的出口，不利于进口，对外贸易处境会改善，然而晚清政府面临的逆差持续扩大。这种现象的根本原因，就是协定关税下，国内产业受国际市场的冲击而日渐艰难，仅靠农产品及工业原材料出口的贸易结构根本无力扭转晚清政府在对外贸易中的困境。

第二节　晚清关税制度的演进与对外贸易关系的经验教训

晚清关税制度的演进及对外开放的直接后果是晚清日益衰落直至灭亡。与此同时，资本主义列强通过工业革命和殖民贸易逐步崛起。二者的分化清楚地表明，晚清关税制度的变迁和虚假的贸易繁荣的实质是维护资产阶级利益。通过分析晚清关税制度与对外贸易的关系，我们可以加深对资本主义本质的认识，也可以从晚清走向衰落直至灭亡的过程中获取许多经验教训。

一、强化本质认识——维护和捍卫资产阶级的利益是资本主义国家的本质

资产阶级思想的核心是极端利己主义，资本家的本性就是唯利是图、发财致富。凡是对资产阶级有利的，他们就不惜一切代价地攫取。晚清关税制度变迁的整个过程及对外贸易的发展充分表明，维护和捍卫资产阶级的利益是资本主义国家的终极目标。

第一次鸦片战争前，面对中英贸易中中国的贸易顺差，英国资产阶级通过走私鸦片的手段来掠夺中国财富，禁烟运动阻断了资产阶级通过鸦片输入

[1] 《光绪朝东华录》，光绪二十一年闰五月二十七日。

发财致富的梦想，英国不惜发动侵略战争来维护资产阶级的利益。中国大门被打开后，关税大幅下调没有带来资本家理想的贸易增长，继续通过鸦片贸易和贩卖中国苦力的方式掠夺中国财富。中日甲午战争后，在消费品关税无法进一步下调的情况下，资本主义国家加大对中国的资本输出，掌控中国金融业、航运业、矿产开发、铁路建设乃至直接投资设厂，继续掠夺中国财富。1907 年，中英达成协议，晚清政府在承诺减少国内鸦片种植的前提下，英国主动减少向中国输入鸦片，此后，英国向中国出口鸦片逐步减少直至终结，学者颜色以《绅士的慈悲还是利益的追逐？——中英鸦片贸易终结过程研究》全面剖析了英国终结鸦片贸易的前因后果，指出鸦片贸易的终结是新兴工业资本家扩大对华商品出口的结果①。

认清资本主义国家的本质，有利于中国在与其交往中把握正确的政治方向，对其惯用的手段采取相应的措施，维护国家和人民的利益。

二、强化主权意识——主权是捍卫国家利益的前提和基础

主权，即为国家主权，是国家的最重要属性，也是国家最主要、最基本的权利。一国国家的主权包括中央和地方政府独立的立法权、行政权和司法权。晚清的衰亡除了有其自身的原因之外，主权的丧失也加速了大清帝国的灭亡。鸦片战争的失败导致的主权丧失，除了被迫开放通商口岸及割地赔款等外，关税自主权的丧失也是主权丧失的重要表现。协定关税使晚清关税丧失立法权，外籍税务司制度的建立使晚清失去关税执法权，领事裁判权的确立使晚清失去关税司法权。

协定关税下，西方国家主导中国关税制度变迁过程，使晚清关税一降再降，失去关税保护职能和调节职能，弱化了关税的财政职能。外籍税务司制度的建立，使关税征收大权旁落，关税无法做到应收尽收。而领事裁判权的确立则使外籍商人走私贩私得不到应有的惩处，客观上助长了走私贩私的行为。关税主权的丧失是晚清各个时期关税收入增长幅度低于对外贸易规模增长幅度的重要原因。

维护主权的唯一手段就是增强国家实力。鸦片战争前，以英国为代表的西方列强多次向清政府表达扩大通商的愿望，都遭到清政府的拒绝。当英国

① 颜色："绅士的慈悲还是利益的追逐？——中英鸦片贸易终结过程研究"，《清史研究》2012 年第 3 期。

认为其足够强大时，就通过武力达到其商业目的，鸦片战争之后，中西关系形成这样一种循环：西方提出不合理要求→清政府拒绝→列强发动战争→清政府战败被迫满足其条件→列强再提出要求→再拒绝……。随着一次次战败，主权丧失，利益受损，国家实力的落后是清廷战败的主要原因。而经济实力和军事实力是国家实力的最重要组成部分。没有强大的经济实力，无法建立和支撑强大的军力；而没有强大的军力，再多的财富也无法由自己掌握，二者相辅相成，互为因果。

三、强化互惠意识——建立在互利共赢基础上的对外贸易才能持久

互惠意识强调国家之间的交往应当互利共赢，国际贸易双方共享国际分工的好处。晚清对外开放的过程和对外贸易的发展导致国内市场的丧失，失业的增加和贫困的加剧，中西贸易的结果是贫富更加悬殊，片面的最惠国待遇很好地诠释了中西交往中双方的利益得失。贸易最终的结果以西方国家更加强大、晚清终结而结束。

2013 年，中国发出“一带一路”倡议，以构建人类命运共同体为己任，让世界各国共享中国经济高速发展的成果，正是互惠意识的具体体现，这种互惠意识将彻底抛弃资本主义崛起时“以邻为壑、此消彼长”的强盗逻辑，实现中华民族的和平崛起，促进互利共赢的国际贸易持久繁荣。

第三节　晚清关税制度的演进与对外贸易关系的启示

关税通过对外贸易来影响彼此国家间的利益。一国关税政策的调整不仅受本国国内法的约束和限制，也受对外贸易规则的制约。贸易利益是国家间利益的重要组成部分，因此，在国际关系日益紧密、国际交往日益频繁的今天，与贸易利益紧密相连的关税政策的修订、调整除考虑本国经济、社会发展需求外，还要充分权衡对贸易伙伴带来的冲击和影响。通过分析晚清关税制度的变迁和对外贸易的关系，我们得到的启示如下。

一、牢牢把握关税自主权，捍卫国家利益

关税是国家主权的表现之一，对于国家财政有举足轻重的地位。一个拥有完整主权的近代国家已不再把财政收入作为征收关税的主要目的，而是把

关税当作执行国家经济政策的一种重要手段，用以保护和促进本国经济和生产的发展。但晚清中国关税单纯追求财政目的，完全忽视了关税的放开对本国民族产业造成的冲击，造成本国商品在国际竞争中的不利局面，反而有利于外国商品的倾销和原料掠夺①。关税收入既没能用于扶持本国产业的发展，也没有用于消费以刺激本国经济增长，甚至部分关税用于抵扣外债和赔款，直接为外国侵略者的资本输出服务。特别是经过甲午战争、义和团运动和辛亥革命后，关税收支管理大权，遂完全委诸西方列强，海关变成帝国主义列强的殖民机构，成为列强监督中国财政的第一步。晚清名臣张之洞曾指出："伏念财政一事乃全国命脉所关，环球各国，无论强弱，但为独立自主之国，其财政断未有令他国人主持者，更未有令各国人皆能干预者。"② 国家财政被帝国主义控制，国家已不再是"独立自主"之国了。作为帝国主义控制中国财政的重要手段，关税的抵押和摊还使晚清政府的财政半殖民化。1913 年"五国大借款"，西方列强迫使中国任用洋人担任盐税监督与财政审计官，成为列强干涉中国财政的第二步，国家主权丧失，关税主权丧失，进而导致财政主权丧失。

在帝国主义干涉和协定关税下，晚清中国出现了一系列奇特的现象：出口关税高于进口关税、国内商品的流通税高于进口货物的流通税、华商税收高于洋商税收。直接结果就是民生凋敝，社会动荡不堪。清政府自己也承认："近年以来民生已极凋敝，加之各省摊派赔款，益复不支。剜肉补疮，生计日蹙……各省督抚因举办地方要政，又复多方筹款，几同竭泽而渔。"③ 从来立国之道，惟在保民，统治者的种种极端政策把广大人民推向绝境，各种反抗斗争此伏彼起。

晚清时期，对外战争不断，对外战败的结果就是主权的丧失，主权丧失下国内市场被迫进一步放开。晚清末期，中外贸易额急剧增长，并非中国经济发展壮大的结果，而是在失去关税保护、国外商品的持续冲击下，中国自然经济解体、对外依存度加深的必然结局。整个国内市场拱手让给外人，百姓生计困难；国内战争和对外战争消耗了有限的社会财富，加重了人民负担；鸦片贸易则毒害了中国人民的身体，消磨中国人民的意志，这一切从根本上动摇了封建统治基础。最终，晚清统治在辛亥革命的打击

① 孙翊刚、董庆铮：《中国赋税史》，中国财政经济出版社 1987 年版，第 285～286 页。

② 《虚定金价改用金币不合情势析》，《张文襄公全集》（奏议），卷六三，第 7 页。

③ 《光绪朝东华录》（第 5 册），中华书局 1958 年版，第 521 页。

下轰然倒塌。

二、扩大开放，积极参与国际分工与合作

对外贸易的发展是对外开放与合作的结果，任何一国的持续发展离不开国际交流与合作。纵观中国发展史，国家的强大无不与对外开放、同国外交流密切相关，无论强汉，还是盛唐。近代中国的闭关锁国，使中国失去学习西方先进技术的机会，发达的农业社会财富创造的速度远远落后于工业国家。没有对外开放，就没有对外贸易，享受不到国际分工和合作的好处，无法通过分工促进技术进步和劳动生产率的提高，更缺乏引进技术发展壮大的机会。晚清统治者终于认清了扩大开放的重要意义，采取制定商业法规、设立商部及增设商埠等措施，支持发展国内贸易和对外贸易。明治维新前的日本，同清朝类似，也采取自我封锁的方式发展经济，导致国家的落后，被迫同英法美签订了一系列不平等条约。明治维新之后，日本主动开放，大力发展和扶持对外贸易，使国内的纺织业从无到有，从小到大，不但满足了国内的需求，而且在中国市场上站稳脚跟，挤占原属于英美的市场份额。短短三十多年的时间，日本跻升世界经济强国。

当然，对外开放的前提是捍卫国家的根本利益，无底线的开放只能饮鸩止渴，最终使国家利益受损。现在，尽管持续扩大开放是中国的既定国策，但中国的开放是建立在平等国际关系基础之上的有原则的开放，而非屈服任何一方压力下无原则的开放。

三、促进民心相亲，达到贸易畅通

“国之交在于民相亲，民相亲在于心相通。”① 国与国之间的经贸往来应建立在两国人民深厚友谊之上，互相敌视的国家之间无法开展正常的对外贸易。鸦片战争前，在英国向中国走私贩运鸦片的同时，美国商人也向中国走私鸦片。1821 年，清廷严禁鸦片的上谕颁布之后，美国商人领袖约翰·顾盛就停止经营鸦片，美国向中国输入的鸦片逐步减少，中美贸易发展迅速。而英国走私的数量却不断增长，鸦片对中国人的毒害，再加上两次鸦片战争失败的屈辱，两次入侵西藏的英军对藏民的屠杀，引起中国人对英国的不满和愤恨。鸦片战争以来中英进口贸易增长缓慢，这些累积的愤恨情绪是影响

① 《韩非子·说林上》。

贸易增长的原因之一。

中美贸易良好的发展趋势在19世纪后半期戛然而止，中美贸易陷入停滞。美国关税的上调是中美贸易的停滞的原因之一；同时，中美关系的恶化也是影响中美贸易的重要原因。1882年5月6日，美国签署《排华法案》，美国国内掀起仇华排华的浪潮，许多华人无端被迫害，华人财产遭侵夺。面对美国的排华政策，中国采取持续的抗议和报复行动。中国抵制美货，声援受到不公正待遇的华人，中美之间原本的亲善关系遭到破坏。在接下来的几年里，美国对华出口连年下滑，与之相反的是其他国家的对华出口却在增长。

“国之交在于民相亲，民相亲在于心相通。”2017年5月14日，习主席在“一带一路”国际合作高峰论坛开幕式上化用自《韩非子·说林上》这句话，旨在强调不同国家国情不尽相同，只有构建人民之间交流的纽带，让人民从相识到相知，从相知到信任，从信任到密切合作，才能建立稳固的经贸关系。

民心相亲是国家之间经贸交往的基础和前提，只有民心相亲才能达到民心相通，进而实现贸易畅通。

四、坚持互惠贸易，抛弃零和博弈

互惠贸易指参与对外贸易的各方都能分享对外贸易带来的好处。对外贸易源于国际分工，贸易各国能分享分工带来的生产效率的提高。但国与国之间能否进行对外贸易、对外贸易的规模有多大取决于对外贸易的交易成本。关税是对外贸易交易成本的重要组成部分。对外贸易的交易成本越低，贸易各国分享的对外贸易收益越高，由于贸易是双向的。因此，平等的对外贸易是互惠贸易。

鸦片战争之后，1843年8月15日订立的《五口通商附粘善后条款》（即《虎门条约》）规定“中国将来如有新恩施及各国，亦应准英人一体均沾”。这就是以利益均沾为标志的片面的最惠国待遇。随后，几乎所有侵华国家都获得这种片面最惠国待遇的地位。中国以远低于世界平均水平的关税进口工业化国家的产品，而中国出口到这些国家的产品却被要求按照正常关税税率缴纳关税。

片面最惠国待遇推行之初，由于中国在丝茶市场的垄断优势，中国对外贸易尚有顺差。随着资本主义国家工业制成品在中国持续渗透，中国自然经济逐渐走向解体，对国外产品的依存度不断提高。同时，由于印度、锡兰、日本、法国、意大利等国产品对中国传统出口优势产品茶叶、生丝及丝织品的不断冲击，国际市场上中国丝茶的优势逐渐丧失，自19世纪70年代开始，中国对外贸易由顺差转向逆差。但在甲午战争之前，逆差数额大体在2000万~3000万海关两，占对外贸易总额的比重（1894年）为11.7%[①]。而中国弥补赤字的方式主要依靠华侨汇款和金银的出口。进入20世纪之后，中国贸易条件急剧恶化，贸易逆差持续扩大，1901~1911年，中国年逆差额达到0.79亿~2.19亿海关两，逆差额占对外贸易总额的比重逐年抬升，1902年占19.1%，1905年提高到32.5%[②]。华侨汇款和金银输出只能部分弥补巨额的贸易逆差，而大部分逆差则被转化为西方列强在华的投资，他们利用中国廉价的劳动力和原材料，投资工矿企业、交通运输业及金融业等，垄断中国工商业，给弱小民族工业造成沉重打击。在片面最惠国待遇条件下的对外贸易终使晚清财政破产，曾经强大的清帝国走向灭亡。

在当今的国际交往中，各国必须坚持互惠贸易，抵制以邻为壑的关税政策。单方提高关税必然导致贸易对手的报复，造成两败俱伤的后果，更何况，现代对外贸易已由传统的垂直贸易为主转换为水平贸易为主，每个国家都是全球产业链的组成部分，任何国家单方面提高关税都会破坏全球价值链，从而给价值链上的所有国家带来危害。因此，抛弃传统贸易零和博弈思维，推动贸易双方共赢、多赢是对外贸易发展的必然趋势。在对外贸易中，贸易双方彼此尊重各国主权、尊重彼此经济发展模式和道路选择，秉持开放、包容、普惠、共赢的理念，这样的贸易才能优化全球资源，使各国在贸易中都能获益而持久。

参与对外贸易各国应秉承“近者悦、远者来”[③]的思想，在促进自身不断发展的同时，推动世界经济的持续繁荣。

五、维持贸易平衡，合理化解分歧

贸易平衡指一国在一定时期内进出口总额大体相等或略有盈余。对外贸

---

① 商务部对外贸易经济合作研究院编：《中国对外贸易史》，中国商务出版社2016年版，第104页。

② 同上。

③ 《论语·子路》。

易的不平衡会引起贸易双方的矛盾，甚至战争。

鸦片战争前期，中英正常商品贸易不平衡，英国持续贸易逆差致使白银大量流入中国，在采取各种手段缓解贸易逆差失败后，英国通过向中国大量走私鸦片来扭转对中国贸易逆差的局面。随着鸦片的持续大量流入中国，中国对英贸易发生逆转，中国由贸易顺差转向贸易逆差，持续的白银外流引起银价上涨，产生一系列政治、经济问题，林则徐的禁烟运动成为中英鸦片战争的导火线。在经过19世纪40年代至60年代短暂顺差之后，晚清自70年代始又陷入贸易逆差的局面，并随着对外贸易规模的扩大，逆差持续扩大直至清朝灭亡。

解决贸易不平衡有两种基本方式。

第一，货币本身的自动调节机制。当一国出现贸易逆差时，该国流入的外汇减少，流出的外汇增多，会使其本币出现贬值，导致以本币计价的商品在国际市场上价格下降。出口商品的价格下降能刺激出口，减少进口，从而达到缩小乃至消除贸易逆差目的；同理，当一国出现贸易顺差时，本币升值而抑制出口，刺激进口，从而改变贸易顺差的局面。

当然，贸易不平衡受多种因素影响，单纯的货币价值的变动不一定能改变贸易不平衡的状况。晚清末期，随着西方发达国家及亚洲的日本、印度货币政策相继放弃银本位制或金银复本位制，白银的需求量急速下降，国际市场白银价格大幅下降，而晚清政府仍然在对外贸易中采取白银结算，白银的大幅贬值并没有改变晚清末期对外贸易逆差局面，相反，随着对外贸易规模的扩大，逆差也随着扩大。

第二，关税政策的调整。提高或降低关税水平可以改变贸易不平衡的状况。对贸易逆差而言，提高进口关税，降低国外商品在本国市场上的竞争力能减少进口；而削减出口关税，有利于提高本国产品在国外市场的竞争力。由于失去关税主权，实施协定关税，晚清政府无权独立调整关税来削减贸易逆差。从1928年起，南京国民政府对北洋政府遗留下来的税制进行了多方面的清理、整顿和改革，在税制建设上做了大量工作，通过协商方式废除旧约，另订新约，逐步实现关税自主。取得关税自主权之后，南京国民政府持续提高进口关税水平并制定了7.5%、10%、12.5%、15%、17.5%、22.5%、27.5%的7级进口税率。于1929年2月实行，成为中国第一个国定税制。此次关税税则调整之后，又对关税税则调整3次，经过前后4次关税税则调整，关税税率大幅上升。南京国民政府的关税自主政策带来了关税收入的大幅上升，从 1928 年的 1.21 亿元增加到 1931 年的 3.88 亿元，增加了 2.2 倍。1931 年，海关税收入占南京国民政府全部收入的 63.1%，占财政岁入的 51.8%[①]，有效地改变了对外贸易的逆差局面。

当然，南京国民政府时期的关税调整是在特殊历史时期的特定选择。当今社会，随意调整关税的行为会受到贸易伙伴的报复，从而使关税调整的作用大打折扣。而解决国与国之间贸易不平衡的最好办法是谈判协商。从长期来看，任何国家长期持续的顺差或逆差都对经济长远发展不利，谈判协商是贸易各国常做的事、应做的事。

六、优化税制结构，保持税收中性

税收中性的本义指征税不改变纳税人有效率的经济行为而给经济带来额外负担，税收中性是税制优化的基本要求。晚清关税制度并不能满足税收中性的要求，也未得到优化的机会。例如：晚清以厘金为代表的国内流转税高企，各个关卡征管混乱，产生许多假出口和假进口的现象。外籍税务司治下的中国海关，以货物的启运地来区别洋货和土货。因此，所有自香港启运的货物都被当作洋货，而洋货享有国内流通子口半税的待遇。于是不少土货特地绕道香港以取得“洋货”的名义，如广东产的蔗糖在内地销售时，须“逢关纳税，遇卡抽厘金”，而运往香港以洋货名义销往内地，缴纳进出口关税及子口半税之后，则可以畅行内陆销售。19 世纪 70 年代初，自镇江内销的蔗糖，在内地的厘金负担 10 倍于子口税，仅 1871 年，镇江这种“洋糖”的进口，比 1870 年增加 12.4 万担[②]。浙江巡抚卫荣光称：“近年来闽广货物绕越香港，照例作为洋货进口，完半税而免常税者不一而足。”[③] 这种现象一直持续到 1896 年，直到国产土货也可以获得子口半税的资格为止。

税制的优化不仅包括关税和其国内流通税的结构优化，也包括国别差异关税的配合。例如，中国对美国大豆征收较高的进口关税，为保证国内供应，推行农产品进口多元化，而对东南亚的部分国家大豆进口免税，如何杜绝从美国进口的大豆绕道东南亚，换个“马甲”，再以东南亚大豆的名义出

---

① A. N 杨格：《1927～1937 年中国财政经济情况》（中译本），陈泽宪、陈霞飞译，中国社会科学出版 1981 年版，第 55 页、第 483～485 页。

② 《捷报》1874 年 19 月 29 日，第 417～418 页。

③ 《清代抄档》：《卫荣光奏折》，光绪十二年十一月十日。

口中国？这就会考验关税制度制定者和海关监管的智慧。当然，由于关税制度涉外，关税及其与关税制度有关的税收制度的优化比较复杂。只有统筹兼顾，博采众长，与时俱进，使关税制度更适合与国家所处的发展阶段、发展环境，才能更好地贯彻对外贸易政策和促进对外贸易的发展，维护国家和人民的利益。

参考文献

一、著作期刊文献

[1] 严中平. 中国近代经济史（1840～1894）[M]. 北京：人民出版社，2001.

[2] 周育民. 晚清财政与社会变迁 [M]. 上海：上海人民出版社，2000.

[3] 吴兆莘. 中国税制史 [M]. 北京：商务印书馆，1998.

[4] 周志初. 晚清财政经济研究 [M]. 济南：齐鲁书社，2002.

[5] 汤象龙. 中国近代海关税收与分配统计：1861～1910 [M]. 北京：中华书局，1992.

[6] 彭雨新. 清代关税问题 [M]. 武汉：湖北人民出版社，1956.

[7] 彭泽益. 十九世纪后半期的中国财政与经济 [M]. 北京：中国人民大学出版社，2010.

[8] 邓亦兵. 清朝后期关税制度研究 [M]. 北京：北京燕山出版社，2008.

[9]（英）魏尔特（Stanty F. Wright）. 中国关税沿革史 [M]. 姚曾广译，北京：三联书店，1958.

[10]（英）魏尔特. 赫德与中国海关 [M]. 陈敖才，陆琢成，等译，厦门：厦门大学出版社，1994.

[11] 江恒源. 中国关税史料 [M]. 上海：上海人文编辑所出版，1931.

[12] 王立诚. 英国与近代中外贸易"法治"的建立 [J]. 历史研究，2001（2）：82.

［13］曹英．不平等条约与晚清中英贸易冲突［M］．长沙：湖南人民出版社，2010：374.

［14］吴义雄．鸦片战争前的鸦片贸易再研究［J］．近代史研究，2002（2）：72.

［15］仲伟民．茶叶、鸦片贸易对19世纪中国经济的影响［J］．南京大学学报（哲学、人文科学、社会科学版），2008（2）：99.

［16］张丽蓉．长江流域桐油贸易格局与市场整合——以四川为中心［J］．中国社会经济史研究，2003（2）：62.

［17］王军．略论近代货栈业与天津华北物流中心地位的形成［J］．现代财经，2008（11）：97.

［18］詹庆华．中国近代海关贸易报告的传播及影响［J］．厦门大学学报：哲学社会科学版，2003（4）：119.

［19］吴承明．经济史学的理论与方法［J］．中国经济史研究，1999（1）：115.

［20］姚贤镐．两次鸦片战争后西方侵略势力对中国关税自主权的破坏［J］．中国社会科学．1981（5）.

［21］陈诗启．论清末税务处的设立和海关隶属关系的改变［J］．历史研究．1987（3）.

［22］戴一峰．近代中国租借地海关及其关税制度试探［J］．海关研究．1987（2）.

［23］戴一峰．论清末海关兼管常关［J］．历史研究，1989（6）.

［24］戴一峰．论清末税务处的设立和海关隶属关系的改变［J］．历史研究．1987（3）.

［25］彭泽益．中国社会经济变迁［M］．北京：中国财政经济出版社，1990.

［26］郑友揆．中国的对外贸易和工业发展（1840～1948）——史实的综合分析［M］．程麟荪译，蒋学桢，汪熙校，上海：上海社会科学院出版社，1984.

［27］巫宝三，等．中国近代经济思想与经济政策资料选辑［M］．北京：科学出版社，1959.

［28］孙玉琴．中国对外贸易史教程［M］．北京：对外经济贸易大学出版社，2005.

［29］张卫红．论近代上海海关税务司制度的建立［J］．济南：山东社会科学，1993（2）．

［30］丁长清，等．中外经济关系史纲要［M］．北京：科学出版社，2003.

［31］汪敬虞．赫德与近代中西关系［M］．北京：人民出版社，1987：12.

［32］邱克．试评汪敬虞先生的《赫德与近代中西关系》［J］．近代史研究，1989（3）：248.

［33］王宏斌．赫德爵士传——大清海关洋总管［M］．北京：文化艺术出版社，2000.

［34］严中平．中国近代经济史（1840～1864）：上册［M］．北京：人民出版社，2001.

［35］罗亮畴．晚清的半殖民地海关统计［J］．统计研究．1991，2（40）．

［36］（日）朝仓弘教．世界海关和关税史［M］．吕博，等译．北京：中国海关出版社，1983.

［37］陈向元．中国关税史［M］．北京：京华印书局，1926.

［38］（日）松浦章．清代海外贸易史研究［M］．李小林译，天津：天津人民出版社，2016.

［39］武堉干．中国关税问题［M］．北京：商务印书馆，1930.

［40］周念明．中国海关之组织及其事务［M］．北京：商务印书馆，1933.

［41］李权时．中国关税问题［M］．北京：商务印书馆，1936.

［42］黄序鹓．海关通志［M］．北京：共和印刷局，1917.

［43］贾士毅．关税与国权［M］．北京：商务印书馆，1931.

［44］（日）高柳松一郎．中国关税制度论［M］．李达译．北京：中华书局，1994.

［45］陈诗启．中国近代海关史问题初探［M］．北京：中国展望出版社，1987.

［46］戴一峰．近代中国海关与中国财政［M］．厦门：厦门大学出版社，1993.

［47］廖声丰．乾隆实施“一口通商”政策的原因——以清代前期海关

税收的考察为中心［J］. 江西财经大学学报，2007（3）.

［48］（日）冈本隆司. 近代中国的海关［M］. 名古屋：名古屋大学出版会，1999.

［49］（日）滨下武志. 中国近代经济史研究：清末海关财政与通商口岸市场圈》［M］. 高淑娟、孙彬译，南京：江苏人民出版社，2008.

［50］仲伟民. 茶叶与鸦片：十九世纪经济全球化中的中国［M］. 北京：生活·读书·新知三联书店，2010.

［51］（美）托马斯·莱昂斯. 中国海关与贸易统计（1859～1948）［M］. 毛立坤，等译，杭州：浙江大学出版社，2009.

［52］戴一峰. 近代洋关制度形成时期清政府态度剖析［J］. 中国社会经济史研究. 1992（3）.

［53］（日）金城正笃. 1854 年上海“税务司”的创设——南京条约以后的中英贸易和税务司创设的意义［J］. 东洋史研究，1965，24（1）.

［54］同氏. 清代的海关和税务司—税务司制度的确立［J］. 琉球大学《法文部纪要—史学·地理学篇》，1975（18）.

［55］（日）滨下武志. 帝国主义与中国海关制度——从鸦片战争到辛亥革命［J］. 京都大学人文科学研究所人文学报，1976（42）.

［56］陈争平. 1895～1936 年中国国际收支研究［M］. 北京：中国社会科学出版社. 1996.

［57］袁钟仁. 广州和美国的早期贸易［J］. 岭南文史，1999（1）.

［58］汤象龙. 重庆海关税收和分配统计（1891～1910）［J］. 四川文史资料，1983（3）.

［59］汤象龙. 光绪三十年粤海关的改革［M］. 中国近代经济史研究集刊，1935，3（1）.

［60］〔美〕马士. 东印度公司对华贸易编年史（第 3、4、5 卷）［M］. 区宗华译，广州：中山大学出版社，1991.

［61］（美）马士. 中华帝国对外关系史第 1 卷［M］. 张汇文，等译. 上海：上海书店出版社，2006.

［62］（美）艾伦·布林克利（Alan Brinkley）. 美国史［M］. 邵旭东译，海口：海南出版社，2009.

［63］（英）大卫·休谟. 英国史（四）［M］. 刘仲敬译，长春：吉林出版集团有限责任公司，2012.

［64］（英）托马斯·麦考莱．英国史（第一卷）［M］．周旭，刘学谦译，合肥：安徽人民出版社，2013.

［65］周重林，太俊林．茶叶战争——茶叶与天朝的兴衰［M］．武汉：华中科技大学出版社，2012.

［66］贾士毅．民国财政史［M］．上海：商务印书馆，1917.

［67］胡钧．中国财政史讲义［M］．上海：商务印书馆，1920.

［68］周育民．晚清财政与社会变迁［M］．上海：上海人民出版社，2000.

［69］邓绍辉．晚清财政与中国近代化［M］．成都：四川人民出版社，1998.

［70］（日）木村增太郎．中国财政论［M］．东京、大阪、屋号书店，1927.

［71］吴布林，曹玉琴．鸦片战争时期美国对华“和平”政策经济原因分析——早期中美贸易与中美关系研究系列之一［J］．内蒙古民族大学学报（社会科学版），2004（4）.

［72］斯坦利．L. 布鲁．经济思想史［M］．焦国华，韩红译，北京：机械工业出版社，2003.

［73］姚贤镐．中国近代对外贸易史资料（第一二三册）［M］．北京：中华书局，1962.

［74］杨芳．论马克思社会分工理论的特点［J］．湖北社会科学，2008（3）.

［75］色诺芬．经济论雅典的收入（中译本）［M］．北京：商务印书馆，1981.

［76］马克思．1844 年经济学哲学手稿（中译本）［M］．北京：人民出版社，1979.

［77］马歇尔．经济学原理（中译本）［M］．北京：商务印书馆，1981.

［78］亚当·斯密．国民财富的性质和原因的研究（中译本）［M］．北京：商务印书馆，1974.

［79］陈争平．试析 1895～1930 年中国进出口商品结构的变化［J］．中国经济史研究，1997（3）.

［80］黄国盛．清初四省海关衙门设置新探［J］．福建师范大学学报，

1999（2）.

［81］李涛．劳动分工与经济增长：杨小凯的增长模型评价［J］．数量经济技术经济研究，1996.

［82］刘辉煌，周琳．关于分工的经济学：历史回顾与近期发展［J］．财经理论与实践，2004.

［83］杨小凯，张永生．新兴古典经济学与超边际分析［M］．北京：社会科学文献出版社，2003.

［84］赵明亮．分工理论：从古希腊思想到新国际体系的研究述评［J］．产经评论，2010（5）.

［85］亚当·斯密．国富论［M］．孙善春译，北京：光明日报出版社，2012.

［86］黄启臣．清代前期海外贸易的发展［J］．历史研究，1986（4）.

［87］魏露苓．晚清使臣思考中国丝、茶叶［J］．农业考古，2006（1）.

［88］徐方平．近代中国茶叶对外贸易衰败的原因和启示［J］．江汉论坛．1998（10）.

［89］姜修宪．制度变迁与中国茶叶对外贸易——基于福州港的个案考察［J］．中国社会经济史研究，2008（2）.

［90］上海社会科学院经济研究所，上海对外贸易学会学术委员．上海对外贸易（1840～1949）［M］．上海：上海社会科学院出版社，1989.

［91］陈诗启．中国近代海关史：晚清部分［M］．北京：人民出版社，1993.

［92］陈诗启．从明代官手工业到中国近代海关史研究［M］．厦门：厦门大学出版社，2004.

［93］卢汉超．赫德传［M］．上海：上海人民出版社，1986.

［94］蔡渭洲．中国海关简史［M］．北京：中国展望出版社，1989.

［95］潘序伦．美国对华贸易史（1784～1923）［M］．李湖生译，上海：立信会计出版社，2013.

［96］商务部对外贸易经济合作研究院编．中国对外贸易史中卷［M］．北京：中国商务出版社，2016.

［97］马金华．中国外债史［M］．北京：中国财政经济出版社，2005.

［98］刘孝诚．中国财税史［M］．北京：中国财政经济出版社，2007.

［99］孙文学．中国关税史［M］．北京：中国财政经济出版社，2003.

［100］虞和平．1895～1936年间中国关税制度与外贸状况的变化［A］．出自戴一峰，连心豪，薛鹏志编．中国海关与中国近代社会：陈诗启教授九秩华诞祝寿文集［C］．厦门：厦门大学出版社，2005.

［101］孙翊刚，陈光焱．中国赋税史［M］．北京：中国税务出版社，2003.

［102］倪玉平．海上生命线：晚清漕粮海运之路［M］．北京：北京师范大学出版社，2015.

［103］倪玉平．《中国近代海关税收和分配统计：1861～1910》税收统计补正［J］．清华大学学报，2016（2）．

［104］黄国盛．清初四省海关衙门设置新探［J］．福建师范大学学报，1999（2）．

［105］邓亦兵．清代前期税则制度的变迁［J］．中国史研究，2003（3）．

［106］廖声丰．乾隆实施“一口通商”政策的原因——以清代前期海关税收的考察为中心［J］．江西财经大学学报，2007（3）．

［107］廖声丰．近年来明清时期的榷关研究［J］．中国史研究动态，1997（11）．

［108］杨建庭．近十年清代榷关研究综述［J］．中国史研究动态，2009（4）．

［109］何思兵．旗昌洋行与19世纪美国对广州贸易［J］．学术研究，2005（6）．

［110］娄向哲．论近代中日贸易对日本经济发展之影响［J］．历史教学，1995（12）．

［111］甘开鹏．美国来华传教士与晚清鸦片贸易［J］．美国研究，2008（5）：103～115.

［112］汪敬虞．中国近代茶叶的对外贸易和茶业的现代化问题［J］．近代史研究，1987（6）．

［113］仲伟民．茶叶和鸦片在早期经济全球化中的作用——观察19世纪中国危机的一个视角［J］．中国历史学前沿，2010（1）．

［114］（日）木村增太郎．中国财政论．［M］．大阪：屋号书店，1927.

二、档案文献

[1] 中国第一历史档案馆编．英使马戛尔尼访华档案史料汇编［M］．北京：国际文化出版公司，1996.

[2]《康熙朝·大清会典》卷之三十四，中国第一历史档案馆.

[3]《大清会典·雍正》卷五十二，中国第一历史档案馆.

[4]《乾隆朝·钦定大清会典则例》卷四十七、四十八，中国第一历史档案馆.

[5]《嘉庆朝·钦定大清会典则例》卷一百九十，中国第一历史档案馆.

三、外文文献

[1] G. W. Cooke: China: being the "Times" Special Correspondence from China in the Years 1857 ~ 1858, London, 1858.

[2] John Phipps: A Practical Treatise on the China and Eastern Trade, Calcutta 1836.

[3] H. H. Lindsay and C. Gutzlaff: Report of Proceedings on a Voyage to the Northern Ports of China, London, 1833.

[4] C. Gutzlaff: A Sketch of Chinese History, Ancient and Modern, London, 1834.

[5] W. C. Hunter: The Fan Kwae at Canton, Shanghai, 1911.

[6] H. B. Morse: The Chronicles of the East India Company Trading to China, 1635 - 1834, Oxford, 1926, 5 vols.

[7] A. J. Sargent: Anglo-Chinese Commerce and Diplomacy, Oxford, 1907.

[8] Report of the Mission to China of the Blackburn Chamber of Commerce, 1896 ~ 1897, Blackburn, 1898.

[9] Hou chi-ming, Foreign Investment and Development in China, 1840 - 1937. Cambridge: Harvard University Press, 1965.

[10] Perkins, Dwight H., China's Moddern Economy in Historical Perspective. Stanford: Stanford University Press, 1989.

[11] S. W. Willams: The Middle Kingdom, London, 1883. 2 vols.

[12] A. Horsie: Three Years in Western China, London, 1897.

[13] Decennial Reports on Trade, Industries, etc, of the Ports Open to Foreign Commerce, and on the Condition and Development of the Treaty Port Provinces, First Issue, 1882 ~ 1891.

[14] 附英国国会文件及领事商业报告：

B. P. P: Report from the Select Committee of the Lords on Foreign Trade, Trade with the East India and China, 1821.

B. P. P: Report from the Select Committee of the Commons on the Affairs of the East India Company, China Trade, 1830.

B. P. P: Report from the Select Committee of the Commons on Commercial Relations with China, 1847.

B. P. P: Correspondence relative to the Earl of Elgin's special Missions to China and Japan, 1857 ~ 1859, 1859.

B. P. P: Papers relating to the Opium Trade in China, 1842 ~ 1856, 1857.

附录 1

1843 年协定税则与粤海关原有税则比较表

（一）出口

货目	计税单位	原定税率（两）	实征税率（两）	1843 年税率（两）	当时估计价格		1843 年税率折成后价税（%）
					元	单位	
1. 白矾	担	0. 2162	0. 4232	0. 100	1. 50	担	9. 0
2. 八角	担	0. 4823	0. 6893	0. 500	8. 00	担	8. 5
八角油				5. 000	120. 00	担	5. 5
3. 信石	担		1. 4380	0. 750	12. 00	担	8. 5
4. 手鈪即烧料鈪				0. 500	12. 00	箱	6. 5
5. 竹簾、各种竹器	担		1. 4380	0. 200	10 ~ 20	ppl.	2. 0
6. 铜箔	担	1. 3844	1. 4414	1. 500	40. 00	箱	2. 5
7. 造屋材料	担			免税			1. 0
8. 骨器角器	担			1. 000	50 ~ 100	ppl.	
9. 樟脑	担	0. 8405	1. 3475	1. 500	25. 00	担	8. 0
10. 竹竿、鞭竿	千竿			0. 500	10. 00	千竿	6. 5
11. 三籁	担	0. 2249	0. 2819	0. 300	6. 00	担	6. 5
12. 桂皮	担	2. 1309	2. 3379	0. 750	8. 00	担	12. 0
桂子	担		2. 5130	1. 000	12. 00	担	11. 0
桂皮油	担	1. 2695	1. 3265	5. 000	150. 00	担	4. 5
13. 冷饭头，即土茯苓	担	0. 2249	0. 4319	0. 200	3. 00	担	9. 0
14. 各种磁器	担	0. 6681	0. 9651	0. 500	20 ~ 200	担	1. 0 ~ 5. 0
15. 衣服	担			0. 500	20 ~ 100	担	1. 0 ~ 5. 0
16. 铜器锡器	担			0. 500	50. 00	担	1. 5
17. 土珊瑚，即假珊瑚	担			0. 500	15. 00	箱	4. 5

续表

货目	计税单位	原定税率（两）	实征税率（两）	1843年税率（两）	当时估计价格		1843年税率折成后价税（%）
					元	单位	
18. 花竹乡爆等类	担	0.5972	0.6542	0.750	4.00	箱	5.0
19. 澄茄	担		3.7500	1.500	20.00	担	10.0
20. 毛扇	担			1.000	100.00	担	1.3
21. 各种木器	担		0.0650	0.200	10—50	担	1.3
22. 良薑	担	0.2249	0.4319	0.100	1.50	担	9.0
23. 籐黄	担		5.6660	2.000	50.00	担	5.5
24. 玻璃片玻璃器烧料等	担			0.500	10—50	担	3.0
25. 土珠即草珠	担	0.5397	0.5967	0.500	15.00	箱	4.5
26. 土胶鱼胶	担		1.1850	0.500	10.00	担	6.5
27. 各种夏布	担	0.9823	1.0393	1.000	50.00	担	2.0—3.0
28. 石黄	担	0.5972	0.6542	0.500	10.00	担	6.5
29. 牙器各样素雕象牙物件	担			5.000	100—300	担	2.0—3.0
30. 雨遮即纸雨伞	担		0.6050	0.500	9.00	箱	7.0
31. 各种漆器	担		1.4380	1.000	50—100	ppl.	1.0—3.0
32. 铅粉	担		1.4380	0.250	10.00	ppl.	3.0
33. 红丹	担	0.5972	0.6542	0.500	20.00	ppl.	3.0
34. 云石即花石片	担	（禁运）		0.200	25.00	百	10.50
35. 席（草席、竹席、籐、席等）	担	0.2162	0.2732	0.200	15.00	百	4.0
36. 海珠							
壳器及	担			1.000	20—100	ppl.	2.0
云母壳器	斤	0.3430	0.3440	0.500	50.00	斤	1.3
37. 麝香	担	1.8437	2.6507	1.000	50.00	担	3.0
38. 紫花布	担	1.0128	1.0698	1.000			
粗紫花布							
39. 画工、火	幅			0.100	5.00	幅	2.0
油漆画	百张			0.100	5.00	百	2.0
蓪纸花	担		6.9530	0.500	20—100	ppl.	1.0—3.0
40. 纸扇	担	0.4823	0.5393	0.500	10.00	箱	6.5
41. 各种纸类	担			0.500	15.00	箱	5.0
42. 假珠							
43. 各种蜜饯	担	0.5845	0.6415	0.500	3.00	箱	5.0
糖果	担		1.4380	0.200	20—50	ppl.	1.0—3.0
44. 籐帘、籐席等	担	0.3936	0.9038	1.000	45.00	担	3.0
45. 大黄	担	15.2760	23.7330	10.000	350.00	担	4.0

续表

货目	计税单位	原定税率（两）	实征税率（两）	1843 年税率（两）	当时估计价格		1843 年税率折成后价税（%）
					元	单位	
46. 浙江丝	担	8.5760	10.5702	10.000	200.00	担	6.5
广东丝	担	4.0866	4.1436	2.500	75.00	担	5.0
天蚕丝	担	12.7271	12.7841	10.000	400.00	担	3.5
丝经	担	8.1068	8.1638	10.000	400.00	担	3.5
丝线	担	8.6202	8.6772	10.000	400.00	担	3.5
丝带							
绢、绉、纱、绫剪绒及各等绸缎	担	(0.0402—2.8770)		12.000	400.00	担	4.0
47. 丝帛杂货	担	3.5123	3.5693	3.000	130.00	担	3.3
48. 皮、缎、靴鞋	担			0.200	10—50	担	1.0
49. 檀香木器	担			1.000	100—300	担	1.0
50. 豉油	担			0.400	6.00	担	9.0
51. 金银器	担			10.000	50—1500	担	1.3
52. 白糖、黄糖	担	0.2690	0.4750	0.250	4.00	担	8.5
53. 冰糖	担	0.3253	0.5323	0.350	7.00	担	6.5
54. 锡箔	担	0.6108	0.6678	0.500	40.00	担	1.0—2.0
55. 各种茶叶	担	1.2794	6.0000	2.500	20 两或 27 两	担	12.0
56. 各种烟	担			0.200	10.00	担	3.0
57. 黄姜	担		1.053	0.200	3.00	担	9.0
58. 玳瑁器	担		14.368	10.000	200—400	担	2.5
59. 皮箱	担			0.200	20.00	套	1.0—2.0
60. 金银洋钱及各种金银类			免税				
61. 硼砂	担	3.6038	3.6608	3.000	40.00	箱	5.0

注：ppl. 不知指何重量单位，据核算，约计重 90 斤左右。

（二）进口

货目	计税单位	原定税率（两）	实征税率（两）	1843 年税率（两）	当时估计价格		1843 年税率折成后价税（%）
					元	单位	
1. 阿魏	担	1.200	3.410	1.000	10.00	担	13.0
2. 洋蜡、蜜蜡	担	0.800	2.140	1.000	25.00	担	5.0
3. 槟榔	担	0.1412	0.3233	0.150	2.25	担	9.0
4. 上等黑海参	担	0.3081	0.6409	0.800	25.00	担	2.0
下等白海参	担			0.200	12.00	担	2.0
5. 上等燕窝、官燕	担	3.9019	4.084	5.000	30.00	斤	0.25
中等常燕	担			2.500	15.00	斤	0.25
下等毛燕	担			0.500	3.00	斤	0.25
6. 上等冰片	斤	102.707	105.759	1.000	20.00	斤	7.0
下等冰片	斤	3	4	0.500	10.00	斤	7.0

续表

货目	计税单位	原定税率（两）	实征税率（两）	1843年税率（两）	当时估计价格		1843年税率折成后价税（%）
					元	单位	
7. 上等丁香	担	2.000	8.800	1.500	20.00	担	10.0
下等丁香	担	1.400	2.020	0.500	7.00	担	9.5
8. 钟、表、千里镜、写							
字台、梳妆盒、铁				从价5%			5.0
器、香水、香油等	匹	0.300	0.590	0.500	8.00	匹	8.0
9. 帆布	担	1.3348	1.8169	5.000	100.00	担	6.5
10. 呀囒米	百片	1.6075	1.6095	0.500	6.00	百片	10.0
11. 玛瑙	担	12.8859	12.918	10.00	130.00	担	10.0
玛瑙珠	担	0.298	1.740	0.400	10.00	担	5.25
12. 棉花	匹	0.2850	0.6459	0.150	3.00	匹	6.6
13. 白洋布		—	—				
	匹	0.6443	0.7020	0.150			
白袈裟布	匹	0.2848	0.2864	0.100	2.50	匹	5.3
原色样布	匹	0.0693	0.373	0.100	2.50	匹	5.3
原色斜纹布	匹	0.2848	0.2864	0.200	3.00	匹	9.0
印花布		0.2593	0.2609				
				0.010	1.5	打	10.0
小手帕				0.015	1.5	打	10.0
大手帕		0.010	0.015	从价5%			
其他棉布类	块	0.020	0.030	1.000	25.00	担	5.25
14. 棉纱、棉线	块	0.4834	2.4064	1.000	10.00	斤	13.0
15. 牛黄	担	1.9250	1.9260	0.300	3.00	担	13.0
16. 儿茶	斤	0.333	0.933				
17. 上等象牙、不碎的牙	担			4.000	50.00	担	10.5
下等象牙、碎的牙		0.4151	5.6472				
18. 鱼肚	担	3.9019	3.934	2.000	25.00	担	10.5
19. 火石	担		1.380	1.500	50.00	担	4.0
20. 玻璃片及玻璃水	担	0.0642	0.2463	0.050	5.00	担	14.0
晶器	担	3.000					
21. 槟榔膏	担		4.600	从价5%			5.0
22. 上等洋参	担	38.5549	47.5870	0.150	2.25	担	9.0
下等洋参	担	3.9019	3.934	38.000	60.00	担	80.0
23. 上等金银线	担	0.1288	0.1292	3.500	10.00	担	50.0
下等金银线	斤	0.0287	0.0291	0.130	25.00	斤	0.6
24. 安息香	斤	0.200	2.620	0.030	5.00	斤	0.8
乳香	担	0.9498	1.1319	1.000	15.00	担	9.0
没药	担	1.6300	2.1121	0.500	4.00	担	16.0
未列明者	担			0.500	7.00	担	10.0
				从价10%			10.0
25. 黄牛水牛角	担			2.000	30.00	担	9.0
26. 犀角	担	18.000	23.600	3.000	50.00	担	8.0

续表

货目	计税单位	原定税率（两）	实征税率（两）	1843 年税率（两）	当时估计价格		1843 年税率折成后价税（%）
					元	单位	
27. 细麻布							
粗麻布							
28. 豆蔻花，	匹			0.500	0.50	码	6.0
即	匹						5.0
玉果花				从价 5%			
29. 海珠壳	担			1.000	100.00	担	1.3
30. 洋生铜、	担	0.1799	0.362	0.200	4.00	担	6.0
如							
铜砖	担			1.000	30.00	担	4.0
洋熟铜、							
如铜扁铜条	担	0.400	1.620	1.500	40.00	担	5.0
洋生铁、	担	0.1799	0.212	0.100	1.00	担	13.0
如铁砖	担	0.1799	0.212	0.150	2.00	担	10.0
洋熟铁、	担	0.4365	0.6036	0.400	4.00	担	13.0
如铁条	担	1.5916	1.6237	3.000	100.00	担	4.0
洋生熟铅	担	0.4365	0.6186	0.400	5.50	担	10.0
水银	担	1.0782	1.5153	1.000	14.00	担	9.5
洋生钢	担			0.400			6.0
洋铁				从价 10%			10.0
马口铁、即锡扁	担	1.8482	4.2803	2.000	70.00	担	4.0
未列明金属	担	0.600	0.980	1.000	35.00	担	4.0
31. 上等豆蔻	担	0.5649	0.897	0.400	5.00	担	11.0
下等豆蔻	担	1.014	1.5861	0.750	10.00	担	10.0
32. 胡椒	担	0.1799	0.362	0.200	3.00	担	9.0
33. 木香							
34. 沙籐							
35. 各种洋米		（免税）	（免税）	（免税）			
洋麦五谷		（免税）	（免税）	（免税）			
36. 苏合油	担	3.000	5.900	1.000	15.00	担	9.0
37. 洋遒（只准卖与官商）	担	（禁售）	（禁售）	0.300	7.00	担	6.0
38. 上等白鱼翅	担	0.4365	1.0080	1.000	30.00	担	4.0
下等白鱼翅	担	0.4365	1.0080	0.500	15.00	担	4.0
39. 生熟牛皮	担	0.200	0.460	0.500			5.3
海龙皮、即海虎皮	个	1.2886	1.2918	1.500			5.3
大狐皮	个	0.050	0.145	0.150			5.3
小狐皮	个	0.025	0.0725	0.075			5.3
虎、豹、貂皮	个	0.100	0.132	0.150			5.3
獭、貉、獾皮、沙鱼皮	百个	0.240	2.312	2.000			5.3
海螺皮	百个	2.400	7.300	5.000			5.3
兔皮、灰鼠皮、银鼠皮	百个	0.240	0.512	0.500			5.3

续表

货目	计税单位	原定税率（两）	实征税率（两）	1843年税率（两）	当时估计价格		1843年税率折成后价税（%）
					元	单位	
40. 洋青、即大青	担	8.1371	8.6192	4.000	50.00	担	10.3
41. 洋	担			0.500	7.00	担	9.0
42. 柴鱼、即干鱼类	担			0.400	60.00	担	9.0
43. 海马牙	担			2.000	30.00	担	9.0
44. 各种金银钱帛	担			免税			
45. 大瓶洋酒	百瓶	0.5649	0.597	1.000			5.0
小瓶洋酒	百瓶	0.5649	0.597	0.500			5.0
桶装洋酒	担	0.5649	0.597	0.500			5.0
46. 乌木	担	0.799	0.362	0.150	200	担	10.0
檀香木	担	1.1423	1.6244	0.500	6.00	担	10.5
苏木	担	0.200	0.670	0.100	1.50	担	9.0
未列明目				从价10%			10.0
47. 大呢，即哆啰呢	丈	0.7118	1.242	0.150	1.00	码	5.0
小呢、即哔叽之类	丈	0.2149	0.3695	0.070	7.00	匹	8.0
洋白氈	条	0.100	0.230	0.100	5.00	条	5.5
羽缎	丈	1.2886	1.2918	0.150	30.00	匹	6.5
羽纱	丈	0.7752	0.7784	0.070	20.00	匹	6.0
羽绸	丈	0.3876	0.3892	0.035	5.00	匹	4.5
羽布（窄）	丈	0.1951	0.1967	0.015	2.00	匹	5.0
未列明毛织物及棉毛线毛织物				从价5%			
48. 绒线	担			3.000	75.00		5.0

附录 2

1858 年中英协定税则（进口）

品目	单位	1843 年税则（两）	建议税则（两）	1858 年税则（两）	平均价格（元）	1858 年税率折合从价税（%）
海菜	百斤	0.15	0.10	0.15		5.8
阿魏	百斤	1.0	0.65	0.65		5.6
黄蜡	百斤	1.0	1.0	1.0	4	8.7
槟郎	百斤	0.15	0.15	0.15	18	5.8
干槟郎衣	百斤		0.075	0.075	18	5.8
黑海参	百斤	0.8	1.5	1.5	4	5.8
白海参	百斤	0.2	0.35	0.35	2	5.5
上燕窝	斤	0.05	0.55	0.55	40	4.8
中燕窝	斤	0.025	0.45	0.45	10	5.4
下燕窝	斤	0.005	0.15	0.15	18	5.8
铜纽扣	罗		0.05	0.055	13	5.7
上冰片	斤	1.0	1.3	1.3	4	5.8
下冰片	斤	0.5	0.72	0.72	1.5	5.6
麻棉帆布	匹	0.5	0.4	0.4	35	5.2
白豆蔻	百斤		1.0	1.0	20	8.7
砂仁	百斤		0.5	0.5	12	5.2
地席			5%		18	
肉桂	百斤		1.5	1.5	15	5.8
自鸣钟			5%	5%		
丁香	百斤	1.5	0.5	0.5	40	5.2
母丁香	百斤	0.5	0.18	0.18		5.6
米	百斤	5.0	5.0	5.0	15	5.6
煤	吨			0.05	5	
珊瑚	斤		0.1	0.1	140	
绳			5%	0.35		
玛瑙	百个	0.5	0.3	0.3		

续表

品目	单位	1843年税则（两）	建议税则（两）	1858年税则（两）	平均价格（元）	1858年税率折合从价税（%）
玛瑙珠	百斤	10	7	7		
棉花	百斤	0.4	0.35	0.35	8.5	6.4
进口布匹花缦类：						
1. 布（原色、白色、无花、斜纹，宽过34因制，长不过40码）	匹	漂白0.15本色0.1	0.08	0.08	2.2	5.7
2. 布（原色、白色、无花、斜纹，宽过34因制，长过40码）	每10码	0.1	0.02	0.02		
3. 布（原色、白色、无花、斜纹，宽不过30因制，长不过40码）	匹		0.1	0.1	3.0	5.2
4. 布（原色、白色、无花、斜纹，宽不过30因制，长不过30码）	匹		0.075	0.075	2.0	5.8
5. 布（原色、白色、无花、斜纹，宽不过34因制，长不过48码）	匹		0.08	0.08	2.2	5.7
6. 布（原色、白色、无花、斜纹，宽不过34因制，长不过24码）	匹		0.04	0.04	1.1	5.7
色布（有花、无花，宽过36因制，长不过40码）	匹		0.1	0.15	3.0	7.8
花布、白提布、白点布（宽不过36因制，长过40码）	匹		0.1	0.1	3.0	5.2

续表

品目	单位	1843年税则（两）	建议税则（两）	1858年税则（两）	平均价格（元）	1858年税率折合从价税（%）
印花布（宽不过31因制，长不过30码）	匹	0.02	0.07	0.07	1.95	5.6
1. 袈裟布（宽不过46因制，长不过24码）	匹	0.15	0.07	0.07	1.95	5.6
2. 袈裟布（宽不过46因制，长不过12码）	匹		0.035	0.035	1.0	5.5
3. 袈裟布，稀，即洋纱（宽不过46因制，长不过24码）	匹		0.075	0.075	2.0	5.8
4. 袈裟布，稀，即洋纱（宽不过46因制，长不过12码）	匹		0.035	0.035	1.0	5.5
缎布（宽不过36因制，长不过40码）	匹		0.15	0.2	4.0	7.8
柳条布（宽不过40因制，长不过12码）	匹	0.015 0.010	0.065	0.065		
毛布各色（宽不过28因制，长不过30码）	匹		0.035	0.035	1.0	5.5
手帕（四方长阔不过1码）	打		0.025	0.025	0.7	5.6
回绒（长不过35码）	匹		0.2	0.2	6.0	5.2
花剪绒（长不过34码）	匹		0.1	0.15	3.0	7.8
棉线	百斤	1.0	0.72	0.72	20	5.6
棉纱	百斤	1.0	0.75	0.7	20	5.5
牛黄	斤	1.0	1.5	1.5	40	5.8
儿茶	百斤	0.3	0.18	0.18	5	5.6
利器			5%			
象牙	百斤	4.0	4.0	4.0		
碎象牙	百斤	2.0	0.3	0.3		
翠毛、孔雀毛等	百张		0.4	0.4	11	5.7
鱼肚	百斤	1.5	1.0	1.0	30	5.2

续表

品目	单位	1843 年税则（两）	建议税则（两）	1858 年税则（两）	平均价格（元）	1858 年税率折合从价税（%）
鱼皮	百斤		0.2	0.2	6	5.2
火石	百斤	0.05	0.03	0.03	0.85	5.5
槟郎膏	百斤	0.15	0.15	0.15	4	5.8
藤黄	百斤		1.0	1.0	30	5.2
参	百斤	10	6.0	6.0	140	6.7
拣净参须参	百斤	10	8.0	8.0	180	6.9
玻璃片	箱	0.15	0.15			
玻璃水晶器			5%			
皮胶	百斤		0.15	0.15	4	5.8
金线（真）	斤	0.13	1.6	1.6	45	5.5
金线（假）	斤		0.03	0.03		
安息香	百斤	1.0	0.6	0.6	17	5.5
安息油	百斤	1.0	0.6	0.6	17	5.5
血竭	百斤		0.45	0.45	13	5.4
没藥	百斤	0.5	0.45	0.45	13	5.4
乳香	百斤	0.5	0.45	0.45	12.5	5.6
黄牛皮、水牛皮	百斤	0.5	0.5	0.5	14	5.6
犀皮	百斤		0.42	0.42	12	5.5
牛角	百斤	2.0	0.25	0.25	5.6	5.6
鹿角	百斤		0.25	0.25	7.0	5.6
犀角	百斤	3.0	2.0	2.0	55	5.7
水靛	百斤		0.18	0.18	5	5.6
洋菜	百斤		0.65	0.65	18.5	5.5
漆器	百斤		1.0	1.0		
熟皮	百斤		0.42	0.42	12	5.5
麻布（细）	匹		0.5	0.5		
麻布（粗）	匹		0.2	0.2		
大枫子	百斤			0.035		
豆蔻花	百斤	1.0	1.0	1.0		
栲皮	百斤		0.05	0.03		
草席	百斤		0.18		5	
金属类：						
熟铜	百斤	1.5	1.5	1.5	30	7.8
生铜	百斤	1.0	1.0	1.0	30	5.2
日本铜	百斤		0.6	0.6	16	5.8
熟铁	百斤	0.15	0.125	0.125	3.5	5.6
生铁	百斤	0.1	0.075	0.075	2	5.8
商船压载铁	百斤		0.015	0.01	0.4	3.9
铁丝	百斤		0.25	0.25	7	5.6
铅块	百斤	0.28	0.25	0.25	7	5.6
铅片	百斤		0.55	0.55	15.25	5.6
水银	百斤	3.0	2.0	2.0	60	5.2

续表

品目	单位	1843 年税则（两）	建议税则（两）	1858 年税则（两）	平均价格（元）	1858 年税率折合从价税（%）
白铅	百斤	0.4	0.25	0.25	7	5.6
钢	百斤	0.4	0.25	0.25	7	5.6
锡	百斤	1.0	1.25	1.25	35	5.6
马口铁	箱/80 斤	0.4	0.4	0.4	12	5.2
黄铜钉、	百斤			0.9		
黄皮铜	百斤					
云母壳	百斤	0.2	0.2	0.2	6.0	5.2
八音琴	百斤		5%	5%		
干淡茶	百斤		0.2	0.2	6.0	5.2
肉果豆蔻	百斤	1.0	2.5	2.5	70.0	5.6
橄榄	匹		0.18	0.18	5.0	5.6
洋药	匹			30		
黑胡椒	百斤	0.4	0.36	0.36	10.0	5.6
白胡椒	百斤		0.5	0.5	14.0	5.6
虾米	百斤		0.36	0.36	10.0	5.6
木香	百斤	0.75	0.6	0.6	17.0	5.5
沙藤	每块	0.2	0.15	0.15	4.0	5.8
藤席	百斤		0.72		2.0	
苏合油	百斤	1.0	1.0	1.0	28.0	5.6
咸鱼	百斤		0.18	0.18	5.0	5.6
硝	百斤			0.5		
檀香	百斤	0.5	0.5	0.4	12.5	5.0
苏木	百斤	0.1	0.115	0.1	3.3	4.7
河马牙	百斤	2.0	2.0	2.0	55	5.7
黑鱼翅	百斤	0.5	0.5	0.5	14	5.6
白鱼翅	百张	1.0	1.5	1.5	40	5.8
沙鱼皮	斤	2.0	2.0	2.0		
银线（真）	斤	0.13	1.3	1.3	37	5.5
银线（假）	百斤		0.03	0.03		
牛、鹿筋			0.55	0.55	15	5.7
皮类：	每张					
大狐狸皮		0.15	0.15	0.15		
小狐狸皮	每张	0.075	0.075	0.075		
貂皮	每张	0.15	0.15	0.15		
海龙皮	每张	1.5	1.5	1.5	40.0	5.8
虎皮、豹皮	每张	0.15	0.15	0.15		
海螺皮	每百张	5.0	5.0	5.0		
兔皮、鹿皮	每百张	0.5	0.5	0.5		
灰鼠皮	每百张	0.5	0.5	0.5		
獭皮	每百张	2.0	2.0	2.0		
貉獾皮	每百张	2.0	2.0	2.0		
大青	百斤	4.0	1.5	1.5	40.0	5.8

续表

品目	单位	1843年税则（两）	建议税则（两）	1858年税则（两）	平均价格（元）	1858年税率折合从价税（%）
鼻烟	百斤		7.2	7.2	200	5.6
紫梗	百斤		0.3	0.3	8.5	5.5
柴鱼	百斤		0.5	0.5	14	5.6
硫磺	百斤	0.4		0.2		
赤糖	百斤		0.12		3.35	
白糖	百斤		0.2		5.5	
千里镜、双眼千里镜			5%	5%		
虎骨	百斤		1.55	1.55	43	5.6
木类：						
桅（重木，长不过40幅地）	每根		4.0	4.0	116	5.4
桅（重木，长不过60幅地）	每根		6.0	6.0	170	5.5
桅（重木，长过60幅地）	每根		10.0	10.0	300	5.2
桅（轻木，长不过40幅地）	每根		2.0	2.0	58	5.4
桅（轻木，长不过60幅地）	每根		4.5	4.5	130	5.4
桅（轻木，长过60幅地）	每根		6.5	6.5	210	4.8
梁（重木，长不过26幅地，四方不到12因制）	每根 每根		0.15	0.15	4.0	5.8
板（重木，长不过16幅地，宽12因制，厚3因制）	每百片		2.0	2.0	58	5.4
板（重木，长不过24幅地，宽12因制，厚3因制）	每百根			3.5		
板（轻木各样）	每四方长阔千幅地		0.7	0.7	20	5.5
板（麻栗树，长阔方圆）	每幅地			0.035		
火绒	百斤		0.35	0.35	10	5.5
玳瑁	斤		0.25	0.25	7.0	5.6
玳瑁（碎）	斤		0.072	0.072	2.0	5.6
伞	每炳		0.035	0.035	1.0	5.5

续表

品目	单位	1843 年税则（两）	建议税则（两）	1858 年税则（两）	平均价格（元）	1858 年税率折合从价税（%）
剪绒（长不过34 码）	匹		0.15	0.18	4.0	
时辰表	每对			1.0		7.0
珠边时辰表	每对			4.5		
臘（日本）	百斤			0.65		
木类：						
毛柿	百斤			0.03		
乌木	百斤	0.15	0.15	0.15	3.75	6.2
沉香	百斤		2.0	2.0	55	5.7
香材	百斤		0.45	0.45	12.5	5.6
呀噸治木（长不过 35 幅地，宽一幅地 8 因制，厚1 幅地）	每根		0.8	0.8	22	5.7
降香	每根		0.145	0.145	4.0	5.6
红木	百斤		0.115	0.115	3.2	5.6
羊毛制品：						
床毡	每对	0.1	0.2	0.2	6.0	5.2
哆啰呢（宽 51 因制至 64 因制）	每丈	0.15	0.12	0.12	3.6	5.2
哔叽（宽 31 因制）	每丈	0.07	0.04	0.045	1.1	6.4
羽纱（英国，宽 31 因制）	每丈	0.07	0.04	0.05	1.1	7.1
羽缎（荷兰，宽 33 因制）	每丈	0.15	0.08	0.1	2.2	7.1
羽绸	每丈	0.035	0.035	0.035	0.25/码	5.5
小呢番紦等类	每丈	0.07	0.04	0.04		
羽绫（宽 31 因制）	每丈		0.05	0.05	1.35	5.8
小羽绫（宽 34 因制）	每丈		0.035	0.035	1.0	5.5
羽布（宽不过 24 因制，长 40 码）	匹	0.015/丈	0.2	0.2	6.0	5.2
绒棉布各样（长不过 31 码）	匹		0.2	0.2	6.0	5.2
下等绒	每丈		2.1	0.1	14	
绒线	百斤	3.0	3.0	3.0		

数据来源：姚贤镐编《中国近代对外贸易史资料（1840～1895）》（第二册），中华书局 1962 年版，第 773～782 页。

附录3

1858年中英协定税则（出口）

品目	单位	1843年税则（两）	建议税则（两）	1858年税则（两）	平均价格（元）	1858年税率折合从价税（%）
白矾	百斤	0.1	0.045	0.45	1.25	5.6
青矾	百斤		0.1	0.1	3	5.2
八角	百斤	0.5	0.5	0.5	14	5.6
八角渣	百斤		0.25	0.25	7	5.6
八角油	百斤	5.0	5.0	5.0	111	7.0
杏仁	百斤		0.45	0.45	12.5	5.6
信石	百斤	0.75	0.45	0.45	12.5	5.6
纸花	百斤		1.5	1.5	40.5	5.8
竹器	百斤	0.2	0.75	0.75	21	5.6
料手镯	百斤	0.5	0.5	0.5		
蜂蜡	百斤		0.9		25	
豆	百斤			0.06		
豆饼	百斤			0.035		
牛骨角器	百斤	1.0	1.5	1.5	40	5.8
铜纽扣	百斤		3.0	3.0	83	5.6
铜箔	百斤	1.5	1.5	1.5	40	5.8
黄铜器	百斤		1.0	1.0	30	5.2
铜丝	百斤		1.15	1.15	32	5.6
樟脑	百斤	1.5	0.75	0.75	10	11.7
各色竹竿	千根	0.5	0.5	0.5		
斑猫	百斤		2.0	2.0	60	5.2
三奈	百斤	0.3	0.3	0.3	9	5.2
毡毯	百匹		3.5	3.5	97	5.6
桂皮	百斤	0.75	0.6	0.6	17	5.5
桂子	百斤	1.0	0.8	0.8	22	5.7

续表

品目	单位	1843 年税则（两）	建议税则（两）	1858 年税则（两）	平均价格（元）	1858 年税率折合从价税（%）
桂枝	百斤		0.15	0.15	4	5.8
桂皮油	百斤	5.0	9	9	250	5.6
栗子	百斤		0.1	0.1	3	5.2
土茯苓	百斤	0.2	0.13	0.13	3.5	5.8
蓖麻油	百斤			0.2		
磁器（细）	百斤	0.5	0.9	0.9	25	5.6
磁器（粗）	百斤		0.45	0.45	12.5	5.6
硃砂	百斤		0.75	0.75	21	5.6
肉桂	百斤		1.5		30	
衣服（布）	百斤		0.5	1.5	14	16.7
衣服（绸）	百斤	0.5	10	10	278	5.6
煤	百斤			0.04		
棕	百斤		0.1	0.1	3	5.2
生铜	百斤		0.5	0.5	14	5.6
旧铜片	百斤		0.55	0.5	15.5	5
紫黄铜器	百斤	0.5	1.15	1.15	32	5.6
假珊瑚	百斤	0.5	0.35	0.35	10	5.5
棉花	百斤		0.35	0.35	12.5	4.4
旧棉絮	百斤		0.045	0.045	1.25	5.6
牛黄	斤		0.36	0.36	10	5.6
各色爆竹	百斤	0.75	0.5	0.5	11.5	6.8
澄茄	百斤	1.5	1.5	1.5	40	5.8
古玩			5%	5%		
黑枣	百斤		0.155	0.155	4.5	5.2
红枣	百斤		0.09	0.09	2.5	5.6
绿胶	斤		0.8	0.8	22.5	5.5
皮蛋	千个		0.35	0.35	10	5.5
羽扇	百柄	1/百斤	0.75	0.75	20.5	5.7
纸扇	百柄		0.45	0.45	12.5	
葵扇（细）	千柄		0.36	0.36	10	5.6
葵扇（粗）	千柄		0.20	0.2	6	5.2
毡碎	百斤		0.1	0.1	3	5.2
毡帽	百顶		1.25	1.25	35	5.6
木耳	百斤		0.6	0.6	17	5.5
良姜	百斤	0.1	0.1	0.1	3	5.2
藤黄	百斤	2	1		30	
蒜头	百斤		0.035	0.035	1	5.5
关东人参			5%	5%		
高丽、日本参（上等）	斤		0.5	0.5	14	5.6
高丽、日本参（下等）	斤		0.35	0.35	10	5.5

续表

品目	单位	1843年税则（两）	建议税则（两）	1858年税则（两）	平均价格（元）	1858年税率折合从价税（%）
料珠	百斤	0.5	0.5	0.5	14	5.6
料器	百斤	0.5	0.5	0.5	14	5.6
胶	百斤	0.5	0.35		10	
金线	百斤		2.7		75	
夏布（细）	百斤	1	2.5	2.5	70	5.6
夏布（粗）	百斤	1	0.75	0.75	20.5	5.7
花生	百斤		0.1	0.1	3	5.2
花生饼	百匹		0.03	0.03	0.82	5.7
石膏	百斤		0.03	0.03	0.82	5.7
驼毛	百斤		1	1	30	5.2
上羊毛	百斤		0.18	0.18	5	5.6
火腿	百斤		0.55	0.55	15	5.7
石磺	百斤	0.5	0.35	0.35	10	5.5
麻	百斤		0.35	0.35	10	5.5
蜂蜜	百斤		0.9	0.9	25	5.6
鹿茸（嫩）	对		0.9	0.9	25	5.6
鹿茸（老）	百斤		1.35	1.35	37.5	5.6
墨	百斤		4	4	111	5.6
土靛	百斤		1	1	28	5.6
鱼胶	百斤		0.5		14	
象牙器	斤	5	0.15	0.15	2	11.7
时辰香	百斤		0.2	0.2	6	5.2
纸伞	百柄		0.5	0.5	14	5.6
漆器	百斤	1	1	1	28	5.6
灯草	百斤		0.6	0.6	17	5.5
红丹	百斤	0.5	0.35	0.35	10	5.5
铅粉	百斤	0.25	0.35	0.35	10	5.5
黄丹	百斤		0.35	0.35	10	5.5
皮器	百斤		1.5	1.5	42	5.6
绿皮	百斤		1.8	1.8	50	5.6
荔枝	百斤		0.2	0.2	6	5.2
金针菜	百斤		0.27	0.27	7.5	5.6
莲子	百斤		0.5	0.5	14	5.6
甘草	百斤		0.135	0.135	3.75	5.6
桂圆	百斤		0.25	0.25	7	5.6
桂圆肉	百斤		0.35	0.35	10	5.5
坑砂	百斤		0.09	0.09	2.5	5.6
云石	百斤	0.2	0.2	0.2	6	5.2
席子各样	百张	0.2	0.2	0.2	6	5.2
地席	卷(每卷40码)			0.2		

续表

品目	单位	1843 年税则（两）	建议税则（两）	1858 年税则（两）	平均价格（元）	1858 年税率折合从价税（%）
瓜子	百斤		0.1	0.1	3	5.2
黍米	百斤		0.075		2	
云母壳器	斤	1	0.1	0.1	28	
香菌	百斤		1.5	1.5	40.5	5.8
麝香	斤		0.9	0.9	25	5.6
土布各色	百斤	1	1.5	1.5	41.5	5.6
五棓子	百斤		0.5	0.5	14	5.6
油	百斤		0.25	0.3	7	6.7
油籽饼	百斤		0.035		1	
油纸	百斤		0.45	0.45	12.5	5.6
橄榄	百斤		0.18		5	
橄仁	百斤		0.3	0.3	8.5	5.5
蛎壳	百斤		0.09	0.09	2.5	5.6
漆绿	百斤		0.45	0.45	12.5	5.6
棉被胎	百床		2.75	2.75	75	5.7
纸（上等）	百斤		0.7	0.7	20	5.5
纸（次等）	百斤		0.4	0.4	11	5.7
珍珠（假）	百斤	0.5	2	2	56	5.6
陈皮	百斤		0.3	0.3	9.5	4.9
柚皮（上等）	百斤		0.45	0.45	12.5	5.6
柚皮（下等）	百斤		0.15	0.15	4	5.8
薄荷叶	百斤		0.1	0.1	3	5.2
薄荷油	百斤		3.5	3.5	100	5.5
油漆画	每张	0.1	0.1	0.1	3	5.2
蓪纸画	百张	0.1	0.1	0.1	3	5.2
窑货	百斤		0.05	0.05		
虾干	百斤		0.5		14	
蜜饯并各色糖果	百斤	0.5	0.5	0.5	14	5.6
水银	百斤		2			
籐肉	百斤		0.25	0.25	7	5.6
籐器各样	百斤	0.2	0.3	0.3	8.5	5.5
大黄	百斤	1	1.25	1.25	35	5.6
米麦杂粮	百斤			0.1		
皮毯、毡毯	每张		0.09	0.09	2.5	5.6
咸鱼	百斤		0.18		5	
酒	百斤		0.15	0.15	4	5.8
檀香器	斤	1	0.1	0.1	0.5	
海菜	百斤		0.15	0.15	4	5.8
芝麻	百斤		0.135	0.135	3.75	5.6
靴鞋皮缎各色	百双	0.2/百斤	3	3	94	5
草鞋	百双		0.18	0.18	5	5.6
湖丝、土丝等	百斤	10	10	10	278	5.6

续表

品目	单位	1843年税则（两）	建议税则（两）	1858年税则（两）	平均价格（元）	1858年税率折合从价税（%）
野蚕丝	千根		2.5	2.5	70	5.6
乱丝头	百斤	2.5	1	1	28	5.6
蚕茧	百斤	2.5	4	3	116	4
丝绒（广州土产丝做成）	百斤		4.3	4.3	120	5.6
丝绒（各省）	百斤		10	10	278	5.6
丝带、挂带、丝绒个样	百斤	10	10	10	278	5.6
绸、缎、绢、纱绫、罗、绒等	百斤	12	12	12	335	5.6
四川黄丝	百斤		5	7	125	8.7
同功丝	百斤		5	5	125	6.2
纬线	百斤		10	10	278	5.6
绸帽	百顶		0.9	0.9	24.5	5.7
丝棉杂货	百斤	3	5.5	5.5	150	5.7
川绸、山东兰绸	百斤			4.5		
金银器	百斤	10	10	10	278	5.6
筋	百斤		0.5		14	
兔皮	百张		0.07		2	
鼻烟	百斤		0.8	0.8	22	5.7
酱油	百斤	0.4	0.4	0.4	10	6.2
草帽鞭	百斤		0.7	0.7	19.5	5.6
赤糖	百斤	0.25	0.12	0.12	3.35	5.6
白糖	百斤	0.25	0.2	0.2	5.5	5.7
冰糖	百斤	0.35	0.25	0.25	7	5.6
硫磺	千根		0.2		6	
牛油	百斤		0.2	0.2	6	5.2
柏油	百斤		0.3	0.3	8.5	5.5
茶叶	百匹	2.5	2.5	2.5	70	5.6
锡箔	百斤	0.5	1.25	1.25	35	5.6
烟丝各样	百斤		0.45	0.45	12.5	5.6
烟叶各样	百斤		0.15	0.15	4	5.8
玳瑁器	斤	10	0.2	0.2	7	4.5
皮箱皮杠	百斤	0.2	1.5	1.5	40	5.8
姜黄	百斤	0.2	0.1	0.1	3	5.2
索（广东）	百斤		0.15	0.15	4	5.8
索（苏州）	百斤		0.5	0.5	14	5.6
大头菜	百斤		0.18	0.18	5	5.6
生漆	百斤		0.5	0.5	14	5.6
粉丝	百斤		0.18	0.18	5	5.6
银硃	百斤	3	2.5	2.5	70	5.6

续表

品目	单位	1843 年税则（两）	建议税则（两）	1858 年税则（两）	平均价格（元）	1858 年税率折合从价税（%）
白臘	百斤		1.5	1.5	40	5.8
木（椿、梁、舵、柱子）	每根		0.03	0.03	0.82	5.7
木器	百斤		1.15	1.15	32	5.6
棉羊毛	百斤		0.35	0.35	10	5.5

数据来源：姚贤镐编《中国近代对外贸易史资料（1840～1895）》（第二册），中华书局 1962 年版，第 782～790 页。

图书在版编目（CIP）数据

晚清关税制度与对外贸易的关系研究 / 胡公启著
. -- 北京：中国财政经济出版社，2020. 10
ISBN 978 - 7 - 5223 - 0019 - 1

Ⅰ. ①晚…　Ⅱ. ①胡…　Ⅲ. ①关税制度 - 关系 - 对外贸易 - 研究 - 中国 - 清后期　Ⅳ. ①F752. 59 ②F752. 952

中国版本图书馆 CIP 数据核字（2020）第 170223 号

责任编辑：王芝文　　　　责任校对：徐艳丽
封面设计：陈宇琰　　　　责任印刷：刘春年

晚清关税制度与对外贸易的关系研究
WANQING GUANSHUIZHIDU YU DUIWAIMAOYI DE GUANXI YANJIU

中国财政经济出版社 出版
URL：http：//www. cfeph. cn
E - mail：cfeph @ cfeph. cn

社址：北京市海淀区阜成路甲 28 号　邮政编码：100142
营销中心电话：010 - 88191537
北京财经印刷厂印刷　各地新华书店经销
成品尺寸：170mm × 240mm　16 开　15 印张　246 000 字
2020 年 12 月第 1 版　2020 年 12 月北京第 1 次印刷
定价：78. 00 元
ISBN 978 - 7 - 5223 - 0019 - 1
（图书出现印装问题，本社负责调换）
本社质量投诉电话：010 - 88190744
打击盗版举报热线：010 - 88191661　QQ：2242791300